L'ACTUEL

Français, langue d'enseignement • 1er cycle du secondaire

HUGUETTE DORAY
MIREILLE GAUTHIER

FRA-2101-4

VERS UNE COMMUNICATION CITOYENNE

Guide d'apprentissage de l'élève

CHENELIÈRE
ÉDUCATION

L'ACTUEL
Vers une communication citoyenne

Guide d'apprentissage de l'élève

Huguette Doray, Mireille Gauthier

© 2009 Chenelière Éducation inc.

Édition : Nagui Rabbat
Coordination et révision linguistique : Nathalie Fortin
Correction d'épreuves : Marie Théorêt
Conception graphique et *infographie :* Valérie Deltour
Conception de la couverture : Tatou communication
Impression : TC Imprimeries Transcontinental

5800, rue Saint-Denis, bureau 900
Montréal (Québec) H2S 3L5 Canada
Téléphone : 514 273-1066
Télécopieur : 514 276-0324 ou 1 800 814-0324
info@cheneliere.ca

ISBN 978-2-7616-5615-3

Dépôt légal : 2e trimestre 2009
Bibliothèque et Archives nationales du Québec
Bibliothèque et Archives Canada

Imprimé au Canada

4   5   6   7   8   ITIB   19   18   17   16   15

Nous reconnaissons l'aide financière du gouvernement du Canada par l'entremise du Fonds du livre du Canada (FLC) pour nos activités d'édition.

Mot des auteures

Être citoyen signifie appartenir à une société politique, un État, et avoir dans cette société des droits, des devoirs et des responsabilités. La citoyenneté confère donc, en plus de l'appartenance à une communauté, des droits civils et politiques, et elle implique différentes obligations: respecter les lois, participer à la dépense publique, s'informer, participer activement à la vie publique et politique, etc.

Les droits et obligations des citoyens changent au fil du temps, car le monde qui les entoure est en constante évolution. Ainsi, de nos jours, une attention toute particulière doit être accordée aux droits dits de la troisième génération: les lois sur la bioéthique (le clonage, par exemple), sur les technologies de l'information et de la communication (TIC), sur la protection de l'environnement, etc.

Le guide d'apprentissage *Vers une communication citoyenne* vous invite à vivre des situations qui vous permettront de réfléchir à votre rôle de citoyen et de porter un regard critique sur des enjeux relatifs à la vie politique et démocratique. Il comporte cinq chapitres constitués pour la plupart de deux situations d'apprentissage.

Au fil des situations d'apprentissage, vous devrez lire ou écouter pour vous informer et vous forger une opinion, et écrire ou prendre la parole pour transmettre de l'information, exprimer un point de vue ou défendre une cause.

Vous voulez en savoir un peu plus sur les organismes gouvernementaux ou communautaires auxquels vous pouvez recourir en cas de besoin?
Le **CHAPITRE 1**, *Ensemble, c'est tout*, vous présente différentes ressources qui améliorent la vie du citoyen et de la communauté.

Le **CHAPITRE 2**, quant à lui, s'attarde à certaines obligations du citoyen, dont celles de participer aux débats sociaux et de payer ses impôts. Eh oui, *c'est aussi ça, la démocratie!*

Au **CHAPITRE 3**, intitulé *À l'heure des choix*, vous vous attarderez à des choix sociaux et démocratiques importants, dont celui d'exercer son droit de vote.

Au cours du **CHAPITRE 4**, *Parole d'honneur!*, vous ferez preuve d'engagement citoyen en prenant la parole pour défendre une cause qui vous tient particulièrement à cœur.

Finalement, le **CHAPITRE 5**, *L'envers de la médaille*, vous amène à prendre une distance critique au regard d'enjeux importants, tels que la cyberintimidation et la protection de l'environnement.

Amorcez dès maintenant votre «réflexion citoyenne», en répondant à la question suivante:

Spinoza, un philosophe hollandais du 17ᵉ siècle, a écrit: «On ne naît pas citoyen, on le devient.» Que voulait-il dire, selon vous?

_____

_____

Table des matières

Présentation
du guide d'apprentissage

Votre guide comprend : cinq chapitres, le corrigé, les deux situations de synthèse et d'évaluation, la section Outils ainsi que l'index.

Les chapitres

Chaque chapitre comprend une ou deux situations d'apprentissage ainsi que des exercices complémentaires.

L'OUVERTURE D'UN CHAPITRE

L'introduction présente la thématique du chapitre et établit des liens avec les situations de vie.

Ce paragraphe donne une vue d'ensemble de la ou des situations d'apprentissage du chapitre.

Une question d'ouverture permet d'amorcer une réflexion sur la thématique du chapitre.

La fiche technique présente les compétences polyvalentes touchées et la liste complète des savoirs essentiels abordés dans l'ensemble du chapitre, de même que la durée du chapitre.

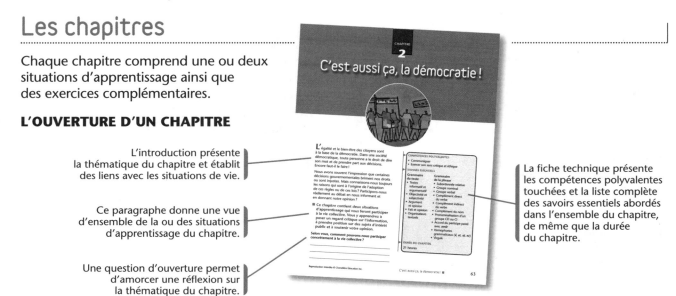

LA SITUATION D'APPRENTISSAGE

Chaque situation d'apprentissage est organisée en trois parties : la préparation, la réalisation et l'intégration.

■ La préparation

La situation d'apprentissage commence par une préparation qui est délimitée par une couleur de fond.

Une activité servant de déclencheur vous permet d'amorcer de façon stimulante la situation d'apprentissage.

L'introduction présente une mise en contexte de la situation d'apprentissage.

Le but indique ce que vous serez en mesure de faire à la fin de la situation d'apprentissage.

La fiche technique présente les actions des compétences polyvalentes visées par la situation d'apprentissage, de même que la durée de la situation d'apprentissage.

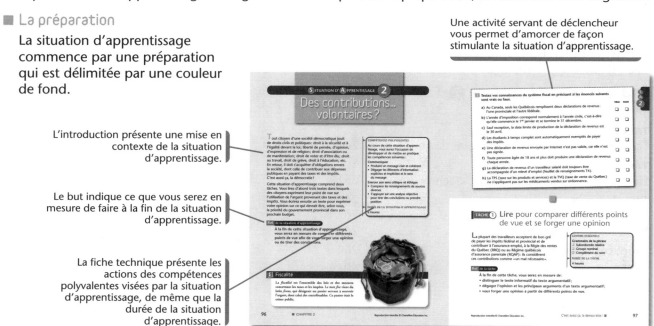

■ La réalisation

La réalisation est découpée en différentes tâches qui permettent d'aborder et d'appliquer les savoirs essentiels, tout en développant les compétences polyvalentes prescrites.

Le titre de la tâche indique la catégorie d'action exploitée dans la tâche (lire, écrire, écouter ou prendre la parole).

L'introduction met en contexte la tâche à réaliser et présente le type de document que vous aurez à analyser ou à produire dans cette tâche.

Le but indique les principaux éléments que vous devez maîtriser à la fin de la tâche.

La fiche technique présente l'ensemble des savoirs essentiels traités spécifiquement dans la tâche.

L'encadré *Pour mieux saisir le texte* contient des questions pour vous aider à mieux comprendre certains mots et expressions du texte. La numérotation des questions correspond aux numéros placés dans le texte vis-à-vis des mots ou des expressions concernés.

Des titres vous permettent de déterminer aisément sur quoi portent les exercices.

La rubrique *Comment faire?* propose des stratégies et des façons de faire.

La rubrique *Savoir essentiel* présente une définition, des explications ainsi que des exemples des savoirs essentiels traités dans la tâche.

La mention *Attention!* vise à mettre en garde, à souligner une difficulté, ou à apporter des précisions à l'intérieur d'une consigne ou d'une rubrique.

Le pictogramme ⓒ identifie la rubrique *Compétence polyvalente*. La compétence traitée est nommée à la suite du pictogramme. Cette rubrique met en relief de façon pratique une action de la compétence mobilisée dans la tâche.

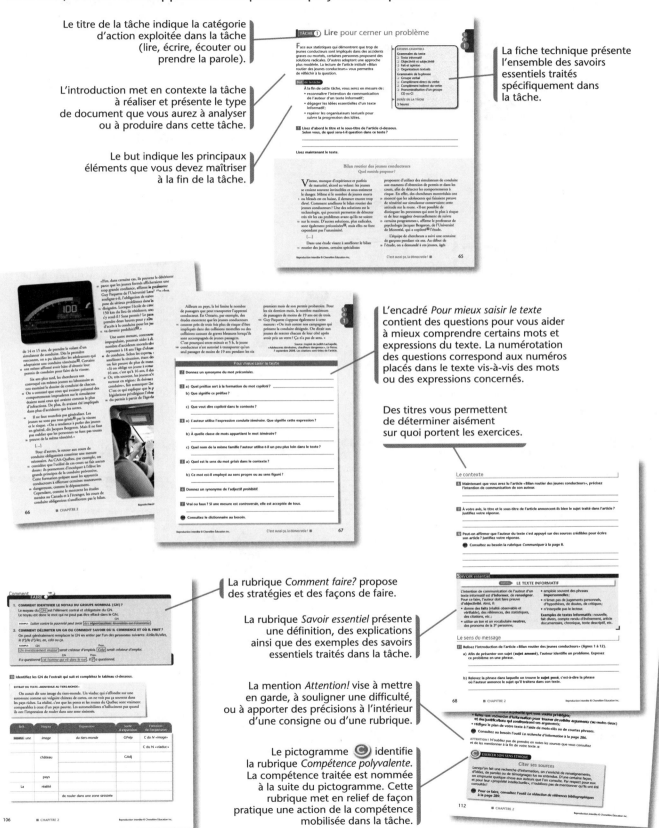

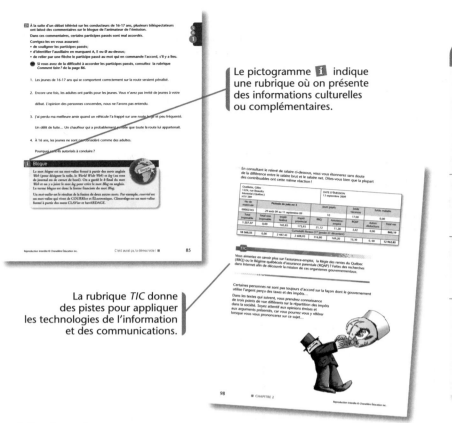

Le pictogramme **i** indique une rubrique où on présente des informations culturelles ou complémentaires.

La rubrique *TIC* donne des pistes pour appliquer les technologies de l'information et des communications.

■ L'intégration

L'intégration est divisée en trois sections qui vous permettent de faire un retour sur vos apprentissages.

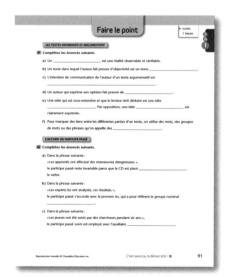

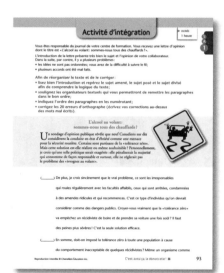

La section *Faire le point* propose un retour sur les principaux savoirs essentiels.

La section *Activité d'intégration* vous amène à mettre en pratique l'ensemble des savoirs essentiels et des compétences abordés dans la situation d'apprentissage. Il s'agit d'un réinvestissement dans un autre contexte.

La section *Bilan de mes apprentissages* vous invite à faire un retour réflexif sur vos apprentissages et votre démarche. Les numéros indiqués dans la deuxième colonne renvoient aux exercices effectués au cours de la situation d'apprentissage.

LES EXERCICES COMPLÉMENTAIRES

Axés sur les savoirs essentiels, les exercices complémentaires peuvent se faire tout au long de la réalisation des situations d'apprentissage ou en fin de chapitre, une fois que l'ensemble des situations d'apprentissage ont été réalisées.

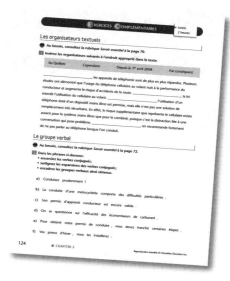

LE CORRIGÉ

Le corrigé contient les réponses à l'ensemble des exercices des situations d'apprentissage. La numérotation des exercices en continu d'un bout à l'autre d'une situation d'apprentissage facilite le repérage dans le corrigé.

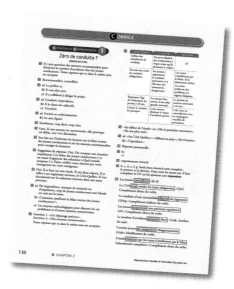

Les situations de synthèse et d'évaluation

Les deux situations de synthèse et d'évaluation (l'une à la moitié du guide d'apprentissage et l'autre à la suite du dernier chapitre) permettent un retour sur les apprentissages et constituent une préparation pour l'examen de fin de cours. Ces situations peuvent aussi servir à l'évaluation.

Les outils

Cette section propose des outils et des techniques qui vous seront utiles tout au long de votre cheminement dans le guide d'apprentissage.

L'index

L'index permet le repérage simple et pratique de tous les mots clés et des savoirs essentiels.

Abréviations, symboles et signes

Les abréviations

Adj.	adjectif
Adv.	adverbe
Attr.	attribut
Aux.	auxiliaire
Conj.	conjonction
Dét.	déterminant
f.	féminin
impers.	impersonnel
Inf.	infinitif
m.	masculin
Modif.	modificateur
Part. Prés.	participe présent
Part. P.	participe passé
pers.	personne grammaticale
pl.	pluriel
Prép.	préposition
Pron.	pronom
Pron. rel.	pronom relatif
s.	singulier
Sub.	subordonnée
Sub. C de P	subordonnée complément de phrase
Sub. compl.	subordonnée complétive
Sub. rel.	subordonnée relative

Les symboles

C	complément
C de P	complément de phrase
C du N	complément du nom
CD du V	complément direct du verbe
CI du V	complément indirect du verbe
GAdj	groupe adjectival
GAdv	groupe adverbial
GInf	groupe infinitif
GN	groupe nominal
GPart	groupe participial
GPrép	groupe prépositionnel
GS	groupe sujet
GV	groupe verbal
N	nom
P	phrase
Prédicat de P	prédicat de phrase
S	sujet
S de P	sujet de phrase
V	verbe
VAttr	verbe attributif

Les signes

Ø	sans réponse
≠	erreur
S de P	
Prédicat de P	
C de P	

Ensemble, c'est tout

Qui d'entre nous n'a jamais eu ou n'aura jamais besoin, au cours de sa vie, de faire appel à un organisme gouvernemental ou communautaire pour surmonter une situation difficile ou pour faire valoir ses droits ? Une multitude d'organismes et de programmes peuvent nous aider à résoudre un problème, à traverser une période difficile ou à corriger une injustice. Encore faut-il les connaître…

■ Ce chapitre contient deux situations d'apprentissage où vous seront présentées des ressources qui permettent de travailler ensemble à l'amélioration de la qualité de vie. Vous y recueillerez de l'information en vue de faire des choix éclairés et de passer à l'action.

Nommez un organisme gouvernemental ou communautaire auquel vous avez déjà eu recours.

_____

_____

_____

COMPÉTENCES POLYVALENTES
- Communiquer
- Exercer son sens critique et éthique

SAVOIRS ESSENTIELS

Grammaire du texte
- Plan du texte informatif
- Absence de contradiction
- Marques d'organisation du texte

Grammaire de la phrase
- Formes de phrases
- Groupe adverbial
- Modificateur
- Accord du verbe avec le groupe sujet

Lexique
- Paronymie
- Polysémie
- Adverbes formés à l'aide du suffixe _ment_

Autres notions
- Sigles et acronymes
- Présentation et plan d'une lettre formelle

DURÉE DU CHAPITRE

20 heures

Justice pour tous !

Bien qu'on ait parfois l'impression d'être impuissant devant une situation que l'on juge injuste ou discriminatoire, il existe la plupart du temps des moyens de s'en sortir. Il suffit souvent de connaître l'organisme qui peut nous aider et de s'informer pour mieux agir.

Cette situation d'apprentissage comprend trois tâches. Vous lirez d'abord un texte informatif pour savoir quelles démarches entreprendre à la suite de l'achat problématique d'un véhicule d'occasion. Vous lirez ensuite un texte sur la résiliation d'un bail par un locataire. Finalement, vous écrirez une lettre à votre propriétaire pour l'informer de votre décision de quitter votre logement.

But de la situation d'apprentissage

> À la fin de cette situation d'apprentissage, vous serez en mesure de reconstruire le plan d'un texte informatif. Vous saurez également transmettre une information écrite juste et précise en respectant les normes de présentation d'une lettre formelle.

COMPÉTENCES POLYVALENTES

Au cours de cette situation d'apprentissage, vous aurez l'occasion de développer et de mettre en pratique les compétences suivantes.

Communiquer
- Considérer le contexte
- Préciser son intention de communication
- Dégager les éléments d'information explicites et implicites et le sens du message
- Produire un message clair et cohérent

Exercer son sens critique et éthique
- Évaluer la crédibilité de la source de l'information
- Fonder son interprétation sur des extraits ou des exemples pertinents

DURÉE DE LA SITUATION D'APPRENTISSAGE

12 heures

Sauriez-vous à quel organisme recourir si vous étiez dans l'une des situations suivantes ?

1 Reliez par une flèche chacun des organismes de la colonne de gauche à la situation à laquelle il peut répondre.

ORGANISME

SITUATION

Centre local de services communautaires (CLSC) ●

Office de la protection du consommateur (OPC) ●

Commission de la santé et de la sécurité au travail (CSST) ●

Commission des normes du travail (CNT) ●

Société de l'assurance automobile du Québec (SAAQ) ●

Régie du logement ●

● Vous devez arrêter de travailler pendant six mois en raison d'une blessure faite au travail.

● Vous devez arrêter de travailler pendant six mois : vous avez eu un grave accident de voiture.

● Votre propriétaire veut augmenter votre loyer sans raison valable.

● Le commerçant qui vous a vendu une voiture d'occasion refuse d'honorer la garantie prévue à l'achat.

● Votre parent âgé ne peut plus vivre à domicile sans assistance quotidienne : vous voulez connaître les ressources disponibles dans votre région.

● On vous congédie sans arguments valables et vous ne faites pas partie d'un syndicat.

TÂCHE 1 Lire pour s'informer de ses droits

Lorsque vient le temps d'acheter une voiture, de plus en plus de gens se tournent vers le marché des véhicules d'occasion. Si vous achetez une voiture ou une motocyclette d'occasion chez un commerçant, celui-ci a certaines obligations. Les connaissez-vous? Connaissez-vous vos droits?

But de la tâche

À la fin de cette tâche, vous serez en mesure:

- **d'évaluer la crédibilité d'une source d'information;**

- **de dégager l'information nécessaire pour évaluer une situation.**

Vous avez acheté un véhicule d'occasion chez un commerçant. Une vraie aubaine: 5 500 $ pour une automobile d'un peu moins de 4 ans qui n'a parcouru que 40 000 km! Deux semaines après l'achat, votre véhicule ne démarre plus. Le commerçant répare gratuitement votre véhicule, mais une semaine plus tard, le même problème se reproduit. Le commerçant s'engage alors à changer les pièces gratuitement, cependant il exige que vous payiez les coûts de la main-d'œuvre. Surpris, vous décidez de vous informer sur vos droits...

En consultant le site Internet d'Éducaloi, vous découvrez un texte qui explique comment la Loi sur la protection du consommateur (LPC) protège les citoyens lors de l'achat de véhicules d'occasion.

i Éducaloi

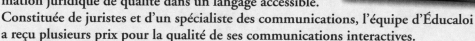

Éducaloi est un organisme sans but lucratif dont la mission est d'informer les Québécois de leurs droits et de leurs obligations. L'organisme donne accès à de l'information juridique de qualité dans un langage accessible. Constituée de juristes et d'un spécialiste des communications, l'équipe d'Éducaloi a reçu plusieurs prix pour la qualité de ses communications interactives.

Lisez le texte «L'achat d'une auto ou d'une moto d'occasion chez un commerçant» afin de répondre aux questions suivantes.

- Est-ce que la LPC me protège?
- La garantie du commerçant s'applique-t-elle dans mon cas?
- Si oui, puis-je exercer un recours contre le commerçant?
- Comment dois-je procéder?

L'achat d'une auto ou d'une moto d'occasion chez un commerçant

La Loi sur la protection du consommateur (LPC) s'applique-t-elle dans tous les cas de vente de véhicules d'occasion?

Non. Les dispositions relatives à la vente
5 d'un véhicule d'occasion dans la LPC ne s'appliquent que lorsque vous achetez une voiture ou une motocyclette d'occasion chez un commerçant.

Ainsi, si vous achetez un véhicule d'occasion
10 d'une connaissance ou d'un particulier qui en a fait la promotion dans une petite annonce, la LPC ne peut rien pour vous.

[…]

Le véhicule d'occasion est-il garanti?

15 Tous les véhicules d'occasion bénéficient d'une garantie générale de bon fonctionnement compte tenu du prix payé. Une automobile payée 1 500 $ n'aura pas la même garantie qu'une automobile payée 10 000 $! […] Le prix
20 payé sera déterminant dans l'évaluation de l'étendue de cette garantie de base de bon fonctionnement.

De plus, la loi crée certaines catégories d'automobiles et de motocyclettes qui
25 bénéficient d'une garantie de bon fonction-nement supplémentaire. Pour ce qui est des automobiles, les catégories sont les suivantes:

• **A:** la voiture a été mise sur le marché depuis 2 ans ou moins et n'a pas parcouru plus de
30 40 000 km. La garantie est alors de 6 mois ou 10 000 km, selon le premier terme atteint.

• **B:** la voiture a été mise sur le marché depuis 3 ans ou moins et n'a pas parcouru plus de
35 60 000 km. La garantie est alors de 3 mois ou 5 000 km, selon le premier terme atteint.

• **C:** la voiture a été mise sur le marché depuis 5 ans ou moins et n'a pas parcouru plus de 80 000 km. La garantie est alors de 1 mois
40 ou 1 700 km, selon le premier terme atteint.

• **D:** les autres voitures. Elles n'ont pas de garantie autre que la garantie de bon fonctionnement de base.

La date de mise en marché de l'automobile
45 est celle du lancement des véhicules du même modèle et de la même année de fabrication au Québec.

Notez qu'il est strictement interdit d'altérer l'odomètre **2** d'une automobile de façon à
50 modifier la distance effectivement parcourue. C'est une infraction **3** pouvant entraîner le paiement d'une amende.

[…]

Que comprend la garantie supplémentaire
55 de la Loi sur la protection du consommateur?

[…] La garantie comprend les pièces et la main-d'œuvre. […]

Les éléments suivants ne sont pas inclus dans la garantie:

60 • l'entretien normal du véhicule;

- les garnitures intérieures ou décorations extérieures;

- les dommages résultant d'un usage abusif du consommateur après la livraison du
65 véhicule. [...]

Quel est le délai dans lequel je dois exercer mon recours contre le commerçant?

Lorsque vous constatez la défectuosité du véhicule, vous avez trois mois pour exercer votre
70 recours. En fait, aussitôt que vous constatez qu'il y a problème, vous devriez envoyer une mise en demeure au commerçant par lettre enregistrée **4**, dans laquelle vous l'informez du problème. [...]

75 Si le commerçant ne veut rien entendre, il vous est toujours possible d'intenter une poursuite contre lui à la Cour des petites créances. Dans ce cas, le montant de votre réclamation ne doit pas être supérieur
80 à 7 000 $. [...]

Si les démarches avec le concessionnaire n'ont pas fonctionné, existe-t-il un moyen de faire valoir mes droits de consommateur à peu de frais?

85 Il existe, en effet, un moyen pour qu'un arbitre neutre et impartial entende les différends **5** entre les consommateurs et les fabricants, et rende une décision équitable pour les deux parties. Il s'agit du «Programme
90 d'arbitrage pour les véhicules automobiles du Canada» (PAVAC). Les coûts de ce service sont entièrement assumés par les fabricants d'automobiles et votre recours doit être contre un de ces derniers et non contre
95 le concessionnaire. De plus, votre situation doit correspondre aux critères suivants:

- votre véhicule doit être un modèle de l'année courante ou de l'une des 4 années précédentes;

100 - votre véhicule doit avoir moins de 160 000 kilomètres;

- il peut s'agir d'un véhicule acheté ou loué, neuf ou d'occasion.

Source: Extrait de «L'achat d'une auto ou d'une moto d'occasion chez un commerçant», *Éducaloi*, [en ligne]. (avril 2009)

Pour mieux saisir le texte

2 Un *odomètre* est un instrument qui sert à mesurer le kilométrage parcouru. À partir de quel suffixe est formé ce mot et que signifie ce suffixe?

_____

3 Donnez un mot ou une expression synonyme de *infraction*.

_____

4 L'expression *lettre enregistrée* est un anglicisme. Que devrions-nous lire à la place?

_____

5 a) À quelle classe de mots appartient le mot *différend*?

_____

b) Que signifie-t-il?

_____

c) Donnez un adjectif homophone de ce mot.

_____

● Consultez le dictionnaire au besoin.

Le sens du message

6 À partir de la mise en situation (page 4) et de l'information obtenue en lisant le texte «L'achat d'une auto ou d'une moto d'occasion chez un commerçant», complétez la fiche suivante. Justifiez votre réponse s'il y a lieu dans la colonne intitulée *Pourquoi?*

Interrogation	Réponse	Pourquoi?
La Loi sur la protection du consommateur s'applique-t-elle dans votre cas?		
Votre automobile a-t-elle droit à une garantie de base de bon fonctionnement?		
Votre automobile a-t-elle droit à une garantie de bon fonctionnement supplémentaire?		
Si oui, quelle est cette garantie?		ø
La garantie supplémentaire couvre: • la première vidange d'huile • le tissu des banquettes • une défectuosité de la batterie • la pose des pneus d'hiver	**VRAI** ☐ ☐ ☐ ☐ **FAUX** ☐ ☐ ☐ ☐	ø
Le commerçant est-il en droit d'exiger que vous payiez les frais de la main-d'œuvre?		
Pouvez-vous encore exercer un recours ou est-il trop tard étant donné que le commerçant a déjà réparé votre voiture une fois?		
Si vous pouvez exercer un recours, que devez-vous faire en premier?		ø
Si votre première démarche s'avère infructueuse, pourrez-vous intenter une poursuite à la Cour des petites créances?		
Contre qui s'adressera alors votre recours?		
Si vous décidez de ne pas intenter de poursuite à la Cour des petites créances, êtes-vous admissible au PAVAC?		
Si vous recourez au PAVAC, contre qui s'adressera votre recours?		ø
Finalement, êtes-vous dans une situation favorable pour faire valoir vos droits?		ø

7 En vous appuyant sur l'encadré intitulé «Éducaloi» (page 4), dites si l'information qui provient de cet organisme est crédible. Justifiez votre réponse.

_____

_____

_____

_____

© EXERCER SON SENS CRITIQUE

Évaluer la crédibilité de la source d'information

Exercer son sens critique, c'est d'abord s'assurer de la crédibilité de la source d'information que l'on s'apprête à consulter.

Comment évaluer la crédibilité de la source d'information?

Il faut s'assurer que:

- la source d'information est reconnue dans son domaine;
- les personnes qui transmettent l'information se réfèrent à des experts ou sont elles-mêmes des experts du sujet ou du domaine concerné;
- l'information ou les idées transmises s'appuient sur des études sérieuses ou sur des arguments solides, c'est-à-dire bien justifiés;
- l'information est présentée de manière méthodique et est rédigée en bon français.

8 Quel sigle de trois lettres désigne la Loi sur la protection du consommateur? _____

SAVOIR essentiel

LES SIGLES ET LES ACRONYMES

Les organismes publics ou privés reconnus, les ministères, les universités, les écoles, certaines lois ou maladies sont souvent désignés par leur _sigle_ ou _acronyme_. Il est donc important de connaître ces abréviations pour s'y retrouver!

L'acronyme

- L'acronyme est composé des initiales ou des premières lettres des mots d'une désignation.

  Il se prononce comme un mot.

  EXEMPLES:

  UQAM (**U**niversité du **Q**uébec **à M**ontréal)

  Cégep (**C**ollège d'**e**nseignement **g**énéral et **p**rofessionnel)

- Les acronymes prennent le genre (f. ou m.) du mot principal de la désignation.

  Le Cégep (_collège_ est masculin)

Le sigle

- Le sigle est composé des initiales ou des premières lettres d'une désignation.

  Il se prononce lettre par lettre.

  EXEMPLES:

  SRC (**S**ociété **R**adio-**C**anada)

  CHSLD (**C**entre d'**h**ébergement de **s**oins de **l**ongue **d**urée)

  CSN (**C**onfédération des **s**yndicats **n**ationaux)

9 Donnez la signification des sigles et des acronymes suivants. Au besoin, consultez Internet ou un dictionnaire.

a) TPS : _____

b) TVQ : _____

c) RRQ : _____

d) URL : _____

e) NAS : _____

f) OVNI : _____

Les règles du jeu

LES TYPES DE PHRASES

Pour construire des phrases correctes et variées, il est important de connaître les différents **types** et les différentes **formes de phrases**.

Vérifiez votre connaissance des **types de phrases** en complétant les exercices 10 et 11.

10 a) Voici quatre phrases. Associez chacune d'elles à son type à l'aide de flèches.

La loi s'applique dans ce cas. ●   ● phrase impérative

Est-ce que la loi s'applique dans ce cas ? ●   ● phrase déclarative

Appliquez la loi dès maintenant ! ●   ● phrase exclamative

Comme je suis heureux de connaître cette loi ! ●   ● phrase interrogative

b) De quel type est la phrase de base ?

_____

c) Complétez.
Les autres types de phrases sont donc des phrases _____.

11 Les phrases suivantes sont-elles des phrases de base ? Pourquoi ?

« Le véhicule d'occasion est-il garanti ? »
« Que comprend la garantie supplémentaire de la LPC ? »

_____

_____

Si vous avez eu de la difficulté à faire les exercices précédents, consultez une grammaire à la rubrique *Types de phrases* avant de poursuivre.

LES FORMES DE PHRASES

ATTENTION ! La phrase est toujours **d'un seul type**, mais elle peut prendre **différentes formes** : personnelle **ou** impersonnelle, positive **ou** négative, active **ou** passive, neutre **ou** emphatique. ■

Voyons cela de plus près…

SAVOIR essentiel

LA PHRASE DE FORME NÉGATIVE

La **phrase négative** s'oppose à la **phrase positive** (ou affirmative). C'est une **phrase transformée**.

- Pour construire une phrase négative, on ajoute des **marques de négation** à la phrase de forme positive. Les marques de négation **encadrent le verbe conjugué**.

    EXEMPLES :

Phrase positive	Phrase négative
La loi s'applique dans ce cas	*La loi **ne** s'applique **pas** dans ce cas.*

- Les marques de négation sont formées de *ne* (*n'* devant une voyelle ou un *h* muet) et d'un **autre mot** de négation (adverbe, pronom ou déterminant) tel que *plus, point, jamais, guère, personne, rien, aucun, nul*, etc.

    EXEMPLES :
    *Je **ne** ferai **plus** affaire avec ce commerçant.*
    *Cette vieille voiture **n'**a **aucune** défectuosité majeure.*
    *Il **n'**a **rien** remarqué.*

- La forme négative se combine aux quatre types de phrases.

    EXEMPLES :

Type de phrase	Phrase négative
Déclarative	*Je **ne** ferai **plus** affaire avec ce commerçant.*
Interrogative	***Ne** respectez-vous **pas** le code de la route ?*
Exclamative	*Que je **n'**aime **pas** ce commerçant !*
Impérative	***Ne** faites **plus** affaire avec ce commerçant !*

ATTENTION !

▷ La négation doit toujours être formée de **deux mots** : le *ne* (*n'*) est obligatoire et le *pas* ne s'emploie pas s'il y a déjà deux marques de négation.

   EXEMPLES :

   ≠ *J'aime pas ça.*   →   *Je n'aime pas ça.*
   ≠ *Je **ne** vois **pas** personne.*   →   *Je **ne** vois **personne**.*

▷ N'oubliez pas d'écrire le *n'* après *on* dans les phrases négatives. Même si on ne l'entend pas, il doit être là ! Si vous avez des doutes, remplacez le *on* par *nous*.

   EXEMPLE :

   ≠ ***On a pas** de recours dans cette situation.*
   ***On n'a pas** de recours dans cette situation. (Nous n'avons pas de recours…)* ■

12 **Quel est le sens de la phrase suivante ? Cochez la bonne réponse et justifiez-la.**

La loi **ne** s'applique **que** lorsque vous achetez une voiture
ou une motocyclette d'occasion chez un commerçant.

◯ **a)** La loi ne s'applique pas si vous achetez un véhicule d'occasion chez un commerçant.

_____

◯ **b)** La loi ne s'applique jamais à l'achat d'un véhicule d'occasion.

_____

◯ **c)** La loi s'applique seulement si vous achetez un véhicule d'occasion chez un commerçant.

_____

13 **a) La phrase soulignée ci-dessous est-elle négative ? Justifiez votre réponse.**

«Si vous achetez un véhicule d'occasion d'une connaissance ou d'un particulier,
la LPC **ne** peut **rien** pour vous.»

_____

b) Écrivez cette phrase à la forme positive (ou affirmative).

_____

14 **Mettez les phrases suivantes à la forme négative en utilisant les marques de négation de l'encadré ci-dessous.**

ATTENTION !

▷ Vous devrez parfois modifier l'orthographe de certains mots…

▷ Pensez **au sens** de la phrase pour choisir la marque de négation appropriée. ◼

ne… plus	n'… rien	n'… aucune	ne… jamais	aucun… n'	n'… pas

a) Je ferai toujours affaire avec ce commerçant.

_____

b) J'ai plusieurs questions à vous poser.

_____

c) On achètera une voiture d'occasion.

_____

d) Plusieurs véhicules ont cette garantie.

_____

e) Il a vu quelque chose.

_____

f) Il fait encore affaire avec ce commerçant.

_____

15 Transformez cette phrase à la forme négative sans en modifier le sens.

Votre véhicule doit avoir 160 000 kilomètres ou moins.

LA PHRASE DE FORME PASSIVE

La **phrase passive** s'oppose à la **phrase active** : c'est une **phrase transformée**.

- Dans la phrase active, le groupe sujet **fait l'action** exprimée par le verbe.

  EXEMPLE :

  GN - Sujet

  Le fabricant assume le coût de ce service. (Le GN - Sujet *Le fabricant* fait l'action d'« assumer ».)

- Dans la phrase passive, le groupe sujet **subit l'action** exprimée par le verbe :

  EXEMPLE :

  GN - Sujet

  Le coût de ce service est assumé **par** le fabricant.

- La transformation d'une phrase active en phrase passive nécessite quelques manipulations.

  EXEMPLE :

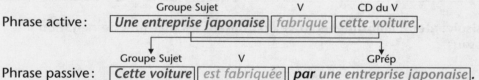

Phrase active :　Groupe Sujet　V　CD du V
Une entreprise japonaise *fabrique* *cette voiture*.

Phrase passive :　Groupe Sujet　V　GPrép
Cette voiture *est fabriquée* *par une entreprise japonaise*.

▷ Le CD du V de la phrase active devient le sujet de la phrase passive.

▷ On remplace le verbe de la phrase active par l'auxiliaire *être* suivi du participe passé du verbe.

▷ On ajoute la préposition **par** suivie du sujet de la phrase active.

ATTENTION !

La phrase passive comprend toujours un **participe passé** employé avec l'auxiliaire *être*. Cet auxiliaire est toujours **au même temps** que le verbe de la phrase active.

EXEMPLE :

*Ce nouveau modèle **a ébloui** les consommatrices.*
*Les consommatrices **ont été** éblouies par ce nouveau modèle.*

N'oubliez pas l'accord du participe passé dans la phrase passive ! ■

16 Transformez les phrases suivantes en phrases passives.

a) Les citoyens ne respectent pas toujours cette loi.

_____

b) Cette loi protège les consommateurs.

_____

SAVOIR essentiel

LA PHRASE DE FORME IMPERSONNELLE

La **phrase impersonnelle** s'oppose à la **phrase personnelle**.

• Elle a pour sujet le pronom *il* qui n'a pas de référent (ou antécédent).

• La phrase impersonnelle est parfois le résultat de la transformation d'une phrase personnelle.

EXEMPLE :

Phrase personnelle	Phrase impersonnelle
Un accident est arrivé au stade olympique.	*Il* est arrivé *un accident* au stade olympique.

• Certaines phrases impersonnelles ne découlent pas d'une transformation : celles qui emploient des **verbes impersonnels**, c'est-à-dire des verbes qui ne se conjuguent qu'à la 3ᵉ personne du singulier. Ce sont alors des phrases de base.

EXEMPLES :

Il pleut sans arrêt.   *Il faut* que tu t'excuses.   *Il fait beau* aujourd'hui !

Astuce : Si on peut remplacer le pronom *il* par le pronom *elle*, il ne s'agit pas d'une phrase impersonnelle !

17 Laquelle des deux phrases suivantes est une phrase impersonnelle ? Cochez la bonne réponse. Expliquez votre raisonnement.

◯ a) Il peut exercer un recours contre le fabricant, grâce au PAVAC.

◯ b) Il peut s'agir d'un véhicule acheté ou loué, neuf ou d'occasion.

_____

_____

_____

_____

_____

_____

_____

LA PHRASE DE FORME EMPHATIQUE

La **phrase emphatique** s'oppose à la **phrase neutre**.

- Pour transformer une phrase neutre en phrase emphatique, on lui ajoute des marques qui **mettent en évidence** un des éléments qui la composent : le sujet, le complément direct, le complément de phrase, etc.

EXEMPLES :

Phrase neutre	Phrase emphatique
Mon puits (GS) a été asséché.	**C'est** mon puits **qui** a été asséché.
On manquera d'eau _cet été_ (C de P).	**C'est** cet été **qu'**on manquera d'eau.
Je connais _le règlement_ (CD).	**Le règlement**, je **le** connais.

18 Transformez les deux phrases neutres suivantes en phrases emphatiques.

Phrase neutre	Phrase emphatique
Je veux régler ce problème.	
Cette loi dicte notre conduite.	

19 Grâce à ces exercices, vous avez sans doute compris que toute phrase qui n'est pas conforme au modèle de la phrase de base (ou phrase P) est une phrase transformée. Quels sont le type et les formes de la phrase P ?

La phrase de base est de type _____. C'est aussi une phrase

_____, _____, _____

et _____.

⬤ Afin d'approfondir vos connaissances sur les formes de phrases, vous pouvez faire les exercices complémentaires 4, 5 et 6 aux pages 55 et 56.

TÂCHE ② Lire pour s'informer et orienter une action

En naviguant sur le site de l'organisme Éducaloi, une rubrique concernant la résiliation de bail en cas de logement insalubre attire votre attention. Comme vous avez déjà avisé votre propriétaire de l'infestation de punaises qui sévit dans votre logement et qu'il n'a rien fait à ce jour, vous vous informez pour connaître vos droits et savoir comment réagir…

But de la tâche

À la fin de cette tâche, vous serez en mesure de :

- **vous appuyer sur les marques d'organisation d'un texte pour en prévoir le contenu ;**
- **reconstruire le plan d'un texte informatif.**

> **SAVOIRS ESSENTIELS**
>
> **Grammaire du texte**
> ❑ Plan du texte informatif
> ❑ Marques d'organisation du texte
>
> **Grammaire de la phrase**
> ❑ Accord du verbe avec le groupe sujet (cas particuliers)
>
> **Lexique**
> ❑ Paronymie
>
> **DURÉE DE LA TÂCHE**
>
> 3 heures

Jetez un coup d'œil aux marques d'organisation du texte de la page suivante (titre, intertitres, paragraphes, etc.) afin de vous en faire une idée générale. Après ce survol, faites les exercices ci-dessous.

● **Consultez au besoin l'outil** *La lecture en survol* **à la page 284.**

Les marques d'organisation du texte

20 **a) Quel est le titre du texte ?**

_____

b) Quel est le sous-titre ?

_____

c) Transcrivez un des intertitres du texte.

_____

d) Selon vous, combien d'aspects du sujet seront traités dans ce texte ? Justifiez votre réponse.

_____

e) Selon vous, combien d'idées principales seront présentées sous l'intertitre « Logement impropre à l'habitation » ? Comment le savez-vous ?

_____

21 **Parmi les choix qui suivent, cochez la réponse qui vous semble la meilleure.**

Le titre, le sous-titre et les intertitres nous laissent penser que le texte parlera :

◯ **a) d'une situation où le propriétaire peut exiger que le locataire quitte son logement.**

◯ **b) d'une situation où le locataire peut résilier son bail et de la procédure qu'il doit suivre.**

◯ **c) de l'impossibilité d'abandonner son logement en cours de bail.**

La résiliation de bail par le locataire
Quand et comment ?

Plusieurs croient qu'il est possible de quitter son logement en cours de bail en donnant un avis de trois mois à son propriétaire. C'est faux, car un bail, c'est un contrat ! Et un contrat,
5 c'est du sérieux ! Cependant, même s'il s'agit de l'exception à la règle, la résiliation [22] de bail par le locataire est possible lorsque le logement est impropre à l'habitation. Mais qu'est-ce qu'un logement impropre à l'habitation ?
10 Le locataire peut-il exercer un recours dans un tel cas ? Peut-il abandonner son logement ?

Logement impropre à l'habitation

Est considéré comme impropre à l'habitation un logement qui constitue une menace sérieuse
15 pour la santé ou la sécurité de ses occupants ou du public. Il peut s'agir d'un logement où il n'y a pas d'eau chaude, où le chauffage est déficient ; d'un logement qui est infesté [23] de vermine, qui est délabré, partiellement en ruine, etc.

20 Si un locataire juge son logement impropre à l'habitation au moment où il emménage [24], il peut refuser de prendre possession du logement : son bail sera alors résilié. Toutefois, avant d'agir de la sorte, il est préférable de
25 se renseigner auprès de la Régie du logement.

Recours contre le locateur

Tout manquement du locateur [25] aux exigences minimales fixées par la loi relativement à l'entretien, à l'habitabilité, à la sécurité et à
30 la salubrité [26] du logement peut donner lieu à un recours de la part du locataire.

Le locateur a l'obligation d'entretenir le logement en cours de bail. Si le locataire

■ CHAPITRE 1

constate une détérioration pouvant devenir
35 problématique, il peut envoyer au locateur
un avis écrit lui demandant de procéder aux
réparations qui s'imposent. Cet avis peut
prendre la forme d'une mise en demeure.

Si rien ne se produit, il peut alors recourir
40 à la Régie du logement et demander :

- des dommages et intérêts ;
- l'exécution de l'obligation ;
- la diminution du loyer ;
- la résiliation du bail.

45 **Abandon du logement**

Le locataire peut quitter son logement en
cours de bail s'il devient impropre à l'habitation.
Il est alors tenu d'aviser le propriétaire de son
abandon du logement et des raisons le forçant
50 à quitter, au plus tard dix (10) jours suivant
son départ.

L'avis donné au propriétaire doit être fait
par écrit et devrait indiquer :

- le nom et l'adresse du propriétaire ;
55 - l'adresse des lieux loués ;
- les raisons pour lesquelles le logement est
impropre à l'habitation ;

- la date à laquelle aura lieu ou a eu lieu
l'abandon du logement ;
60 - la nouvelle adresse et le nouveau numéro
de téléphone du locataire.

Dès que le logement redevient habitable, le
locateur est tenu d'aviser le locataire. Ce dernier
a alors dix (10) jours pour dire au propriétaire
65 s'il réintègre le logement ou non. Le bail est
annulé et le logement peut être de nouveau loué
si le locataire :

- refuse de réintégrer le logement ;
- omet de répondre au propriétaire ;
70 - n'a laissé aucun moyen de le joindre (adresse
ou numéro de téléphone).

Bref, lorsqu'un logement est impropre
à l'habitation, le locataire dispose de divers
recours allant du simple avis au propriétaire
75 à l'abandon du logement ou à la résiliation du
bail. Cependant, la loi protège tous les citoyens
et le locateur peut également porter plainte à la
Régie du logement et, éventuellement, demander
la résiliation du bail si le locataire met lui-même
80 en péril la sécurité ou la salubrité du logement.

Source : Adapté de «La résiliation de bail par le locataire»
et «L'état du logement», *Éducaloi*, [en ligne]. (avril 2009)

Pour mieux saisir le texte

22 **Donnez un synonyme du mot *résiliation*.** _____

23 **Donnez le sens du mot *infesté*.**

_____

24 **En modifiant le préfixe du mot *emménage*, donnez son antonyme.**

_____

25 **Donnez un synonyme du mot *locateur*.** _____

26 **En vous aidant du sens du suffixe *ité*, définissez les noms *habitabilité*, *sécurité*
et *salubrité*.**

_____

⬤ **Consultez le dictionnaire au besoin.**

Le texte informatif

27 **a)** Qui est l'émetteur (auteur) du texte «La résiliation d'un bail par le locataire»?

_____

b) Quelle est l'intention de communication de l'émetteur de ce texte? Cochez la bonne réponse.

   ◯ Prévenir le lecteur du sérieux d'un contrat.

   ◯ Inciter les locateurs à respecter les normes de salubrité et de sécurité d'un logement.

   ◯ Informer le lecteur sur la résiliation d'un bail en situation de logement insalubre.

c) À quel type de texte correspond cette intention de communication?

_____

SAVOIR essentiel

LE PLAN DU TEXTE INFORMATIF

L'**introduction** comporte généralement:

* un **sujet amené** qui introduit le sujet. C'est une amorce, une entrée en matière (considération générale, fait d'actualité, rappel historique, etc.);

* un **sujet posé** qui présente clairement le sujet du texte (souvent une phrase; il peut être formulé sous forme de question);

* un **sujet divisé** qui annonce les différents aspects abordés dans le texte. Il est facultatif.

Le **développement**, comme son nom le dit, permet à l'auteur de développer son sujet. C'est le cœur du texte. Il est divisé en plusieurs **paragraphes** dont le nombre varie selon le nombre d'**aspects** et d'**idées principales** abordés par l'auteur.

* Les **aspects** correspondent à un angle sous lequel le sujet est traité. Chaque aspect est généralement traité en quelques paragraphes, à l'aide d'idées principales et d'idées secondaires. Les aspects sont parfois annoncés par des intertitres.

* Les **idées principales** (IP) développent le sujet du texte. On trouve généralement une idée principale par paragraphe. Elle est directement rattachée au sujet ou à un aspect du sujet. Cette idée principale est toujours complétée par une ou plusieurs idées secondaires.

* Les **idées secondaires** (IS) sont des explications, des exemples, des détails qui complètent les idées principales. Elles aident à la bonne compréhension du sujet. On trouve au moins une idée secondaire par paragraphe, généralement à la suite de l'idée principale.

La **conclusion** contient habituellement:

* une **récapitulation** qui résume les grandes lignes du texte: elle fait une synthèse des idées traitées dans le développement;

* une **ouverture** (optionnelle) qui propose une réflexion ou une piste de solution.

Le sens du message

28 Dégagez maintenant l'information du texte «La résiliation de bail par le locataire» en en reconstituant le plan. Les idées principales et secondaires doivent être formulées dans des phrases complètes.

PLAN DU TEXTE «LA RÉSILIATION DE BAIL PAR LE LOCATAIRE»

Introduction

Sujet amené	«un bail, c'est un contrat! Et un contrat, c'est du sérieux!»
Sujet posé (tiré du texte)	
Sujet divisé (tiré du texte)	

Développement

1er ASPECT	
▷ 1re idée principale	
Une idée secondaire	
▷ 2e idée principale	
Une idée secondaire	
2e ASPECT	
▷ 1re idée principale	
▷ 2e idée principale	
▷ 3e idée principale	
3e ASPECT	

Conclusion

Récapitulation	
Ouverture	

29 Dans le texte «La résilisation de bail par le locataire», vous avez rencontré le mot *infesté*. À quel autre mot vous fait-il penser ?

_____

SAVOIR essentiel

LA PARONYMIE

Les **paronymes** sont des mots qui se ressemblent, mais qui n'ont pas la même signification.

EXEMPLES :

accident	événement malheureux	*éminent*	remarquable
incident	événement secondaire imprévisible	*imminent*	qui est tout près d'arriver
allocation	somme d'argent	*éruption*	jaillissement soudain et brutal (d'un volcan, par exemple)
allocution	discours bref	*irruption*	entrée soudaine d'une personne dans un lieu (*faire irruption*)

30 Complétez les définitions suivantes.

- aménager : Disposer, organiser en vue d'un usage déterminé.

- emménager : _____

- collision : Choc de deux corps.

- collusion : _____

- vénéneux : Qui contient une substance toxique, en parlant des _____.

- venimeux : Qui contient du venin, en parlant d'un _____.

Les règles du jeu

L'ACCORD DU VERBE AVEC LE GROUPE SUJET

31 Trouvez le groupe sujet des verbes soulignés dans les phrases suivantes.

a) Être citoyen <u>implique</u> qu'on a des droits, des devoirs, et donc des responsabilités.

Groupe sujet : _____

b) Tes sœurs et toi <u>avez voté</u> pour des partis différents.

Groupe sujet : _____

c) Que ce parti remporte les élections <u>serait</u> ma plus grande joie !

Groupe sujet : _____

d) Dans ces régions éloignées <u>vivent</u> surtout des communautés autochtones.

Groupe sujet : _____

Avant de poursuivre, assurez-vous de vérifier vos réponses dans le corrigé.

32 Remplissez le tableau suivant après avoir transcrit au bon endroit, dans la colonne *Sujet,* les groupes sujets que vous avez trouvés à l'exercice 31.

Le groupe sujet est...	Groupe sujet	Verbe	Pers. et nombre
un GN et un pronom de pers. différentes	Tes sœurs et toi	avez voté	2e pers. pl.
inversé (placé après le verbe)			
un GInf (groupe dont le noyau est un verbe à l'infinitif)			
une phrase subordonnée (introduite par *que* ou *qu'*)			

SAVOIR essentiel

L'ACCORD DU VERBE AVEC LE GROUPE SUJET (CAS PARTICULIERS)

Le sujet donne toujours sa personne (1re, 2e ou 3e) et son nombre (s. ou pl.) au verbe ou à l'auxiliaire (si le verbe est conjugué à un temps composé). Cependant, le sujet n'est pas toujours un groupe nominal (GN) ou un pronom...

Si le sujet est un groupe infinitif (GInf) ou une phrase subordonnée

- Dans ces deux cas, le ⎡groupe sujet⎤ peut être remplacé par *cela* (ou *c'*).

   Le verbe est alors conjugué à la 3e pers. s.

   EXEMPLES :

   GInf - Sujet

   ⎡*Exercer son droit de vote*⎤ *est un devoir.*

   C'est un devoir.

   Sub. - Sujet

   ⎡*Qu'il soit élu*⎤ *serait ma plus grande joie !*

   Cela serait ma plus grande joie !

Si les sujets sont de pers. différentes

- Si les sujets sont de la 2e **et** de la 3e pers., le sujet peut être remplacé par *vous*. Le verbe est alors conjugué à la 2e pers. pl.

EXEMPLE :

3e pers. + 2^e pers. = vous (2e pers. pl.)

⎡*Sophie et toi*⎤ *irez voter au même bureau de vote.*

- Si un des sujets est de la 1re pers., le sujet peut être remplacé par *nous*. Le verbe est alors conjugué à la 1re pers. pl.

EXEMPLES :

3e pers. + 1re pers. = nous (1re pers. pl.)

⎡*Luc et moi*⎤ *exercerons nos droits.*

2e pers. + 1re pers. = 1re pers. pl.

⎡*Toi et moi*⎤ *irons témoigner.*

Si le sujet est inversé ou éloigné du verbe

- Même si le sujet est placé après le verbe ou même s'il en est éloigné, il lui donne sa personne et son nombre : le verbe s'accorde toujours avec le sujet.

EXEMPLES :

Sujet

Dans la salle délibèrent ⎡*les jurés*⎤.

Sujet

⎡*L'absence des principaux témoins*⎤ *complique le travail du juge.*

33 Conjuguez les verbes des phrases suivantes au présent de l'indicatif.

⬤ Consultez au besoin la rubrique *Comment faire?* ci-dessous.

a) Aujourd'hui, tes amis et toi **(partir)**

_____ en voyage.

b) «À bas la violence!» **(crier)**

_____ les manifestants.

c) C'est dans ces banlieues pauvres que **(se multiplier)**

_____ les actes

violents.

d) Mes compagnons et moi **(venir)**

_____ d'assister

à une conférence.

e) Regarder un film me **(détendre)**

_____ toujours

après une journée de travail.

f) Luc et toi **(oublier)**

_____ toujours de consulter avant d'agir!

g) Rendre le verdict **(revenir)** _____ aux jurés, dans un procès criminel.

h) Les privilèges associés à la citoyenneté, dont le fait d'avoir un pouvoir politique par l'exercice

du droit de vote, **(conférer)** _____ des droits et des obligations.

i) Que vous réussissiez **(être)** _____ mon plus grand souhait.

Comment FAIRE ?

COMMENT ACCORDER LE VERBE AVEC SON SUJET ?

Si vous avez de la difficulté à accorder le verbe avec son sujet, parcourez les étapes suivantes.

1. Trouvez le sujet du verbe et encadrez-le (remplacez-le par un pronom au besoin).
2. Au-dessus du sujet, écrivez sa personne grammaticale et son nombre.
3. Faites l'accord du verbe avec le groupe sujet en tenant compte:
   • du temps et du mode du verbe;
   • de la personne grammaticale et du nombre du sujet.
4. Consultez, au besoin, un ouvrage sur la conjugaison.

Maintenant que vous connaissez les conditions de résiliation d'un bail, vous avez décidé de quitter votre logement qui est insalubre. Vous écrivez donc une lettre formelle à votre propriétaire pour l'en informer.

► **SAVOIRS ESSENTIELS**

Grammaire du texte
❑ Absence de contradiction

Autres notions et techniques
❑ Présentation et plan d'une lettre formelle

► **DURÉE DE LA TÂCHE**

3 heures

But de la tâche

> À la fin de cette tâche, vous serez en mesure de communiquer clairement de l'information en respectant les normes de présentation matérielle d'une lettre formelle.

Relisez les extraits qui suivent, tirés des deux textes que vous avez lus précédemment.

EXTRAIT DU TEXTE 1

Les dispositions relatives à la vente d'un véhicule d'occasion dans la LPC ne s'appliquent que lorsque vous achetez une voiture ou une motocyclette d'occasion chez un commerçant.

Ainsi, si vous achetez un véhicule d'occasion d'une connaissance ou d'un particulier qui en a fait la promotion dans une petite annonce, la LPC ne peut rien pour vous.

Lorsque vous constatez la défectuosité du véhicule, vous avez trois mois pour exercer votre recours.

EXTRAIT DU TEXTE 2

Est considéré comme impropre à l'habitation un logement qui constitue une menace sérieuse pour la santé ou la sécurité de ses occupants ou du public. Il peut s'agir d'un logement où il n'y a pas d'eau chaude, où le chauffage est déficient; d'un logement qui est infesté de vermine, qui est délabré, partiellement en ruine, etc.

Si un locataire juge son logement impropre à l'habitation au moment où il emménage, il peut refuser de prendre possession du logement: son bail sera alors résilié. Toutefois, avant d'agir de la sorte, il est préférable de se renseigner auprès de la Régie du logement.

---

34 **a) Dans lequel de ces deux extraits l'auteur s'adresse-t-il directement au lecteur ?**

_____

b) Quel indice vous a permis de le savoir ?

_____

35 **a) Dans ces deux extraits, l'auteur est-il présent (utilise-t-il le _je_ ou le _nous_ ?) ou est-il effacé ?**

_____

b) Ces deux extraits présentent des faits. Expriment-ils aussi des opinions ?

_____

c) Diriez-vous que ce sont des textes objectifs (neutres) ou subjectifs ?

_____

_____

SAVOIR essentiel

LA COHÉRENCE DU TEXTE
ABSENCE DE CONTRADICTION

Pour éviter toute contradiction, l'auteur d'un texte doit, bien sûr, s'assurer qu'aucune idée ou information n'en contredise une autre. De plus, il doit adopter un **point de vue constant**.

- L'auteur doit s'exprimer à la 1ʳᵉ **ou** à la 3ᵉ personne et il ne doit pas changer sa façon de faire en cours de route.
- L'auteur est **soit** objectif (il ne transmet que des faits) **soit** subjectif (il se permet de donner son opinion ou d'exprimer ses idées).

- L'auteur interpelle **ou non** son destinataire (en employant les pronoms _tu_ ou _vous_). Il doit cependant demeurer constant dans sa façon de faire.

ATTENTION ! Dans un texte informatif, l'auteur est généralement effacé (il n'emploie ni le _je_ ni le _nous_) : il demeure neutre ou objectif. Il peut cependant interpeller son destinataire, comme c'est le cas dans le texte 1. ∎

À vos plumes!

Maintenant que vous avez pris connaissance de l'information juridique pertinente, vous avez toutes les données nécessaires pour rédiger une lettre à votre propriétaire afin de l'informer de votre intention de quitter votre logement. Portez une attention particulière au modèle de lettre qui vous est présenté ci-dessous.

RAPPEL : PRÉSENTATION ET PLAN D'UNE LETTRE FORMELLE

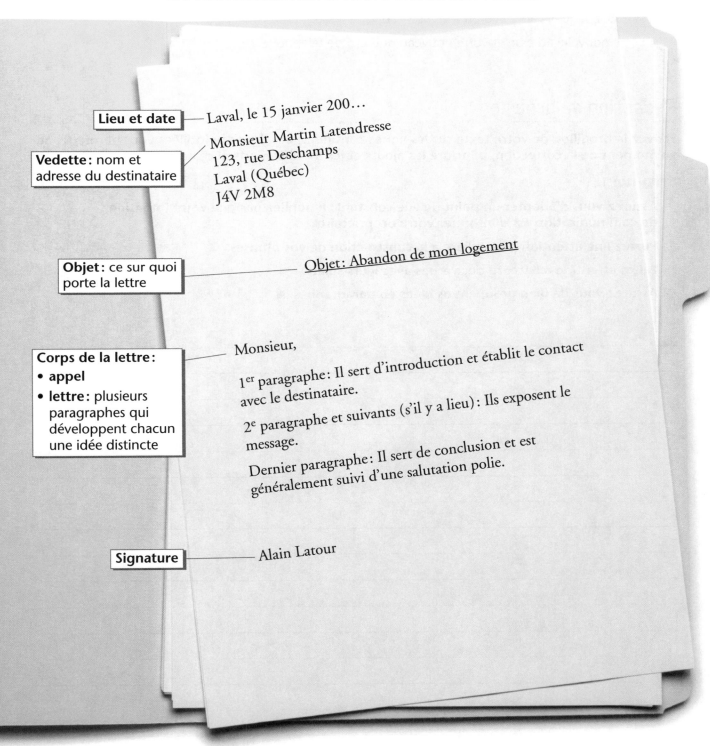

Lieu et date — Laval, le 15 janvier 200…

Vedette : nom et adresse du destinataire — Monsieur Martin Latendresse
123, rue Deschamps
Laval (Québec)
J4V 2M8

Objet : ce sur quoi porte la lettre — Objet : Abandon de mon logement

Corps de la lettre :
- **appel**
- **lettre :** plusieurs paragraphes qui développent chacun une idée distincte

Monsieur,

1er paragraphe : Il sert d'introduction et établit le contact avec le destinataire.

2e paragraphe et suivants (s'il y a lieu) : Ils exposent le message.

Dernier paragraphe : Il sert de conclusion et est généralement suivi d'une salutation polie.

Signature — Alain Latour

Rédigez une lettre d'avis de 150 à 200 mots en respectant les normes de présentation d'une lettre formelle.

Assurez-vous que celle-ci indique :

- ◯ le nom et l'adresse du propriétaire (votre identité et celle de votre propriétaire peuvent être fictives);
- ◯ l'adresse des lieux loués;
- ◯ les raisons pour lesquelles le logement est impropre à l'habitation;
- ◯ la date à laquelle aura lieu ou a eu lieu l'abandon du logement;
- ◯ votre nouvelle adresse et votre nouveau numéro de téléphone.

Rédaction du brouillon

Écrivez le brouillon de votre texte sur les lignes continues. Les lignes pointillées vous permettront, au moment de la correction, d'inclure les ajouts et les modifications nécessaires.

ATTENTION !

▷ **Assurez-vous d'adopter un point de vue constant : n'oubliez pas que votre intention de communication est d'informer votre propriétaire.**

▷ **Portez une attention particulière à la construction de vos phrases.**

▷ **Faites attention à l'accord des verbes avec leurs sujets.**

▷ **Assurez-vous de bien grouper vos idées en paragraphes.** ■

→

→

→

→ _____

_____

_____

_____

_____

_____

_____

_____

_____

_____

_____

_____

_____

_____

_____

_____

_____

_____

_____

_____

_____

Avant de rédiger la version définitive de votre lettre, consultez l'outil *La révision et la correction d'un texte* à la page 294.

Relisez maintenant votre brouillon et posez-vous les questions suivantes.

	OUI	NON
• Le vocabulaire et le ton sont-ils adaptés à mon destinataire et au genre de texte que j'écris ?	◯	◯
• Mon intention d'informer est-elle respectée ?	◯	◯
• Les éléments qui doivent figurer dans l'avis au propriétaire y sont-ils tous ?	◯	◯
• Mon message est-il clair et cohérent ?	◯	◯
• Ai-je respecté la présentation matérielle de la lettre formelle ?	◯	◯

La correction de votre lettre est terminée ? Rédigez la version définitive de votre lettre sur une feuille mobile ou en utilisant un logiciel de traitement de texte.

Ensuite, faites corriger votre lettre par votre enseignante ou votre enseignant.

LE PLAN DU TEXTE INFORMATIF

36 Complétez le schéma du texte informatif en insérant, à l'endroit approprié, les mots ou les énoncés suivants.

Aspect

Explications, exemples, détails, etc.

Présentation des aspects

Introduction

Conclusion

Idée principale
(à insérer 2 fois)

Ouverture

Sujet amené

Sujet posé

PLAN DU TEXTE INFORMATIF

_____

Entrée en matière : considération généale, fait d'actualité, etc.

_____

Formulation claire et précise du sujet du texte
(une phrase ou une question)

Sujet divisé

_____

Aspect	_____
Intertitre	Intertitre

_____	_____	Idée principale	Idée principale
Un paragraphe	Un paragraphe	Un paragraphe	Un paragraphe
IS IS	IS IS	IS IS	IS IS

IS = Idées secondaires

_____

Développement

Récapitulation :
retour sur le aspects

_____

37 Vérifiez votre connaissance des types et des formes de phrases en complétant l'encadré suivant.

Les types et les formes de phrases

Il existe quatre types de phrases : les phrases _____,

_____, _____ et

_____.

La phrase n'est toujours que d'un seul type, mais elle a plusieurs

_____ : elle peut être _____ **ou** négative;

active **ou** _____; personnelle **ou** _____;

_____ **ou** emphatique.

La phrase de base (phrase P) est de type _____ et de forme

_____, _____,

_____ et _____.

Toute phrase qui ne correspond pas au modèle de la phrase P est une phrase

_____.

38 Vrai (V) ou faux (F) ?

_____ Une phrase peut être à la fois déclarative et impérative.

_____ Une phrase impersonnelle peut être négative.

_____ La phrase suivante est une phrase de base : *Il neigera demain.*

_____ La phrase suivante est une phrase transformée : *Comment allez-vous ?*

_____ La phrase passive contient toujours un participe passé employé avec l'auxiliaire *être.*

LE LEXIQUE

39 **a) Complétez les définitions suivantes.**

Les paronymes sont des mots _____, mais qui n'ont pas

la même _____.

Les _____ sont des mots qui ont la même signification ou qui ont

un sens très proche.

Les antonymes sont des mots _____.

b) Écrivez deux noms paronymes, deux adjectifs synonymes et deux verbes antonymes.

Noms paronymes : _____

Adjectifs synonymes : _____

Verbes antonymes : _____

S
A
1

L'ACCORD DU VERBE AVEC LE GROUPE SUJET

40 Le verbe dont le sujet est un groupe infinitif (GInf) ou une phrase subordonnée s'écrit toujours

à la _____ du _____, car le GInf et la phrase peuvent être

remplacés par _____.

41 **Dans les paires d'énoncés suivantes, cochez l'énoncé qui est vrai.**

◯ **a)** Le verbe s'accorde toujours avec le sujet.

◯ **b)** Le verbe s'accorde toujours avec le sujet, sauf si le sujet est inversé.

◯ **c)** Lorsque le verbe a deux sujets de personne grammaticale différente, il se met toujours au pluriel.

◯ **d)** Lorsque le verbe a deux sujets de personne grammaticale différente, il se met parfois au pluriel.

◯ **e)** Il est correct d'écrire : «Luc, toi et moi irons à Québec demain.»

◯ **f)** Il est correct d'écrire : «Luc, toi et moi iront à Québec demain.»

Activité d'intégration

Intéressé par les questions juridiques, vous décidez d'écrire un article pour la chronique *La loi et moi* du journal de votre centre de formation. Votre texte, d'un maximum de 200 mots, doit répondre aux trois questions formulées dans l'une des deux situations ci-dessous.

Lisez les deux situations et choisissez celle sur laquelle vous voulez travailler.

SITUATION 1

Vous venez de décrocher un nouvel emploi au service à la clientèle du resto *La patate chaude*. Vous aimez votre boulot, mais vous vous posez des questions par rapport aux droits de votre patron…

- A-t-il le droit de ne pas vous payer pour la période de formation de 5 jours qu'il a exigée de vous?
- Peut-il déduire de votre paie les erreurs que vous avez commises en tenant la caisse?
- Peut-il vous obliger à partager vos pourboires avec les autres employés?

SITUATION 2

Depuis trois mois, vous habitez en appartement avec votre ami Joël. Au début, tout allait bien, mais depuis quelque temps, ça se gâte! Joël fait des *partys* toutes les fins de semaine, malgré les plaintes répétées du propriétaire. De plus, il «oublie» souvent de payer sa part de la facture d'électricité…

- Ses amis et lui peuvent-ils faire tout le bruit qu'ils veulent pourvu que ce soit avant 23 heures?
- Que peut faire le propriétaire pour faire cesser le bruit excessif?
- Devez-vous payer la facture d'électricité au complet lorsque Joël ne paie pas sa moitié?

Afin de vous préparer à la rédaction de votre texte informatif:
- faites des recherches dans le site Internet *Éducaloi* en vue de répondre aux trois questions de la situation;

  ● Consultez au besoin l'outil *La recherche dans Internet* à la page 287.

- prenez des notes en cours de lecture et assurez-vous de ne retenir que l'information pertinente;
- regroupez et ordonnez vos idées en rédigeant le plan de votre texte informatif.

  ● Consultez au besoin la rubrique *Savoir essentiel* à la page 18.

ATTENTION!

▷ Assurez-vous de pouvoir répondre aux trois questions de la situation retenue.

▷ Les intertitres ne sont pas obligatoires.

▷ Votre texte **ne doit pas** reprendre les formulations des textes lus: résumez l'information **dans vos propres mots**! ■

Rédaction du plan

Introduction	
Sujet amené	_____
Sujet posé	_____ _____
Sujet divisé (facultatif)	_____ _____

Développement	
Idée principale	_____ _____ _____ _____ _____ _____
Idée principale	_____ _____ _____ _____ _____ _____
Idée principale	_____ _____ _____ _____ _____ _____

Conclusion	
	_____ _____

Rédaction de la version définitive

Rédigez maintenant la version définitive de votre texte.

_____

_____

_____

_____

_____

_____

_____

_____

_____

_____

_____

_____

_____

_____

_____

_____

_____

_____

_____

_____

_____

_____

_____

_____

_____

Faites corriger votre texte par votre enseignante ou votre enseignant.

Bilan de mes apprentissages

Les rubriques 1 à 5 de la grille suivante correspondent à des éléments sur lesquels on vous évaluera à la fin du cours. Pour répondre aux exigences, vous devez être en mesure d'accomplir certaines actions qui sont précisées dans la 1re colonne. Les exercices qui se rapportent à ces actions sont notés dans la 2e colonne. En comparant vos réponses avec celles du corrigé, diriez-vous que vous avez complété les exercices très facilement, plutôt facilement ou difficilement ?

1 = TRÈS FACILEMENT	2 = PLUTÔT FACILEMENT	3 = DIFFICILEMENT

Actions	Exercices	Échelle
1. DÉGAGER LES ÉLÉMENTS D'INFORMATION EXPLICITES ET IMPLICITES, AINSI QUE LE SENS DU MESSAGE		
• Je peux dégager l'information nécessaire pour évaluer une situation et orienter une action.	6	1. ❑ 2. ❑ 3. ❑
• Je peux reconstituer le plan d'un texte et en formuler les idées principales et secondaires.	28	1. ❑ 2. ❑ 3. ❑
2. UTILISER LES RESSOURCES DE LA LANGUE		
• Je m'appuie sur mes connaissances du lexique pour mieux saisir le texte.	2 à 5 22 à 26	1. ❑ 2. ❑ 3. ❑
• Je différencie les types et les formes de phrases.	10 à 13	1. ❑ 2. ❑ 3. ❑
• Je peux identifier le sujet d'une phrase.	31, 32	1. ❑ 2. ❑ 3. ❑
3. RESPECTER SON INTENTION DE COMMUNICATION		
• Je respecte la présentation et le ton d'une lettre formelle.	Tâche 3	1. ❑ 2. ❑ 3. ❑
• Je transmets une information juste et précise.		1. ❑ 2. ❑ 3. ❑
4. REGROUPER ADÉQUATEMENT SES IDÉES ET EN ASSURER L'ENCHAÎNEMENT		
• Je regroupe mes idées en paragraphes, selon le plan de la lettre.	Tâche 3	1. ❑ 2. ❑ 3. ❑
• J'utilise des organisateurs textuels et des marqueurs de relation appropriés.		1. ❑ 2. ❑ 3. ❑
5. RESPECTER LES RÈGLES APPRISES DE LA GRAMMAIRE DE LA PHRASE		
• Je construis des phrases correctes, de types et de formes variés.	14 à 16 et tâche 3	1. ❑ 2. ❑ 3. ❑
• Je fais correctement l'accord du verbe avec le sujet.	33 et tâche 3	1. ❑ 2. ❑ 3. ❑

Progrès réalisés	Points à améliorer

Des organismes qui font du bien

Vous avez vu le film de Claude Berri, *Ensemble, c'est tout* ? Tiré du roman d'Anna Gavalda, ce film met en scène quatre personnages qui feront connaissance, s'apprivoiseront et vivront finalement sous le même toit… pour plus de confort, de réconfort. Camille, Philibert, Franck et Paulette, une vieille dame fragile et drôle, réussiront à se soutenir, à alléger leurs chagrins et à réaliser leurs rêves, parce qu'ensemble, on est plus fort.

Ainsi en est-il de la vie en société : en conjuguant nos efforts, on peut contribuer au confort et au réconfort des plus démunis.

Au Québec, une multitude d'organismes communautaires en font quotidiennement la preuve. Connaissez-vous quelques-uns de ces organismes et la mission qui les anime ?

Cette situation d'apprentissage comprend une seule tâche au cours de laquelle vous vous informerez sur deux organismes communautaires québécois : le Club des petits déjeuners du Québec et Les petits frères des Pauvres.

But de la situation d'apprentissage

> **À la fin de cette situation d'apprentissage, vous serez en mesure de recueillir et de sélectionner de l'information pour faire un choix éclairé.**

COMPÉTENCES POLYVALENTES

Au cours de cette situation d'apprentissage, vous aurez l'occasion de développer et de mettre en pratique la compétence suivante :

Communiquer
- Dégager les éléments d'information explicites et implicites et le sens du message
- Interpréter avec justesse le sens des mots

DURÉE DE LA SITUATION D'APPRENTISSAGE

7 heures

---

i Littérature et cinéma

La littérature a souvent inspiré les cinéastes. En effet, de nombreux romans ont été adaptés pour le cinéma : pensons, entre autres, à l'adaptation de la trilogie culte *Millénium*, de l'écrivain suédois Stieg Larsson, à celle du roman *Soie*, d'Alessandro Barrico ou encore à celle de *Un homme et son péché*, de l'écrivain québécois Claude-Henri Grignon.

---

1 **Inscrivez chacun des organismes suivants dans la case appropriée du tableau, vis-à-vis de sa mission.**

- Le Chaînon (Montréal)
- Carrefours jeunesse-emploi du Québec
- Suicide-Action

- Re-Source Familles (Bas-Saint-Laurent), Famille Plus (Estrie) et Entraide-parents (Québec)

- Gai Écoute
- Centraide
- La Société de Saint-Vincent de Paul

Organismes	Mission
	Apporter du soutien aux familles à faible revenu pour assurer leur santé et leur bien-être; favoriser les contacts entre les générations et promouvoir l'autonomie des aînés; développer les compétences des parents et encourager l'autonomie des familles.
	Écouter, informer et soutenir les personnes qui se posent des questions sur l'orientation sexuelle. Les services d'aide sont offerts gratuitement partout au Québec par téléphone, courrier électronique ou clavardage.
	Accompagner, guider et soutenir les jeunes adultes de 16 à 35 ans dans leur cheminement vers l'emploi, vers un retour aux études ou dans le démarrage d'une petite entreprise.
	Offrir, par l'entremise de ses milliers de bénévoles, une aide d'urgence à toute personne vivant une situation difficile et qui nécessite un soutien momentané. L'aide apportée prend diverses formes: nourriture, vêtements, meubles, écoute ou références.
	Offrir un accueil à des femmes violentées ou en difficulté qui ont besoin, de façon temporaire, d'un milieu chaleureux pour y puiser des énergies nouvelles, retrouver confiance en la vie et établir un parcours qui leur convient.
	Offrir des services d'aide, d'information et de références aux personnes suicidaires, à leur entourage, aux personnes touchées par un suicide ou aux intervenants.
	Rassembler des bénévoles et recueillir des ressources financières pour soutenir et financer les organismes communautaires et rendre leur action plus efficace.

TIC

Vous aimeriez faire du bénévolat? Consultez le site Internet du Réseau de l'action bénévole du Québec.

TÂCHE 1 Lire pour connaître les ressources du milieu

La pauvreté, l'isolement ou l'exclusion, la détresse physique ou mentale, la violence et la toxicomanie sont parmi les principaux problèmes que les organismes communautaires tentent de combattre. Pour y arriver, ils ont évidemment besoin de ressources humaines et financières…

La semaine dernière, à deux reprises, vous avez répondu à des sollicitations téléphoniques provenant d'organismes différents. Vous aimeriez faire votre part, mais vous désirez soutenir une cause qui vous tienne à cœur (et un organisme reconnu !). Vous décidez donc de vous informer sur la mission de certains organismes œuvrant au Québec.

But de la tâche

À la fin de cette tâche, vous serez en mesure de :

- dégager les idées principales d'un texte et de les associer aux aspects traités dans ce texte ;
- formuler dans vos mots l'information reçue.

Lisez les deux textes qui suivent.

TEXTE 1

Le Club des petits déjeuners du Québec

Le Club des petits déjeuners du Québec a ouvert ses portes en 1994 à l'école Lionel-Groulx, située dans un quartier défavorisé de Longueuil. Son fondateur, Daniel
5 Germain, désirait offrir à tous les enfants d'ici une chance égale de réussite en leur permettant de prendre un petit déjeuner nutritif avant d'aller en classe. L'expérience a produit de si bons résultats sur le rendement scolaire
10 des enfants que, bientôt, d'autres écoles ont frappé à la porte du Club des petits déjeuners du Québec.

Quinze mille enfants à travers le Québec sont inscrits au Club des petits déjeuners du Québec. Chaque matin, ils reçoivent deux éléments essentiels pour bien commencer la journée en classe : un petit déjeuner nutritif et un climat nourrissant [2].

Au cours de l'année scolaire 2007-2008, le Club a servi 2 100 000 petits déjeuners.

Depuis 1994, grâce au soutien d'un nombre grandissant de partenaires privés et publics, le
15 Club des petits déjeuners du Québec a installé ses cuisines dans 225 écoles primaires et secondaires du Québec. Chaque jour ouvrable du calendrier scolaire, le Club sert des déjeuners chauds avant le début des classes : des
20 partenaires du secteur de l'alimentation fournissent gratuitement 80 % de la nourriture distribuée. Grâce à eux, le Club peut proposer en alternance une dizaine de menus sains, équilibrés et savoureux.

25 En outre, depuis 2000, le Club des petits déjeuners du Québec a introduit le programme *JeunEstime*, qui propose des activités et des sorties visant à nourrir [2] l'estime de soi des enfants.

30 En 2005, le Club des petits déjeuners du Québec devenait partenaire du Programme alimentaire mondial des Nations Unies (PAM).

En plus de partager son expertise et les pratiques exemplaires du Club avec le PAM,
35 Daniel Germain a été responsable du volet canadien de *Walk the World*, la marche mondiale contre la faim.

Durant cette même année, le projet SISMIK « Réveillez les héros » voit le jour.
40 SISMIK est un projet de coopération internationale qui s'adresse principalement à des étudiants de 15 ans et plus fréquentant une école desservie par le Club des petits déjeuners du Québec. À l'été 2006, une dizaine de jeunes
45 s'envolaient vers le Guatemala, la première destination du projet SISMIK. Le but de l'aventure : réveiller l'héroïne ou le héros qui sommeille en chacun d'eux et faire germer le désir de se dépasser.

50 En 2007, le Club des petits déjeuners du Québec reçoit des mains de la ministre Michelle Courchesne le prix Hommage bénévolat-Québec dans la catégorie Organisme en action. Cet honneur, qui souligne la qualité
55 exceptionnelle du travail accompli et l'impact que le Club a sur le développement économique et social du Québec, salue aussi la force d'engagement de ses 2 500 bénévoles et leur dévouement à la cause du Club.

Source : *Le Club des petits déjeuners du Québec*, [en ligne]. (avril 2009)

Pour mieux saisir le texte

2 **a)** **Dans le texte «Le Club des petits déjeuners du Québec», les mots** *nourrissant* **et** *nourrir* **sont-ils employés au sens propre ou au sens figuré ?**

_____

b) **Remplacez** *nourrissant* **et** *nourrir* **par un mot ou une expression synonyme.**

– un climat nourrissant :

_____

– nourrir l'estime de soi des enfants :

_____

● **Consultez le dictionnaire au besoin.**

Les petits frères des Pauvres

Bref historique

L'organisme Les petits frères des Pauvres a été fondé à Montréal en 1962 : il commence son action en offrant un dîner de Noël à
5 des personnes âgées souffrant de solitude. Aujourd'hui, près de 700 bénévoles apportent appui et réconfort à des centaines de personnes âgées dans les villes de Montréal, Québec, Sherbrooke, Lac-Mégantic, Saguenay et
10 Trois-Rivières.

> L'organisme du Québec est membre fondateur de la Fédération internationale des petits frères des Pauvres.
>
> Au 31 mars 2004, l'organisme regroupait, dans sa grande famille québécoise, 729 aînés.

Mission

Au début de leur action, les petits frères des Pauvres œuvraient auprès des gens du 3ᵉ âge (de 70 à 80 ans). Au fil des ans, la moyenne
15 d'âge des *Vieux Amis* a augmenté considérablement. Aujourd'hui, l'organisme agit essentiellement auprès de personnes seules de plus de 80 ans. La plupart d'entre elles sont des femmes d'environ 85 ans qui vivent sous
20 le seuil de la pauvreté et qui sont, bien souvent, en perte sérieuse d'autonomie.

Les petits frères des Pauvres du Québec leur offrent une présence amicale, affectueuse et réconfortante. Ils combattent l'isolement
25 des personnes âgées en leur apportant des moments de douceur et de plaisir ainsi qu'un accompagnement fidèle et rassurant. Bref, ils égayent leur vie…

Parallèlement à cette mission
30 d'accompagnement, l'organisme agit aussi comme porte-parole pour dénoncer les conditions précaires dans lesquelles vivent les aînés et pour défendre leurs intérêts et leur dignité. En réclamant pour leurs *Vieux Amis*
35 une meilleure qualité de vie et la reconnaissance qu'ils méritent, les petits frères des Pauvres deviennent d'ardents défenseurs des droits et libertés de ces personnes.

Valeurs

40 • L'unicité de la personne : chaque personne âgée est unique et ce principe doit être reconnu dans toutes les actions posées à leur égard, que ce soit lors du jumelage avec les bénévoles ou lors de toute autre forme
45 d'intervention.

• La gratuité et la fidélité : le seul but recherché dans l'action bénévole est l'amélioration de la qualité de vie des aînés dans un esprit de partage, d'attachement et de continuité
50 dans l'engagement.

• Le respect : les petits frères sont ouverts à l'intégration des aînés et des bénévoles de toute origine, culture ou religion. Ils respectent les choix de vie des personnes âgées
55 quelle que soit la nature de ces choix.

• L'esprit familial : une attention particulière doit être accordée aux besoins affectifs des aînés ; les bénévoles agissent comme le feraient des proches parents aimants.

60 • La place du rêve : cette valeur véhicule l'importance de la réalisation des désirs et des rêves des *Vieux Amis*.

Source : Inspiré du site Internet
des petits frères des Pauvres.

SAVOIR essentiel

LA POLYSÉMIE

Le mot *polysémie* est formé des éléments grecs *poly* (*plusieurs*) et *sêmia* (*signification*).

Il y a donc polysémie lorsqu'un mot (ou une expression) a plusieurs significations, c'est-à-dire lorsqu'il peut prendre un sens différent selon le contexte dans lequel il est utilisé.

EXEMPLE:

Il a perdu la deuxième manche. (étape d'une partie d'un sport ou d'un jeu)

Enfile d'abord la manche *droite.* (partie d'un vêtement)

Cette raquette a un long manche. (partie d'un instrument ou d'un outil)

Le dictionnaire donne généralement toutes les significations possibles d'un mot, mais c'est le contexte qui permet de comprendre le sens dans lequel le mot est employé.

3 Quels sont les deux sens possibles du titre de cette situation d'apprentissage: *Des organismes qui font du bien*?

_____

_____

_____

4 Selon vous, comment le Club des petits déjeuners du Québec peut-il améliorer le rendement scolaire des enfants?

_____

_____

_____

5 Quel intertitre pourrait précéder les paragraphes suivants de l'article «Le Club des petits déjeuners du Québec»?

a) les paragraphes 2 et 3 (lignes 13 à 29);?

_____

b) les paragraphes 4 et 5 (lignes 30 à 49);?

_____

c) le dernier paragraphe.

_____

Faites vérifier vos réponses par votre enseignante ou votre enseignant.

6 Le texte «Les petits frères des Pauvres» traite de trois aspects, qui sont annoncés par ses intertitres. Bien que le texte «Le Club des petits déjeuners du Québec» n'ait pas d'intertitres, il traite aussi de ces aspects.

Complétez le tableau ci-dessous afin de comparer le contenu des deux textes.

Les petits frères des Pauvres	Le Club des petits déjeuners
1er aspect: *Bref historique*	
• Organisme fondé à Montréal en 1962.	• _____ _____ _____
• Regroupe aujourd'hui 700 bénévoles œuvrant auprès des personnes âgées de six villes du Québec.	• _____ _____ _____
2e aspect: *Mission*	
• _____ _____ _____ • _____ _____ _____	• _____ _____ _____ • _____ _____ _____
3e aspect: *Valeurs*	**(En nommer cinq)**
• Unicité de la personne	• _____
• Gratuité et fidélité	• _____
• Respect	• _____
• Esprit familial	• _____
• Droit au rêve	• _____

7 **Quelle information commune trouve-t-on dans les encadrés des deux textes?**

_____

8 **Pourquoi peut-on dire que Les petits frères des Pauvres du Québec se préoccupent également de coopération internationale?**

_____

_____

SAVOIR essentiel

LE GROUPE ADVERBIAL

Le groupe adverbial (GAdv) a pour noyau un **adverbe**.

L'adverbe est parfois accompagné d'une expansion à sa gauche (un autre GAdv).

EXEMPLES:

GAdv   GAdv
Le Club a *rapidement desservi des écoles* *partout* *au Québec.*

GAdv   GAdv
Le Club a *très rapidement desservi des écoles* *presque partout* *au Québec.*

Le groupe adverbial remplit le plus souvent une des **fonctions** suivantes :

- **modificateur** du verbe, de l'adjectif ou d'un autre adverbe (Modif. du V, de l'Adj. ou de l'Adv.);
- **complément de phrase** (C de P);
- **complément indirect du verbe** (CI du V).

Fonctions	Exemples
Modificateur du verbe	V *Le nombre d'écoles desservies a augmenté* *considérablement* *.*
Modificateur de l'adjectif	Adj. *Les bénévoles font un travail* *vraiment* *exceptionnel : ils créent des liens* Adj. *très* *étroits avec les aînés.*
Modificateur de l'adverbe	Adv. *Les écoles ont* *très rapidement* *sollicité les services du Club des petits déjeuners.*
Complément de phrase	C de P *Aujourd'hui* *, près de 700 bénévoles apportent un appui à des centaines de personnes âgées.*
Complément indirect du verbe	V CI du V *Les enfants vont* *là-bas* *pour déjeuner.*

L'adverbe exprime entre autres :

- le **lieu** : *ailleurs, ici, là-bas, dehors,* etc.
  EXEMPLE : *Les enfants vont* $\boxed{\text{là-bas}}$ *pour déjeuner.*

- le **temps** : *aujourd'hui, hier, parfois, toujours, bientôt, jamais,* etc.
  EXEMPLE : $\boxed{\text{Aujourd'hui}}$ *, près de 700 bénévoles y travaillent.*

- la **manière** : *bien, ensemble, gentiment, mal, vite, tendrement,* etc.
  EXEMPLE : *Les bénévoles travaillent* $\boxed{\text{ensemble}}$ *.*

- la **négation** et l'**affirmation** : *ne... jamais, ne... pas, non; oui, certes, assurément,* etc.
  EXEMPLE : *Cet enfant* $\boxed{\text{ne}}$ *déjeune* $\boxed{\text{jamais}}$ *.*

- le **degré**, la **quantité** et l'**intensité** : *beaucoup, environ, moins, peu, très, trop, assez,* etc.
  EXEMPLE : *Les écoles sollicitent* $\boxed{\text{beaucoup}}$ *les services du Club des petits déjeuners.*

Les GAdv jouent souvent le rôle d'**organisateurs textuels** : *premièrement, deuxièmement, troisièmement; d'abord, ensuite, finalement,* etc.

9 **Dans les phrases suivantes :**
- **encerclez les adverbes ;**
- **donnez la fonction des adverbes après avoir relié l'adverbe au mot qu'il modifie.**

a) L'expérience a produit de si bons résultats que d'autres écoles ont sollicité les services du Club .

b) Des partenaires du secteur privé fournissent gratuitement 80 % des denrées alimentaires .

10 **Lisez la phrase suivante :**
« Bien souvent, les aînés vivent sous le seuil de la pauvreté. »

a) Quelle est la fonction de l'adverbe *Bien* ?

_____

b) Quelle est la fonction du groupe adverbial *Bien souvent* ?

_____

LA FORMATION DES ADVERBES EN *MENT*

11 **a) Soulignez les adverbes dans les phrases suivantes.**

Des milliers de bénévoles travaillent généreusement au Club des petits déjeuners.

Le projet SISMIK s'adresse principalement à des élèves de 15 à 17 ans inscrits au Club.

L'organisme agit essentiellement auprès de personnes du quatrième âge.

b) Qu'est-ce que ces adverbes ont en commun ?

_____

c) Si vous supprimez le suffixe de ces adverbes, quels mots reste-t-il ?

_____

d) À quelle classe appartiennent les trois mots qu'il reste ?

_____

LA FORMATION DES ADVERBES EN *MENT*

Il existe de nombreux adverbes en *ment*. La plupart d'entre eux sont formés à partir d'un adjectif. La règle de formation de l'adverbe varie selon la terminaison de cet adjectif au masculin.

Si l'adjectif masculin se termine par une consonne	
On ajoute *ment* au féminin de cet adjectif.	gratuit → gratuite + *ment* = gratuitement chaud → chaude + *ment* = chaudement doux → douce + *ment* = doucement nerveux → nerveuse + *ment* = nerveusement
Principales exceptions: gentil → gentiment; bref → brièvement	
Si l'adjectif masculin se termine par une voyelle (é, i, u, e)	
On ajoute *ment* à cet adjectif.	posé + *ment* = posément joli + *ment* = joliment absolu + *ment* = absolument rapide + *ment* = rapidement
Principale exception: gai → gaiement	
Si l'adjectif masculin se termine par *ant*	
On remplace ***ant*** par ***amment***.	abondant → abondamment bruyant → bruyamment suffisant → suffisamment
Si l'adjectif masculin se termine par *ent*	
On remplace ***ent*** par ***emment***.	patient → patiemment précédent → précédemment évident → évidemment
Principales exceptions: présent → présentement; lent → lentement	
Certains adverbes prennent un accent aigu sur le *e* de l'adjectif au féminin.	aveuglément, communément, énormément, intensément, précisément, profondément, etc.

On compte environ 1 250 adverbes en *ment* et leur orthographe est parfois complexe. Pour être sûr de bien orthographier ces adverbes, consultez un dictionnaire.

---

12 **Formez un adverbe à partir de chacun des adjectifs suivants. Au besoin, utilisez le dictionnaire pour en vérifier l'orthographe.**

a) faux: _____

b) public: _____

c) immense: _____

d) seul: _____

e) savant: _____

f) amical: _____

g) nouveau: _____

h) conséquent: _____

i) frais: _____

j) vrai: _____

ADVERBE OU ADJECTIF ?

Le plus souvent, un mot n'appartient qu'à une seule classe de mots (nom, verbe, adjectif, adverbe, etc.). Cependant, il arrive qu'un mot puisse être employé comme adverbe **ou** comme adjectif, selon le rôle qu'il joue dans la phrase.

13 **En vous appuyant sur la fonction du mot *clair* dans les phrases suivantes, dites s'il est adverbe ou adjectif. Justifiez votre réponse.**

a) Sans ses lunettes, il ne voit pas **clair**.

_____

b) J'apprécie les explications **claires**.

_____

Comment FAIRE

COMMENT DISTINGUER L'ADVERBE DE L'ADJECTIF ?

- Si le **mot** peut être **remplacé** par un **adverbe**, c'est un adverbe.
- S'il peut être remplacé par un adjectif, c'est un adjectif.
- L'**adverbe** est **invariable** alors que l'**adjectif** reçoit le **genre** et le **nombre** du nom qu'il accompagne.

Comparez:

Cette vieille dame sent bon. → *Cette vieille dame est bonne.*
Ces bijoux coûtent cher. → *Ces bijoux sont chers à mes yeux.*

Adverbe	Adjectif
Ces hommes parlent fort. ⬇ *Ces hommes parlent lentement.*	*Ces hommes sont forts.* ⬇ *Ces hommes sont musclés.*
Ils ont visé juste. ⬇ *Ils ont visé correctement.*	*Vos conclusions sont justes.* ⬇ *Vos conclusions sont exactes.*

14 Écrivez, au-dessus de chacun des mots soulignés dans les phrases suivantes, la classe de mots à laquelle il appartient (adv. ou adj.). Accordez-les s'il y a lieu.

a) Ces fleurs sentent <u>bon</u>_____.

b) Les couleurs paraissent plus <u>clair</u>_____.

c) Ces oiseaux volent très <u>haut</u>_____.

d) Les fruits sont <u>bon</u>_____ pour la santé.

LE MODIFICATEUR

15 Comparez les phrases suivantes :

Il lui a répondu **gentiment**.
Il lui a répondu avec gentillesse.

a) Quelle fonction occupe l'adverbe *gentiment* dans la 1re phrase ?

_____

b) Par quels mots cet adverbe est-il remplacé dans la 2e phrase ?

_____

c) À quel groupe de mots appartient ce groupe ? Cochez la bonne réponse.

GN ◯   GAdj ◯   GPrép ◯   GV ◯   GAdv ◯

d) Quelle fonction occupe ce groupe de mots ?

_____

LA FONCTION DE MODIFICATEUR

La fonction de **modificateur** peut être remplie par un groupe adverbial (GAdv) ou par un groupe prépositionnel (GPrép).

> GAdv   GPrép
> **EXEMPLE :** *Il travaille* admirablement . → *Il travaille* avec minutie .

Le plus souvent, le GAdv et le GPrép modifient le **verbe**, l'**adjectif** ou l'**adverbe**.

- Modificateur du verbe :

> V   GPrép
> **EXEMPLE :** *Le Club propose* en alternance *une dizaine de menus équilibrés.*

- Modificateur de l'adjectif :

> GAdv   Adj.
> **EXEMPLE :** *Ces bénévoles sont* particulièrement *dévoués.*

- Modificateur de l'adverbe :

> GAdv   Adv.
> **EXEMPLE :** *En un an, le Club a servi* très *exactement 2 100 000 petits déjeuners.*

Bien qu'il permette souvent de préciser une idée ou de lui donner un sens particulier, le modificateur peut être effacé sans que la phrase perde sa cohérence.

EXEMPLE : *Les jeunes vivent une expérience parfois dérangeante, souvent exigeante, mais toujours passionnante.*

→ *Les jeunes vivent une expérience dérangeante, exigeante, mais passionnante.*

---

16 **À votre tour !**

- **Composez une phrase dans laquelle un GAdv modifie un verbe.**

- **Rédigez une deuxième phrase où vous remplacez ce GAdv par un GPrép.**

EXEMPLE : *Elle marchait* **lentement**. → *Elle marchait* **avec lenteur**.

_____

_____

_____

_____

_____

_____

_____

Faites vérifier vos réponses par votre enseignante ou votre enseignant.

LA POLYSÉMIE

17 Complétez l'énoncé suivant.

On parle de *polysémie* lorsqu'un mot ou une expression _____.

18 Les mots surlignés dans la phrase suivante peuvent avoir plusieurs sens. Précisez le sens de ces mots en écrivant au-dessus de chacun d'eux un mot ou une expression synonyme.

Le projet SISMIK réveille l'héroïne ou le héros qui sommeille en chacun d'eux et fait germer le désir de se dépasser.

Faites vérifier vos réponses par votre enseignante ou votre enseignant.

LE GROUPE ADVERBIAL (GAdv)

19 Composez cinq phrases qui contiennent l'élément demandé ci-dessous.

a) Un GAdv complément de phrase exprimant le temps.

_____

b) Un GAdv modificateur du verbe exprimant la manière.

_____

c) Un GAdv modificateur de l'adverbe exprimant l'intensité.

_____

d) Un GAdv modificateur de l'adjectif exprimant le degré.

_____

e) Un GAdv complément indirect du verbe exprimant le lieu.

_____

Faites vérifier vos réponses par votre enseignante ou votre enseignant.

20 À quelle classe de mots appartient chacun des mots surlignés dans les phrases suivantes ?

a) Cher ami, je vous adore. _____

b) Son erreur, il l'a payée cher ! _____

c) Son travail est fort intéressant. _____

d) Son alibi n'est pas clair. _____

e) Il a coupé court à la conversation. _____

Activité d'intégration

Certains organismes communautaires, comme le Club des petits déjeuners du Québec, œuvrent un peu partout au Québec, alors que d'autres, comme Le Chaînon, offrent leurs services aux citoyens d'une région ou d'une municipalité en particulier.

Connaissez-vous un organisme qui œuvre principalement dans votre localité ou dans votre région ? Quelle est sa mission ? La défense de l'environnement ? L'aide aux devoirs ? L'accompagnement des immigrants ? L'insertion sociale des personnes souffrant d'une déficience intellectuelle ? L'aide aux itinérants ? Si aucun organisme ne vous vient spontanément à l'esprit, le CLSC de votre région, le journal local ou Internet pourront sûrement vous en faire connaître plus d'un.

Rédigez un article de 150 à 200 mots où vous présenterez cet organisme.

Pour ce faire :

- **Faites d'abord une recherche dans Internet ou à la bibliothèque pour choisir l'organisme que vous aimeriez faire découvrir.**

  Consultez au besoin l'outil *La recherche dans Internet* à la page 287.

- **Une fois votre organisme choisi, notez les éléments qui vous permettront d'informer votre destinataire.**

- **À partir de l'information recueillie, déterminez les aspects (au moins trois) que vous allez aborder : historique, mission, valeurs, administration, rôle des bénévoles, etc.**

  ▷ 1er aspect : _____

  ▷ 2e aspect : _____

  ▷ 3e aspect : _____

ATTENTION !

▷ Assurez-vous d'utiliser au moins trois groupes adverbiaux qui jouent le rôle d'organisateurs textuels.

▷ N'oubliez pas que les adverbes demeurent toujours invariables alors que les adjectifs s'accordent en genre et en nombre avec le nom qu'ils accompagnent.

▷ Portez une attention particulière à l'accord du verbe avec son sujet. ■

Avant de rédiger la version définitive de votre article, consultez l'outil *La révision et la correction d'un texte* à la page 294.

Rédaction du plan

Établissez le plan de votre texte en tenant compte des aspects retenus.

PLAN DU TEXTE
Introduction

_____

_____

_____

_____

_____

_____

| **Développement** |

_____

_____

_____

_____

_____

_____

_____

_____

_____

_____

_____

_____

_____

_____

_____

_____

_____

| **Conclusion** |

_____

_____

_____

Rédaction de la version définitive

Rédigez la version définitive de votre texte.

_____

_____

_____

_____

_____

_____

_____

_____

_____

_____

_____

_____

_____

_____

_____

_____

_____

_____

_____

_____

_____

_____

_____

_____

_____

_____

Faites corriger votre texte par votre enseignante ou votre enseignant.

Bilan de mes apprentissages

1 = TRÈS FACILEMENT	2 = PLUTÔT FACILEMENT	3 = DIFFICILEMENT

Actions	Exercices	Échelle
1. DÉGAGER LES ÉLÉMENTS D'INFORMATION EXPLICITES ET IMPLICITES ; SAISIR LE SENS DU MESSAGE		
• Je m'appuie sur mes connaissances du lexique pour interpréter le sens du message.	2, 3	1. ❏ 2. ❏ 3. ❏
• Je peux relever les idées principales d'un texte et les associer aux aspects traités.	5, 6	1. ❏ 2. ❏ 3. ❏
• Je peux déduire une information, même si elle n'est pas clairement exprimée.	4, 8	1. ❏ 2. ❏ 3. ❏
2. UTILISER LES RESSOURCES DE LA LANGUE		
• Je reconnais le rôle joué par le GAdv.	9, 10, 19	1. ❏ 2. ❏ 3. ❏
• Je différencie l'adverbe et l'adjectif.	13, 14, 20	1. ❏ 2. ❏ 3. ❏
3. TRANSMETTRE UNE INFORMATION JUSTE ET REGROUPER SES IDÉES		
• Je transmets une information bien documentée.		1. ❏ 2. ❏ 3. ❏
• Je sélectionne des idées qui correspondent aux aspects du sujet que j'ai retenus.	Activité d'intégration	1. ❏ 2. ❏ 3. ❏
• Je regroupe mes idées selon l'aspect auquel elles correspondent.		1. ❏ 2. ❏ 3. ❏
4. RESPECTER LES RÈGLES DE LA GRAMMAIRE DE LA PHRASE ET DE L'ORTHOGRAPHE LEXICALE		
• J'utilise les ouvrages de référence (dico, grammaire, conjugueur) pour présenter un texte exempt de fautes de syntaxe, d'orthographe ou de ponctuation.	Activité d'intégration	1. ❏ 2. ❏ 3. ❏
• Je porte une attention particulière à l'accord du verbe avec le sujet.		1. ❏ 2. ❏ 3. ❏

Progrès réalisés	Points à améliorer

EXERCICES COMPLÉMENTAIRES

Le groupe adverbial

🔵 **Au besoin, consultez les rubriques *Savoir essentiel* aux pages 43 et 45.**

1 **Pour chacun des mots surlignés dans les phrases suivantes :**
- **encerclez ceux qui sont des adverbes ;**
- **soulignez ceux qui sont des adjectifs et accordez-les s'il y a lieu.**

a) Ma grand-mère parle fort _____ et ne voit plus très clair _____.

b) Elle a les cheveux coupés court _____.

c) Ils sont partis droit _____ à la maison, sans se retourner.

d) Les fleurs que j'ai reçues sentent bon _____, mais elles ont coûté cher _____.

e) Elle était montée tellement haut _____ dans l'arbre, qu'elle ne savait plus comment descendre !

f) Elles ont des voix juste _____, mais le piano de l'accompagnatrice sonne faux _____.

g) L'avion est fin _____ prêt _____ pour le décollage.

h) Ces athlètes courent très vite _____.

2 **Dans les phrases suivantes :**
- **encadrez les groupes adverbiaux et les groupes prépositionnels des phrases ci-dessous ;**
- **inscrivez ensuite le chiffre correspondant à leur fonction au-dessus de chaque groupe.**

1. Modificateur du verbe	4. Complément de phrase
2. Modificateur de l'adjectif	5. Complément indirect du verbe
3. Modificateur de l'adverbe	

a) Retrouvons-nous ici dans une heure.

b) Ce garçon réussit bien : il est très studieux.

c) Il est généralement peu énergique, mais il a marché très longtemps.

d) Elle travaille sur ce projet depuis plusieurs jours et elle en parle avec enthousiasme.

3 Formez un adverbe en *ment* à partir des expressions suivantes.

Pour ce faire:
- donnez l'adjectif masculin correspondant à l'expression;
- écrivez l'adjectif féminin si cela est nécessaire pour former l'adverbe.

Expression	Adjectif masculin	Adjectif féminin	Adverbe
Avec clarté	clair	claire	**claire**ment
Avec puissance	puiss**ant**	Ø	puiss**amment**
Avec passion			
Avec générosité			
Avec lenteur			
Avec paresse			
Avec bruit			
Avec innocence			
Avec vaillance			
De manière vive			
En public			
Chaque année			

Les formes de phrases

● Au besoin, consultez les rubriques *Savoir essentiel* des pages 10 à 14.

4 Voici des phrases de types variés qui sont toutes de forme positive. Transformez-les en phrases négatives.

a) Patrick prend toujours la peine de s'informer avant d'agir.

_____

b) J'ai beaucoup de plaisir avec mes amis.

_____

c) As-tu lu cet article?

_____

d) Arrête-toi ici !

_____

e) Allez-y, quelqu'un vous répondra.

_____

f) On apprécie toujours les honnêtes gens.

_____

g) Tout le monde en parle.

_____

5 Transformez chacune des phrases suivantes en phrase active ou en phrase passive, selon le cas. Attention à l'accord des verbes et des participes passés !

a) On a mis ces voitures sur le marché en 2008.

_____

b) Ce modèle est apprécié par tous les amateurs de voitures sport.

_____

c) L'augmentation de loyer a été refusée par le locataire.

_____

d) Le locataire a envoyé une lettre au propriétaire.

_____

6 **a) Transformez cette phrase en phrase personnelle.**
Il est tombé dix millimètres de pluie la nuit dernière.

_____

b) Transformez la phrase suivante en phrase neutre.
C'est ce logement qui est infesté de vermine.

_____

L'accord du verbe avec le groupe sujet

⬤ **Au besoin, consultez la rubrique** *Savoir essentiel* **à la page 21.**

7 **Dans les phrases suivantes :**
   - encadrez le groupe sujet (GS) et inscrivez au-dessous sa personne et son nombre ;
   - tracez une flèche allant du GS (donneur) au verbe (receveur) ;
   - conjuguez le verbe entre parenthèses au présent de l'indicatif.

a) Le bruit , la chaleur et l'inconfort de ce logement nous **(irriter)** _____ .

b) Mon coloc et moi **(prévoir)** _____ déménager le 1er juillet prochain .

c) Le quartier où nous rêvons d'aller habiter depuis plusieurs mois **(s'appeler)** _____

La p'tite Patrie .

d) Vivre dans ce quartier , où **(habiter)** _____ aussi nos amis Pierre et

Martine , **(coûter)** _____ cependant plus cher .

e) Que nous y trouvions un logement abordable **(être)** _____ néanmoins notre plus

grand souhait !

SITUATION D'**A**PPRENTISSAGE **1**

Justice pour tous !

(PAGES 2 À 35)

1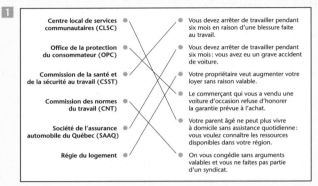

Centre local de services communautaires (CLSC)

Office de la protection du consommateur (OPC)

Commission de la santé et de la sécurité au travail (CSST)

Commission des normes du travail (CNT)

Société de l'assurance automobile du Québec (SAAQ)

Régie du logement

Vous devez arrêter de travailler pendant six mois en raison d'une blessure faite au travail.

Vous devez arrêter de travailler pendant six mois : vous avez eu un grave accident de voiture.

Votre propriétaire veut augmenter votre loyer sans raison valable.

Le commerçant qui vous a vendu une voiture d'occasion refuse d'honorer la garantie prévue à l'achat.

Votre parent âgé ne peut plus vivre à domicile sans assistance quotidienne : vous voulez connaître les ressources disponibles dans votre région.

On vous congédie sans arguments valables et vous ne faites pas partie d'un syndicat.

2 Le suffixe *mètre* qui signifie *mesure*.

3 Délit, crime, non-respect d'une loi.

4 Lettre recommandée.

5 **a)** À la classe des noms.

   b) Un désaccord.

   c) Différent.

6 La Loi sur la protection du consommateur s'applique-t-elle dans votre cas ?
Oui.
J'ai acheté un véhicule d'occasion chez un commerçant.

Votre automobile a-t-elle droit à une garantie de base de bon fonctionnement ?
Oui.
Tous les véhicules d'occasion achetés chez un commerçant bénéficient d'une garantie générale de bon fonctionnement.

Votre automobile a-t-elle droit à une garantie de bon fonctionnement supplémentaire ?
Oui.
Elle appartient à la catégorie d'automobile C (moins de 5 ans et moins de 80 000 km).

Si oui, quelle est cette garantie ?
1 mois ou 1 700 km.
ø

La garantie supplémentaire couvre :
• la première vidange d'huile
  Faux ; ø
• le tissu des banquettes
  Faux ; ø
• une défectuosité de la batterie
  Vrai ; ø
• la pose des pneus d'hiver
  Faux ; ø

Le commerçant est-il en droit d'exiger que vous payiez les frais de la main-d'œuvre ?
Non.
La garantie supplémentaire dont bénéficient les autos de catégorie C comprend les pièces et la main-d'œuvre.

Pouvez-vous encore exercer un recours ou est-il trop tard étant donné que le commerçant a déjà réparé votre voiture une fois ?
Je peux exercer un recours.
Il n'est pas trop tard, car je dispose de 3 mois pour exercer mon droit de recours.

Si vous pouvez exercer un recours, que devez-vous faire en premier ?
Envoyer une mise en demeure par lettre recommandée.
ø

Si votre première démarche s'avère infructueuse, pourrez-vous intenter une poursuite à la Cour des petites créances ?
Oui.
Comme j'ai payé ma voiture 5 500 $, je n'intenterai pas une poursuite de plus de 7 000 $.

Contre qui s'adressera alors votre recours ?
Contre le commerçant.
ø

Si vous décidez de ne pas intenter de poursuite à la Cour des petites créances, êtes-vous admissible au PAVAC ?
Oui.
Mon véhicule a moins de 4 ans et moins de 160 000 km.

Si vous recourez au PAVAC, contre qui s'adressera votre recours ?
Contre le fabricant.
ø

Finalement, êtes-vous dans une situation favorable pour faire valoir vos droits ?
Oui.
ø

7 L'information provenant de l'organisme Éducaloi est crédible, puisque ce sont des spécialistes (majoritairement des avocats) qui la transmettent et que cet organisme est reconnu pour la qualité de son information.

8 LPC.

9 **a)** Taxe sur les produits et services.

   b) Taxe de vente du Québec.

   c) Régie des rentes du Québec.

   d) *Uniform Resource Locator*, informellement appelée « adresse Web ».

   e) Numéro d'assurance sociale.

   f) Objet volant non identifié.

10 **a)**

b) Elle est de type déclaratif.

c) transformées

11 Non, parce que ces phrases ont subi une transformation. Ce sont des phrases interrogatives.

12 **c)** L'emploi de *ne… que* n'exprime pas la négation, mais la restriction.

13 **a)** Oui, car cette phrase signifie que la LPC **ne** peut **pas** vous aider.

b) La LPC peut **quelque chose** pour vous.

14 **a)** Je **ne** ferai **jamais** affaire avec ce commerçant.

b) Je n'ai **aucune** question à vous poser.

c) On **n'**achètera **pas** une voiture d'occasion.

d) **Aucun** véhicule **n'**a cette garantie.

e) Il **n'**a **rien** vu.

f) Il **ne** fait **plus** affaire avec ce commerçant.

15 Votre véhicule **ne** doit **pas** avoir **plus** de 160 000 kilomètres.

16 **a)** Cette loi n'est pas toujours respectée par les citoyens.

b) Les consommateurs sont protégés par cette loi.

17 **b)** Dans la première phrase, le sujet *il* peut être remplacé par *elle*, ce n'est donc pas une phrase impersonnelle.

18 Je veux le régler, ce problème.
C'est cette loi qui dicte notre conduite.

19 déclaratif; positive; active; personnelle; neutre

20 **a)** «La résiliation de bail par le locataire».

b) «Quand et comment?»

c) «Logement impropre à l'habitation», «Recours contre le locateur» ou «Abandon du logement».

d) Trois aspects. Parce qu'il y a trois intertitres.

e) Deux idées principales. Il y a deux paragraphes.

21 b

22 Annulation.

23 Plein, rempli de.

24 Déménage.

25 Propriétaire.

26 Qualité de ce qui est habitable, sécuritaire et salubre.

27 **a)** L'organisme Éducaloi.

b) Informer le lecteur sur la résiliation d'un bail en situation de logement insalubre.

c) Au texte informatif.

28 Introduction

Sujet amené: «un bail, c'est un contrat! Et un contrat, c'est du sérieux!»

Sujet posé (tiré du texte): «Même s'il s'agit de l'exception à la règle, la résiliation de bail par le locataire est possible lorsque le logement est impropre à l'habitation.»

Sujet divisé (tiré du texte): «Mais qu'est-ce qu'un logement impropre à l'habitation? Le locataire peut-il exercer un recours dans un tel cas? Peut-il abandonner son logement?»

Développement

1er aspect: «Logement impropre à l'habitation»

• 1re idée principale: Un logement insalubre ou non sécuritaire est impropre à l'habitation.
Une idée secondaire: Un logement qui est infesté de vermine, par exemple, est impropre à l'habitation.

• 2e idée principale: Un locataire peut refuser d'emménager dans un logement impropre à l'habitation.
Une idée secondaire: Il vaut mieux se renseigner auprès de la Régie du logement.

2e aspect: «Recours contre le locateur»

• 1re idée principale: Le locateur a l'obligation d'entretenir le logement en cours de bail.

• 2e idée principale: Si le locataire remarque une détérioration du logement, il peut envoyer un avis au propriétaire et exiger des réparations.

• 3e idée principale: Si le locateur ne réagit pas, le locataire peut recourir à la Régie du logement.

3e aspect: «Abandon du logement»

Conclusion

Récapitulation: Le locataire dont le logement est impropre à l'habitation dispose de divers recours.

Ouverture: Le propriétaire peut également demander la résiliation du bail.

29 Infecter. Ces deux mots sont des paronymes.

30 • emménager: S'installer dans un nouveau logement.

• collusion: Entente secrète.

• vénéneux: végétaux.

• venimeux: animal.

31 **a)** *Être citoyen.*

b) *Tes sœurs et toi.*

c) *Que ce parti remporte les élections.*

d) *des communautés autochtones.*

32 Le groupe sujet est...	Groupe sujet	Verbe	Pers. et nombre
un GN et un pronom de pers. différentes	Tes sœurs et toi	avez voté	2ᵉ pers. pl.
inversé (placé après le verbe)	des communautés autochtones	vivent	3ᵉ pers. pl.
un Ginf (groupe dont le noyau est un verbe à l'infinitif)	Être citoyen	implique	3ᵉ pers. pl.
une phrase subordonnée (introduite par *que* ou *qu'*)	Que ce parti remporte les élections	serait	3ᵉ pers. pl.

33 a) partez

b) crient

c) se multiplient

d) venons

e) détend

f) oubliez

g) revient

h) confèrent

i) est

34 a) Dans l'extrait 1.

b) La présence du pronom *vous* et du déterminant *votre*.

35 a) Il est effacé.

b) Non. Ils ne présentent que des faits.

c) Ce sont des textes objectifs, car l'auteur y transmet de l'information sans donner d'opinion.

36

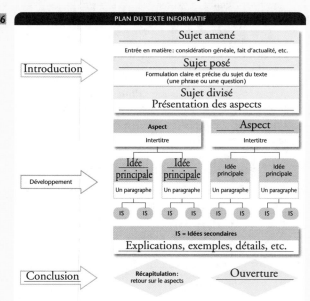

PLAN DU TEXTE INFORMATIF

37 déclarative; interrogative; exclamative; impérative
formes; positive (affirmative); passive; impersonnelle; neutre
déclaratif; positive (affirmative); active; personnelle; neutre
transformée

38 F
V
V
V
V
V

39 a) qui se ressemblent; signification; synonymes; qui ont une signification opposée

b) Réponse personnelle*.

40 3ᵉ personne; singulier; *cela*

41 a, c, e

SITUATION D'APPRENTISSAGE 2

Justice pour tous !
(PAGES 36 À 53)

1 Organismes	Mission
Ressource Familles, Famille Plus et Entraide-parents	Apporter du soutien aux familles à faible revenu pour assurer leur santé et leur bien-être; favoriser les contacts entre les générations et promouvoir l'autonomie des aînés; développer les compétences des parents et encourager l'autonomie des familles.
Gai Écoute	Écouter, informer et soutenir les personnes qui se posent des questions sur l'orientation sexuelle. Les services d'aide sont offerts gratuitement partout au Québec par téléphone, courrier électronique ou clavardage.
Carrefours jeunesse-emploi du Québec	Accompagner, guider et soutenir les jeunes adultes de 16 à 35 ans dans leur cheminement vers l'emploi, vers un retour aux études ou dans le démarrage d'une petite entreprise.
La Société de Saint-Vincent de Paul	Offrir, par l'entremise de ses milliers de bénévoles, une aide d'urgence à toute personne vivant une situation difficile et qui nécessite un soutien momentané. L'aide apportée prend diverses formes: nourriture, vêtements, meubles, écoute ou références.
Le Chaînon (Montréal)	Offrir un accueil à des femmes violentées ou en difficulté qui ont besoin, de façon temporaire, d'un milieu chaleureux pour y puiser des énergies nouvelles, retrouver confiance en la vie, et établir un parcours qui leur convient.
Suicide-action	Offrir des services d'aide, d'information et de références aux personnes suicidaires, à leur entourage, aux personnes touchées par un suicide ou aux intervenants.
Centraide	Rassembler des bénévoles et recueillir des ressources financières pour soutenir et financer les organismes communautaires et rendre leur action plus efficace.

2 a) Au sens figuré.

b) • Stimulant, enrichissant.
• Développer; contribuer au développement de; accroître.

3 Des organismes qui réconfortent et des organismes qui font *le* bien, c'est-à-dire des organismes généreux, charitables.

4 Le Club améliore le rendement scolaire parce qu'un enfant qui a faim ne peut pas être attentif ou ne peut pas se concentrer sur un travail intellectuel.

5 a) «Mission du Club», «Mission et clientèle», etc.

b) «Collaboration internationale», «Projets internationaux», etc.

c) «Hommage», «Reconnaissance», etc.

*Au besoin, faites corriger votre réponse personnelle par votre enseignante ou votre enseignant.

6 Les petits frères des Pauvres

2ᵉ aspect : *Mission*
• Offrir une présence amicale et réconfortante aux personnes âgées souffrant de solitude.
• Défendre les droits, les intérêts et la dignité des aînés.

Le Club des petits déjeuners

1ᵉʳ aspect : *Bref historique*
• Organisme qui a ouvert ses portes en 1994, dans un quartier défavorisé de Longueuil.
• 2 500 bénévoles œuvrent maintenant dans 225 écoles primaires et secondaires au Québec.

2ᵉ aspect : *Mission*
• Permettre à des milliers de jeunes du Québec de prendre un petit déjeuner sain et équilibré avant d'aller en classe.
• Offrir des activités qui développent l'estime de soi ou le goût de se dépasser.

3ᵉ aspect : *Valeurs*
• Santé (saine alimentation)
• Éducation (rendement scolaire)
• Respect de l'autre
• Collaboration
• Estime de soi
• Désir de se dépasser
• Engagement, dévouement

7 Le nombre de personnes qui bénéficient des services de l'organisme.

8 Parce que l'organisme du Québec est membre fondateur de la Fédération internationale des petits frères des Pauvres.

9 **a)** Modif. de l'Adj.
L'expérience a produit de (si) bons résultats que d'autres écoles ont sollicité les services du Club.

b) Des partenaires du secteur privé fournissent

Modif. du V
(gratuitement) 80 % des denrées alimentaires.

10 **a)** Modificateur de l'adverbe *souvent*.

b) Complément de phrase.

11 **a)** Des milliers de bénévoles travaillent généreusement au Club des petits déjeuners. Le projet SISMIK s'adresse principalement à des élèves de 15 à 17 ans inscrits au Club. L'organisme agit essentiellement auprès de personnes du quatrième âge.

b) Ils se terminent tous par *ment*.

c) Généreuse, principale, essentielle.

d) À la classe des adjectifs.

12 **a)** Faussement.

b) Publiquement.

c) Immensément.

d) Seulement.

e) Savamment.

f) Amicalement.

g) Nouvellement.

h) Conséquemment.

i) Fraîchement.

j) Vraiment.

13 **a)** Adverbe, car il modifie le verbe *voir*.

b) Adjectif, car il accompagne le nom *explications*.

14 **a)** Adv.

b) Adj. : es

c) Adv.

d) Adj. : s

15 **a)** Il est modificateur du verbe.

b) Par *avec gentillesse*.

c) GPrép.

d) Il est modificateur du verbe.

16 Réponse personnelle.

17 a plusieurs significations

18   (stimule)
Le projet SISMIK réveille l'héroïne ou le héros qui (existe déjà)   (naître)
sommeille en chacun d'eux et fait germer le désir de se dépasser.

19 Réponses personnelles.

20 **a)** Adjectif.

b) Adverbe.

c) Adverbe.

d) Adjectif.

e) Adverbe.

EXERCICES **C**OMPLÉMENTAIRES

(PAGES 54 À 57)

1 **a)** (fort) ; (clair)

b) (court)

c) (droit)

d) (bon) ; (cher)

e) (haut)

f) justes ; (faux)

g) (fin) ; prêt

h) (vite)

2

a) Retrouvons-nous [ici] [dans une heure].
   (5) (4)

b) Ce garçon réussit [bien] : il est [très] studieux.
   (1)   (2)

c) Il est [généralement] [peu] énergique, mais il a
   (4)   (2)
   marché [très longtemps].
          (1)

d) Elle travaille [sur ce projet] [depuis plusieurs jours]
   (5)   (4)
   et elle en parle [avec enthousiasme].
   (1)

3

Expression	Adjectif masculin	Adjectif féminin	Adverbe
Avec clarté	clair	claire	clairement
Avec puissance	puissant	Ø	puissamment
Avec passion	passionné	Ø	passionnément
Avec générosité	généreux	généreuse	généreusement
Avec lenteur	lent	lente	lentement
Avec paresse	paresseux	paresseuse	paresseusement
Avec bruit	bruyant	Ø	bruyamment
Avec innocence	innocent	Ø	innocemment
Avec vaillance	vaillant	Ø	vaillamment
De manière vive	vif	vive	vivement
En public	public	publique	publiquement
Chaque année	annuel	annuelle	annuellement

4

a) Patrick **ne** prend **pas** toujours la peine… Patrick **ne** prend **jamais** la peine…

b) Je **n'**ai **aucun** plaisir avec mes amis. Je **n'**ai **pas** de plaisir avec mes amis.

c) **N'**as-tu **pas** lu cet article ?

d) **Ne** t'arrête **pas** ici !

e) **N'**y allez pas, **personne ne** vous répondra.

f) On **n'**apprécie **pas** les honnêtes gens. On **n'**apprécie **jamais** les honnêtes gens.

g) **Personne n'**en parle.

5

a) Ces voitures ont été mises sur le marché en 2008.

b) Tous les amateurs de voitures sport apprécient ce modèle.

c) Le locataire a refusé l'augmentation de loyer.

d) Une lettre a été envoyée au propriétaire par le locataire.

6

a) Dix millimètres de pluie sont tombés la nuit dernière.

b) Ce logement est infesté de vermine.

7

a) [Le bruit, la chaleur et l'inconfort de ce logement] nous irritent.
   3ᵉ pers. pl.

b) [Mon coloc et moi] prévoyons déménager le 1ᵉʳ juillet prochain.
   1ʳᵉ pers. pl.

c) [Le quartier où nous rêvons d'aller habiter depuis plusieurs mois] s'appelle La p'tite Patrie .
   3ᵉ pers. s.

d) [Vivre dans ce quartier], où habitent aussi [nos amis] [Pierre et Martine], coûte cependant plus cher.
   3ᵉ pers. s.

e) [Que nous y trouvions un logement abordable] est néanmoins notre plus grand souhait !
   3ᵉ pers. s.

C'est aussi ça, la démocratie !

L'égalité et le bien-être des citoyens sont à la base de la démocratie. Dans une société démocratique, toute personne a le droit de dire son mot et de prendre part aux décisions. Encore faut-il le faire !

Nous avons souvent l'impression que certaines décisions gouvernementales briment nos droits ou sont injustes. Mais connaissons-nous toujours les raisons qui sont à l'origine de l'adoption de ces règles ou de ces lois ? Participons-nous réellement au débat en nous informant et en donnant notre opinion ?

■ Ce chapitre contient deux situations d'apprentissage qui vous feront participer à la vie collective. Vous y apprendrez à poser un regard critique sur l'information, à prendre position sur des sujets d'intérêt public et à soutenir votre opinion.

Selon vous, comment pouvons-nous participer concrètement à la vie collective ?

_____

_____

_____

COMPÉTENCES POLYVALENTES
- Communiquer
- Exercer son sens critique et éthique

SAVOIRS ESSENTIELS

Grammaire du texte
- Textes informatif et argumentatif
- Objectivité et subjectivité
- Argument et opinion
- Fait et opinion
- Organisateurs textuels

Grammaire de la phrase
- Subordonnée relative
- Groupe nominal
- Groupe verbal
- Complément direct du verbe
- Complément indirect du verbe
- Complément du nom
- Pronominalisation d'un groupe CD ou CI
- Accord du participe passé avec *avoir*
- Homophones grammaticaux (*é, er, ai, ez*)
- Virgule

DURÉE DU CHAPITRE

21 heures

Zéro de conduite?

Presque toutes les semaines, les bulletins de nouvelles font état d'accidents graves, parfois mortels, impliquant de jeunes conducteurs. D'après les statistiques, la vitesse excessive, l'alcool ou la drogue sont souvent en cause. Ignorance des lois ou témérité? Les jeunes sont-ils les seuls responsables? Le débat est ouvert: c'est aussi ça, la démocratie!

Cette situation d'apprentissage comprend trois tâches. Vous lirez d'abord un texte informatif qui fait le bilan de la conduite chez les jeunes et propose des solutions. Vous prendrez ensuite connaissance de l'opinion d'un «conducteur inquiet». Puis vous devrez réagir à cette opinion en y répondant par écrit.

But de la situation d'apprentissage

À la fin de cette situation d'apprentissage, vous saurez reconnaître les textes informatifs et argumentatifs et vous pourrez en dégager les idées essentielles.

COMPÉTENCES POLYVALENTES

Au cours de cette situation d'apprentissage, vous aurez l'occasion de développer et de mettre en pratique les compétences suivantes:

Communiquer
- Préciser son intention de communication
- Produire un message clair et cohérent
- Dégager les éléments d'information explicites et implicites et le sens du message

Exercer son sens critique et éthique
- Évaluer la crédibilité de la source de l'information
- S'appuyer sur une analyse objective pour tirer des conclusions ou prendre position
- Fonder sa réaction sur des extraits ou des exemples pertinents

DURÉE DE LA SITUATION D'APPRENTISSAGE
11 heures

Avez-vous la fibre d'un hors-la-loi?

	OUI	NON
Au volant, avez-vous tendance à «avoir le pied pesant»?	☐	☐
Vous arrive-t-il de «forcer» un peu un feu jaune?	☐	☐
Avez-vous déjà eu envie de prendre un paquet de gomme sans le payer?	☐	☐
Faites-vous toujours vos arrêts comme il se doit?	☐	☐
Respectez-vous toujours la tranquillité de vos voisins lorsque vous recevez des amis chez vous?	☐	☐

Aimez-vous tester les limites et flirter avec le danger?

Face aux statistiques qui démontrent que trop de jeunes conducteurs sont impliqués dans des accidents graves ou mortels, certaines personnes proposent des solutions radicales. D'autres adoptent une approche plus modérée. La lecture de l'article intitulé «Bilan routier des jeunes conducteurs» vous permettra de réfléchir à la question.

> **SAVOIRS ESSENTIELS**
>
> **Grammaire du texte**
> ❏ Texte informatif
> ❏ Objectivité et subjectivité
> ❏ Fait et opinion
> ❏ Organisateurs textuels
>
> **Grammaire de la phrase**
> ❏ Groupe verbal
> ❏ Complément direct du verbe
> ❏ Complément indirect du verbe
> ❏ Pronominalisation d'un groupe CD ou CI
>
> **DURÉE DE LA TÂCHE**
>
> 3 heures

But de la tâche

À la fin de cette tâche, vous serez en mesure de:

- reconnaître l'intention de communication de l'auteur d'un texte informatif;

- dégager les idées essentielles d'un texte informatif;

- repérer les organisateurs textuels pour suivre la progression des idées.

1 Lisez d'abord le titre et le sous-titre de l'article ci-dessous. Selon vous, de quoi sera-t-il question dans ce texte?

_____

_____

Lisez maintenant le texte.

Bilan routier des jeunes conducteurs
Quel remède proposer?

Vitesse, manque d'expérience et parfois de maturité, alcool au volant: les jeunes se croient souvent invincibles et sous-estiment le danger. Même si le nombre de jeunes morts
5 ou blessés est en baisse, il demeure encore trop élevé. Comment améliorer le bilan routier des jeunes conducteurs? Une des solutions est la technologie, qui pourrait permettre de détecter très tôt les cas problèmes avant qu'ils ne soient
10 sur la route. D'autres solutions, plus radicales, sont également préconisées **2**, mais elles ne font cependant pas l'unanimité.

[…]

Dans une étude visant à améliorer le bilan
15 routier des jeunes, certains spécialistes

proposent d'utiliser des simulateurs de conduite aux examens d'obtention de permis et dans les cours, afin de détecter les comportements à risque. En effet, des chercheurs montréalais ont
20 montré que les adolescents qui faisaient preuve de témérité sur simulateur conservaient cette attitude sur la route. «Il est possible de distinguer les personnes qui sont le plus à risque et de leur suggérer éventuellement de suivre
25 certains programmes», affirme le professeur de psychologie Jacques Bergeron, de l'Université de Montréal, qui a copiloté **3** l'étude.

L'équipe de chercheurs a suivi une centaine de garçons pendant six ans. Au début de
30 l'étude, on a demandé à ces jeunes, âgés

C'est aussi ça, la démocratie! ■

de 14 et 15 ans, de prendre le volant d'un simulateur de conduite. Dès la première rencontre, on a pu identifier les adolescents qui adoptaient une conduite téméraire [4]. Certains
35 ont même affirmé avoir hâte d'obtenir leur permis de conduire pour faire de la vitesse.

Six ans plus tard, les chercheurs ont convoqué ces mêmes jeunes au laboratoire et ont examiné le dossier de conduite de chacun.
40 On a constaté que ceux qui avaient présenté des comportements imprudents sur le simulateur étaient aussi ceux qui avaient commis le plus d'infractions. De plus, ils avaient été impliqués dans plus d'accidents que les autres.

45 Il ne faut toutefois pas généraliser. Les jeunes ne sont pas tous grisés [5] par la vitesse et le risque. « On a tendance à parler des jeunes en général, dit Jacques Bergeron. Mais il ne faut pas oublier que les personnes ne font pas toutes
50 preuve de la même témérité. »

[…]

Pour d'autres, le retour aux cours de conduite obligatoires constitue une mesure nécessaire. Au CAA-Québec, par exemple, on
55 considère que l'utilité de ces cours ne fait aucun doute : ils permettent d'inculquer à l'élève les grands principes de la conduite préventive. Cette formation prépare aussi les apprentis conducteurs à effectuer certaines manœuvres
60 dangereuses, comme le dépassement. Cependant, comme le montrent les études menées au Canada et à l'étranger, les cours de conduite obligatoires n'améliorent pas le bilan.

« Pire, dans certains cas, ils peuvent le détériorer
65 parce que les jeunes formés afficheraient une trop grande confiance, affirme le professeur Guy Paquette de l'Université Laval. De plus, souligne-t-il, l'obligation de suivre des cours pose de sérieux problèmes dans les régions
70 éloignées. Lorsque l'école de conduite se situe à 150 km du lieu de résidence, comment le jeune s'y rend-il ? Sans permis ? Le parent peut-il prendre deux heures pour y aller ? Le coût d'accès à la conduite pour les jeunes en région
75 va devenir prohibitif [6]. »

Une autre mesure, controversée [7] et impopulaire, pourrait aider à diminuer le nombre d'accidents mortels chez les jeunes : repousser à 18 ans l'âge d'obtenir le permis
80 de conduire. Selon les experts, ceci pourrait améliorer la situation, étant donné qu'à cet âge, on fait preuve de plus de maturité. Sauf que… « Si on oblige un jeune à rester à l'école jusqu'à 16 ans, c'est qu'à 16 ans, il doit travailler.
85 Or, très souvent, les jeunes n'ont pas le choix, surtout en région : ils doivent pouvoir conduire », fait remarquer Guy Paquette. C'est ce qui explique que la plupart des législations privilégient l'obtention graduelle
90 du permis à partir de l'âge de 16 ans.

Ailleurs au pays, la loi limite le nombre de passagers que peut transporter l'apprenti conducteur. En Ontario, par exemple, des études montrent que les jeunes conducteurs
95 courent près de trois fois plus de risque d'être impliqués dans des collisions mortelles ou des collisions causant de graves blessures lorsqu'ils sont accompagnés de jeunes passagers. C'est pourquoi entre minuit et 5 h, le jeune
100 conducteur n'est autorisé à transporter qu'un seul passager de moins de 19 ans pendant les six premiers mois de son permis probatoire. Pour les six derniers mois, le nombre maximum de passagers de moins de 19 ans est de trois.
105 Guy Paquette s'oppose également à cette mesure: «On irait contre nos campagnes qui prônent la conduite désignée. On dirait aux jeunes de rentrer chacun de leur côté après avoir pris un verre? Ça n'a pas de sens. »

Source: Inspiré de Judith Lachapelle, «Adolescents téméraires, chauffeurs dangereux», *La Presse*, 7 septembre 2008. Les citations sont tirées de l'article.

Pour mieux saisir le texte

2 **Donnez un synonyme du mot *préconisées*.**

_____

3 **a) Quel préfixe sert à la formation du mot *copiloté*?** _____

b) Que signifie ce préfixe ?

_____

c) Que veut dire *copiloté* dans le contexte ?

_____

4 **a) L'auteur utilise l'expression *conduite téméraire*. Que signifie cette expression ?**

_____

b) À quelle classe de mots appartient le mot *téméraire*?

_____

c) Quel nom de la même famille l'auteur utilise-t-il un peu plus loin dans le texte ?

_____

5 **a) Quel est le sens du mot *grisés* dans le contexte ?**

_____

b) Ce mot est-il employé au sens propre ou au sens figuré ?

_____

6 **Donnez un synonyme de l'adjectif *prohibitif*.**

_____

7 **Vrai ou faux ? Si une mesure est *controversée*, elle est acceptée de tous.**

_____

● **Consultez le dictionnaire au besoin.**

Le contexte

8 Maintenant que vous avez lu l'article «Bilan routier des jeunes conducteurs», précisez l'intention de communication de son auteur.

_____

_____

9 À votre avis, le titre et le sous-titre de l'article annoncent-ils bien le sujet traité dans l'article? Justifiez votre réponse.

_____

_____

10 Peut-on affirmer que l'auteur du texte s'est appuyé sur des sources crédibles pour écrire son article? Justifiez votre réponse.

⬤ Consultez au besoin la rubrique _Compétence_ à la page 8.

_____

_____

_____

SAVOIR essentiel

RAPPEL **LE TEXTE INFORMATIF**

L'intention de communication de l'auteur d'un texte informatif est d'**informer**, de **renseigner**. Pour ce faire, l'auteur doit faire preuve d'**objectivité**. Ainsi, il:

• donne des **faits** (réalité observable et vérifiable), des références, des statistiques, des citations, etc.;

• utilise un ton et un vocabulaire **neutres**, des pronoms de la 3e personne;

• emploie souvent des phrases **impersonnelles**;

• n'émet pas de jugements personnels, d'hypothèses, de doutes, de critiques;

• n'interpelle pas le lecteur.

Exemples de textes informatifs: nouvelle, fait divers, compte rendu d'événement, article documentaire, chronique, texte descriptif, etc.

Le sens du message

11 Relisez l'introduction de l'article «Bilan routier des jeunes conducteurs» (lignes 1 à 12).

a) Afin de présenter son sujet (**sujet amené**), l'auteur identifie un problème. Exposez ce problème en une phrase.

_____

_____

b) Relevez la phrase dans laquelle on trouve le **sujet posé**, c'est-à-dire la phrase où l'auteur annonce le sujet qu'il traitera dans son texte.

_____

c) À la fin de l'introduction, l'auteur présente les aspects qu'il abordera dans son texte. C'est ce qu'on appelle le **sujet divisé**. Quels sont les aspects abordés dans cet article ?

_____

_____

_____

12 Certains paragraphes du texte sont précédés de crochets contenant des points de suspension. Remplacez ces points de suspension par des intertitres qui annoncent clairement les aspects traités dans le texte.

Ligne 13 : _____

Ligne 51 : _____

13 Afin de dégager les idées importantes du texte :

- inscrivez dans le tableau suivant les solutions proposées pour améliorer le bilan routier des jeunes (inscrivez-les dans l'ordre où elles apparaissent dans le texte);
- indiquez ensuite les côtés positifs et négatifs de ces solutions, s'il y a lieu.

Solution proposée	Coté positif	Côté négatif
		Ø

COMMUNIQUER

Faire des liens entre les idées

Le mot *texte* vient du latin *textus* qui signifie *tissu* (un assemblage de fils entrelacés). Ce qui constitue un texte, ce sont autant les liens entre les idées que les renseignements eux-mêmes. Ces liens sont créés grâce aux **organisateurs textuels**. Ces derniers permettent de se situer dans le temps et dans l'espace et de comprendre le raisonnement de l'auteur, de suivre le *fil* de sa pensée.

14 Dans les 3ᵉ et 4ᵉ paragraphes de l'article (lignes 28 à 44), relevez deux groupes de mots qui situent dans le temps les deux étapes de l'étude dont parle l'auteur.

_____

_____

_____

SAVOIR essentiel

LES ORGANISATEURS TEXTUELS

Un texte forme un tout **organisé**.

Cette organisation se construit à l'aide de mots, de groupes de mots ou de phrases que l'on nomme les **organisateurs textuels**.

Les organisateurs textuels expriment des liens entre les différentes parties d'un texte et sont souvent situés au début des paragraphes.

Ils indiquent, entre autres :

• une organisation dans le temps :
   EXEMPLES : *en 1997..., le mois dernier..., pendant ce temps..., quand arrive le printemps...*

• une organisation dans l'espace :
   EXEMPLES : *à droite..., un peu plus loin..., dans la rue..., là-bas...*

• une organisation logique :
   EXEMPLES : *d'abord..., ensuite..., puis..., finalement...*
   en effet..., c'est pourquoi..., par exemple...
   par contre..., cependant..., en terminant..., donc...

Les marqueurs de relation (coordonnants et subordonnants) sont souvent utilisés comme organisateurs textuels.
   EXEMPLES : *donc..., en effet..., c'est pourquoi..., afin que..., pendant que...*

15 a) Entre les lignes 51 et 109, relevez trois organisateurs textuels qui situent le lecteur dans l'espace.

_____

_____

b) Dans le 6ᵉ paragraphe (lignes 52 à 75), quel organisateur textuel l'auteur a-t-il utilisé pour introduire un désavantage aux cours de conduite ?

_____

● Afin d'approfondir vos connaissances sur les organisateurs textuels, vous pouvez faire l'exercice complémentaire 1 à la page 124.

16 Vous avez sans doute remarqué que l'article «Bilan routier des jeunes conducteurs» ne comporte pas de conclusion. Rédigez une conclusion de 5 ou 6 lignes.

ATTENTION! Dans la rédaction de votre conclusion, assurez-vous:
▷ de présenter une **récapitulation** et une **ouverture**;
▷ d'utiliser au moins un **organisateur textuel**;
▷ de faire l'**accord des verbes** en les reliant à leur sujet par une flèche. ■

_____
_____
_____
_____
_____
_____

Faites corriger votre conclusion par votre enseignante ou votre enseignant.

17 Parmi les caractéristiques suivantes, cochez celles qui vous permettent de reconnaître un texte informatif.

◯ a) L'auteur émet son opinion.

◯ b) L'auteur utilise un ton et un vocabulaire neutres.

◯ c) L'auteur donne des faits.

◯ d) L'auteur utilise un ton et un vocabulaire expressifs.

18 Complétez l'énoncé suivant.

Pour comprendre les liens entre les différentes parties d'un texte et suivre le fil de la pensée

de l'auteur, il est utile de repérer les _____.

19 Parmi les énoncés suivants, cochez ceux qui vous semblent incomplets.

◯ a) Les jeunes travaillent

◯ b) Le CAA veut

◯ c) La conduite dépend

◯ d) Les jeunes acquerront

◯ e) Le nombre d'accidents demeure

◯ f) Certains jeunes se comportent

◯ g) L'étude montre

◯ h) Au contraire, les cours le détériorent

Comme vous pouvez le constater, il est souvent nécessaire d'ajouter une expansion au verbe afin d'exprimer une idée complète!

SAVOIR essentiel

RAPPEL ▶ LE GROUPE VERBAL (GV)

- Le noyau d'un groupe verbal est toujours un **verbe conjugué**.
- Pour avoir un sens précis, le verbe est souvent accompagné d'une **expansion**.
- Le groupe verbal remplit toujours la fonction de prédicat de phrase (ce qu'on dit du sujet).

Principales constructions du GV	Exemples	Principales fonctions des expansions du verbe
V	On **réfléchit**.	
V + GN	On **limite** le nombre de passagers.	**Complément direct du verbe**
	Certains **deviennent** des chauffeurs à problèmes.	**Attribut du sujet**
V + GPrép	Les passagers **nuisent** au chauffeur.	**Complément indirect du verbe**
V + GAdj	Certaines manœuvres **sont** dangereuses.	**Attribut du sujet**
V + GAdv	On **roulait** trop vite.	**Modificateur du verbe**
V + GInf	On **espère** diminuer le nombre d'accidents.	**Complément direct du verbe**
V + Sub. complétive*	On **pense** que la technologie nous aidera.	**Complément direct du verbe**
Pronom + V	On le **souhaite**.	**Complément direct du verbe**
	On en **doute**.	**Complément indirect du verbe**

* Vous verrez la subordonnée complétive en détail au chapitre 3.

LE GROUPE VERBAL

20 Dans le tableau de la page suivante, on a complété les énoncés de l'exercice 19 (p. 71). Pour chacune des phrases de la 1re colonne:

- encadrez le groupe verbal (GV) et encerclez le noyau;
- écrivez quelle sorte d'expansion complète le verbe;
- donnez la fonction de cette expansion.

● Consultez au besoin les encadrés sur les fonctions syntaxiques aux pages 122 et 123.

Phrase complète	Sorte d'expansion	Fonction de l'expansion
Les jeunes travaillent .	Ø	Ø
Le CAA veut rendre les cours obligatoires .		
La conduite d'une automobile dépend du jugement .		
Les jeunes acquerront une précieuse expérience .		
Le nombre d'accidents demeure élevé .		
Certains jeunes se comportent dangereusement .		
L'étude montre que les cours n'améliorent pas le bilan .	Subordonnée complétive	Complément direct du verbe
Au contraire, les cours le détériorent .		

● Afin d'approfondir vos connaissances sur le groupe verbal, vous pouvez faire les exercices complémentaires 2 et 3 aux pages 124 et 125.

Dans l'exercice précédent, vous avez vu que le pronom peut être une expansion du verbe. Remplacer un groupe par un pronom est très pratique pour éviter les répétitions. Mais comment savoir quel pronom choisir ? Testez vos connaissances en faisant les exercices qui suivent.

LES PRONOMS

21 **a) Complétez le paragraphe suivant en choisissant les pronoms qui conviennent.**

Au CAA-Québec, on considère que l'utilité de ces cours pour les apprentis conducteurs ne fait

aucun doute. En effet, on **(les ou leur)** _____ enseigne les grands principes de la conduite

préventive. On **(les ou leur)** _____ informe aussi sur différentes mesures de sécurité.

Lorsqu'on **(la ou lui)** _____ confie un volant, une personne doit se rendre compte

de la responsabilité qu'elle assume. C'est pourquoi un conducteur doit minimiser les distractions

qui **(l' ou lui)** _____ empêchent de se concentrer sur la route.

Avant de poursuivre l'exercice, assurez-vous de vérifier vos réponses dans le corrigé.

b) Remplissez maintenant le tableau suivant.

- Dans la 1re colonne, transcrivez les réponses de la partie a).
- Dans la 2e colonne, donnez le référent de chaque pronom (le groupe que le pronom remplace).
- Dans la 3e colonne, inscrivez la fonction de ces pronoms.

  ⬤ Consultez au besoin les encadrés sur les fonctions syntaxiques aux pages 122 et 123.

Réponses de la partie a)	Référent du pronom	Fonction du pronom
on _____ enseigne les grands principes		
On _____ informe aussi sur différentes mesures		
Lorsqu'on _____ confie un volant		
les distractions qui _____ empêchent		

c) Complétez les énoncés suivants.

Les pronoms *les* et *l'* remplissent toujours la fonction de _____.

Les pronoms *lui* et *leur* remplissent toujours la fonction de _____.

22 Dans les phrases suivantes, remplacez le **GN** ou le **GPrép** par le pronom personnel approprié. Consultez au besoin la rubrique *Savoir essentiel* de la page suivante.

a) On pourrait utiliser **les simulateurs de conduite** dans les cours.

On pourrait _____ utiliser dans les cours.

b) Dans les cours, on enseigne **la conduite préventive**.

Dans les cours, on _____ enseigne.

c) On pense **à la sécurité**.

On _____ pense.

d) Il faut boucler **sa ceinture**.

Il faut _____ boucler.

e) Il est possible de suggérer certains cours **aux apprentis**.

Il est possible de _____ suggérer certains cours.

f) La victime a été conduite **à l'hôpital**.

La victime _____ a été conduite.

g) Elle souffrait **de maux de tête**.

Elle _____ souffrait.

LA PRONOMINALISATION D'UN GROUPE COMPLÉMENT DIRECT OU INDIRECT DU VERBE

1. La pronominalisation (remplacement d'un groupe par un pronom) est très utile pour éviter les répétitions. Cependant, pour savoir quel pronom personnel utiliser, il faut tenir compte de sa fonction dans la phrase.

Les pronoms personnels suivants occupent la fonction de
complément direct du verbe (CD du V) :

- *le, la, l', les;*
- *en.*

Les pronoms personnels suivants occupent la fonction de
complément indirect du verbe (CI du V) :

- *lui, leur;*
- *en, y.*

EXEMPLES :

CI du V   CD du V
Le chercheur examine les dossiers; nous [lui] *faisons confiance et nous* [l']*encourageons.*

CD du V
La conduite désignée est souhaitable: on [la] *recommande.*

ATTENTION ! Lorsqu'un pronom est variable, on doit faire l'accord en genre et en nombre avec le **référent** (ou **antécédent**).

CD du V
EXEMPLE : [Les accidents]*, on* [les] *déplore.* ■

2. La pronominalisation permet également de déterminer la fonction d'un mot ou d'un groupe de mots.

EXEMPLE :

CI du V   CI du V
On dit [aux jeunes] *d'être prudents. On* [leur] *dit d'être prudents.*

Si on peut remplacer le groupe [aux jeunes] par le pronom [leur], ce groupe est nécessairement
[CI du V].

23 Répondez aux questions suivantes sur la pronominalisation.

a) **Peut-on remplacer un groupe prépositionnel par un pronom ?**

_____

b) **Pourquoi est-il parfois avantageux de remplacer un groupe de mots par un pronom ?**

_____

c) **Justifiez votre réponse à la question b) à l'aide d'un exemple.**

_____

_____

TÂCHE ② Lire pour comprendre un point de vue

On trouve, dans la plupart des quotidiens ou des magazines, une rubrique «Courrier des lecteurs» qui invite les gens à se prononcer sur des sujets d'actualité. Cette pratique encourage la circulation des idées et l'expression d'un grand nombre de points de vue. Dans cette tâche, vous lirez la lettre d'opinion d'un lecteur sur les jeunes conducteurs.

But de la tâche

À la fin de cette tâche, vous serez en mesure de :

- reconnaître l'intention de communication de l'auteur d'un texte argumentatif;
- dégager l'opinion et les principaux arguments de l'auteur d'un texte argumentatif.

Lisez maintenant la lettre d'opinion suivante.

> **SAVOIRS ESSENTIELS**
>
> **Grammaire du texte**
> ☐ Texte argumentatif
> ☐ Argument et opinion
>
> **Grammaire de la phrase**
> ☐ Accord du participe passé avec *avoir*
> ☐ Homophones grammaticaux
>   (*é, er, ai, ez*)
>
> **DURÉE DE LA TÂCHE**
>
> 3 heures

Des enfants au volant ? Non, merci !

Les jeunes conducteurs détiennent 10 % des permis de conduire, mais sont impliqués dans un accident sur quatre. Les assureurs estiment généralement que chez
5 les jeunes de moins de 18 ans, le risque d'être responsable d'un d'accident est de 1 sur 5 pour les garçons et de 1 sur 10 pour les filles. D'ailleurs, 47 % des infractions d'excès de vitesse ou de conduite hasardeuse sont
10 commises par des 16-24 ans. Comment notre société peut-elle tolérer de tels dangers

publics ? À mon avis, on devrait ramener l'âge minimal pour obtenir le permis de conduire à 18 ans.

15 D'abord, peut-on affirmer qu'un jeune de 16 ans possède la maturité pour se rendre compte de la responsabilité qu'il assume en prenant le volant ? Comme on passe à l'âge adulte à 18 ans, il me semble normal qu'on
20 repousse l'obtention d'un permis de conduire à cet âge. La conduite est une activité qui dépend d'abord et avant tout du jugement. Or, comme le démontrent certaines études, le cerveau des jeunes de 16 ans n'est pas encore complètement
25 formé, en particulier par rapport au jugement et à l'évaluation du danger. Pourquoi se surprendre alors que certains jeunes prennent les routes pour des pistes de course ?

De plus, je ne crois pas que les cours
30 de conduite dont on parle tellement régleraient le problème. Croit-on sérieusement que les accidents sont causés par une méconnaissance du Code de la sécurité routière ? Et puis, ce n'est pas quelques heures de cours qui

35 changeront l'attitude insouciante de ces
pseudo-pilotes [24] qui trouvent «leur bonheur
dans l'accélérateur». D'ailleurs, même certains
experts en sécurité routière sont sceptiques [25],
car plusieurs études faites au Canada et à
40 l'étranger ont démontré que les jeunes qui
suivent des cours de conduite ont souvent
une trop grande confiance en eux et conduisent
de façon téméraire.

Enfin, je pense que la présence d'un
45 accompagnateur ne constitue pas une solution
valable. La loi précise que cet accompagnateur
doit être titulaire depuis au moins deux ans
d'un permis valide. Or, un jeune adulte de

19 ou 20 ans ne sera certainement pas en
50 mesure de guider un ado de 16 ans et d'être
son conseiller dans toutes les conditions
possibles! De plus, saura-t-il mesurer le goût
du risque de son «protégé» ou l'influence que
pourraient exercer sur lui ses amis?

55 Bref, la vitesse excessive et la conduite
dangereuse tuent aussi sûrement que l'alcool
au volant. Je considère que laisser nos jeunes
conduire à 16 ans relève de l'inconscience.
Pourquoi doit-on attendre que surviennent
60 des événements malheureux pour se poser
des questions?

Source: Un conducteur inquiet, Montréal.

Pour mieux saisir le texte

[24] Que signifie le préfixe *pseudo*?

_____

[25] Que veut dire l'auteur lorsqu'il écrit que certains experts sont «sceptiques» à l'égard des cours de conduite?

_____

_____

● **Consultez le dictionnaire au besoin.**

Le sens du message

SAVOIR essentiel

RAPPEL ▸ LE TEXTE ARGUMENTATIF

L'intention de communication de l'auteur d'un texte argumentatif est d'**exprimer un point de vue**, de **convaincre**. Pour ce faire, l'auteur doit faire preuve de **subjectivité**. Ainsi, il:

• exprime une **opinion**, un point de vue sur un sujet;

• défend son opinion à l'aide d'**arguments** (raisons qui soutiennent son opinion) et accompagne ses arguments de **justifications** (faits, statistiques, témoignages, exemples, résultats de recherche, etc.);

• utilise un ton et un vocabulaire **expressifs** et emploie des pronoms de la 1re personne.

• **interpelle** souvent le lecteur en utilisant des phrases interrogatives et exclamatives ainsi que des pronoms de la 2e personne.

Exemples de textes argumentatifs: éditorial, lettre d'opinion du lecteur, discours électoral, débat, critique, etc.

---

26 Selon vous, quelle est l'intention de communication de l'auteur de l'article «Des enfants au volant ? Non, merci !» ? Choisissez la bonne réponse.

○ a) Informer les destinataires sur le bilan routier des jeunes.

○ b) Convaincre les destinataires de la nécessité de fixer l'âge d'obtention du permis à 18 ans.

○ c) Exprimer son point de vue sur l'inconscience des jeunes au volant.

27 a) Dans le 3ᵉ paragraphe du texte, relevez une expression qui désigne les jeunes conducteurs.

_____

b) Cette expression est-elle neutre ou présente-t-elle l'opinion de l'auteur ?

_____

28 a) La majorité des phrases de ce texte sont déclaratives. Quel autre type de phrases y retrouve-t-on souvent ?

_____

b) Donnez un exemple.

_____

_____

SAVOIR essentiel

LE PLAN DU TEXTE ARGUMENTATIF

Comme le but de l'auteur d'un texte argumentatif est le plus souvent de convaincre son destinataire, il est essentiel :

- que son opinion soit clairement exprimée ;
- que ses arguments soient crédibles ;
- que son texte soit cohérent (division en paragraphes, utilisation d'organisateurs textuels, etc.).

Pour ce faire, il est primordial d'élaborer un plan de texte logique et précis.

L'**introduction** comporte :

- un **sujet amené** qui introduit le sujet ;
- un **sujet posé** qui présente clairement le sujet du texte (il peut être formulé sous forme de question) ;
- l'**opinion** de l'auteur ;

- un **sujet divisé** qui annonce les différents arguments du texte. Il est facultatif.

Le **développement** se compose de plusieurs paragraphes.

- Chaque paragraphe développe un **argument** (une raison) qui appuie l'opinion de l'auteur.
- Chaque argument est soutenu par des **justifications**, c'est-à-dire par des faits, des statistiques, des témoignages, des exemples ou des résultats de recherche.

La **conclusion** contient :

- une **récapitulation** qui résume les grandes lignes du texte et qui revient sur l'opinion formulée dans l'introduction.
- une **ouverture** (optionnelle) qui propose une réflexion ou une piste de solution.

29 Relisez maintenant la lettre d'opinion «Des enfants au volant? Non, merci!» et reconstituez le plan du texte. Formulez les arguments à l'aide de phrases complètes.

PLAN DU TEXTE «DES ENFANTS AU VOLANT? NON, MERCI!»	
Introduction	
Sujet amené (résumez-le en une phrase)	_____ _____
Sujet posé (tiré du texte)	_____ _____
Opinion de l'auteur (tirée du texte)	_____ _____
Développement	
1er argument _____ _____ _____	Justifications (tirées du texte) → On devient adulte à 18 ans. → _____ _____
2e argument _____ _____ _____	Justifications (tirées du texte) → _____ → _____ _____ → _____ _____
3e argument _____ _____ _____	Justifications (tirées du texte) → _____ _____ → _____ _____
Conclusion	
Récapitulation	
Ouverture	

C'est aussi ça, la démocratie! ■ **79**

30 Quels organisateurs textuels vous ont permis de découvrir les principaux arguments de l'auteur?

_____

31 Lisez les phrases suivantes:

« La cause de l'accident est vraisemblablement la vitesse excessive. En effet, le chauffeur roulait à 150 km / heure là où la limite de vitesse se situe à 100 km / heure. »

Selon vous, où a eu lieu l'accident? Cochez la bonne réponse.

◯ a) Sur une route de campagne.

◯ b) Sur l'autoroute.

◯ c) En ville.

Cette information, vous avez dû la déduire.
C'est une information **implicite**.

© COMMUNIQUER

Interpréter le non-dit

Pour comprendre un message, il est souvent nécessaire de déduire ce qui n'est pas dit. On se fie alors à ses connaissances ou à son expérience pour comprendre.

• Une idée **implicite** est sous-entendue, c'est-à-dire qu'elle n'est pas exprimée clairement. La lectrice ou le lecteur doit se servir du contexte pour la déduire.

EXEMPLE: _Le froid intense et la chaussée glissante ont provoqué un énorme carambolage._
Cette phrase permet de déduire qu'on est en plein hiver.

Les phrases interrogatives sous-entendent souvent un message implicite.

EXEMPLE: _Croit-on sérieusement que les accidents sont causés par une méconnaissance du Code de la sécurité routière?_
L'idée implicite de cette question est que les accidents ne sont pas causés par une mauvaise connaissance du Code de la sécurité routière.

• Une idée **explicite** est clairement exprimée.

EXEMPLE: _La présence d'un accompagnateur ne constitue pas une solution valable._

---

32 Quelle idée **implicite** est contenue dans les phrases suivantes, tirées de la lettre d'opinion du « conducteur inquiet »?

a) « De plus, saura-t-il mesurer le goût du risque de son « protégé » ou l'influence que pourraient exercer sur lui ses amis? »

_____

_____

b) « Pourquoi doit-on attendre que surviennent des événements malheureux pour se poser des questions? »

_____

_____

80 ■ CHAPITRE 2

33 Dans un texte argumentatif, quelle est l'intention de communication de l'auteur?

_____

34 Complétez l'énoncé suivant.

Dans un texte argumentatif, l'opinion est soutenue par des _____

qui sont appuyés par des _____.

Les règles du jeu

De nombreux verbes se terminent par le son [e]. On en trouve par exemple dans les extraits suivants tirés de la lettre d'opinion.

- «Les jeunes conducteurs […] sont impliqu**és** dans un accident sur quatre.»
- «… on devrait ramen**er** l'âge minimal pour obtenir un permis de conduire à 18 ans.»
- «… plusieurs études […] ont démontr**é** que…»

35 Testez votre habileté à choisir la terminaison qui convient (*é, er, ez* ou *ai*). Au besoin, lisez le rappel ci-dessous sur les homophones avant de commencer cet exercice.

Lorsque vous voul_____ pass_____ votre examen de conduite, assur_____-vous d'avoir

bien prépar_____ la partie théorique et d'avoir pratiqu_____ suffisamment les techniques

de stationnement. Si vous désir_____ quelques conseils, n'hésit_____ pas à me téléphon_____.

Je me fer_____ un plaisir de vous aid_____.

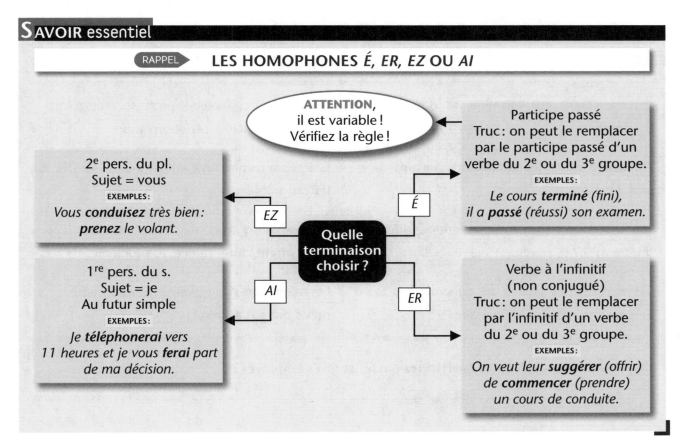

SAVOIR essentiel

RAPPEL ▶ **LES HOMOPHONES *É, ER, EZ* OU *AI***

ATTENTION, il est variable! Vérifiez la règle!

É — Participe passé
Truc: on peut le remplacer par le participe passé d'un verbe du 2ᵉ ou du 3ᵉ groupe.
EXEMPLES:
*Le cours **terminé** (fini), il a **passé** (réussi) son examen.*

EZ — 2ᵉ pers. du pl.
Sujet = vous
EXEMPLES:
*Vous **conduisez** très bien: **prenez** le volant.*

Quelle terminaison choisir?

AI — 1ʳᵉ pers. du s.
Sujet = je
Au futur simple
EXEMPLES:
*Je **téléphonerai** vers 11 heures et je vous **ferai** part de ma décision.*

ER — Verbe à l'infinitif (non conjugué)
Truc: on peut le remplacer par l'infinitif d'un verbe du 2ᵉ ou du 3ᵉ groupe.
EXEMPLES:
*On veut leur **suggérer** (offrir) de **commencer** (prendre) un cours de conduite.*

C'est aussi ça, la démocratie! ■

36 **Dans les phrases ci-dessous:**

- **soulignez les participes passés;**
- **au-dessus du participe passé**
  - **écrivez A s'il est employé avec l'auxiliaire** *avoir*
  - **E s'il est employé avec l'auxiliaire** *être*
  - **Ø s'il est employé sans auxiliaire;**
- **tracez une flèche vers le nom qui commande l'accord.**

a) D'autres mesures, qui ne font cependant pas l'unanimité, sont préconisées.

b) Six ans plus tard, les mêmes adolescents, devenus des détenteurs de permis âgés

de 20 ou 21 ans, ont été convoqués à nouveau dans le laboratoire.

SAVOIR essentiel

RAPPEL ▶ **L'ACCORD DU PARTICIPE PASSÉ EMPLOYÉ SEUL OU AVEC L'AUXILIAIRE *ÊTRE***

Le participe passé employé seul s'accorde en genre et en nombre avec le **nom** qu'il accompagne (comme un adjectif).

EXEMPLE : *Les cours obligatoires causent des problèmes dans les* régions *éloignées.*

Le participe passé employé avec l'auxiliaire *être* s'accorde avec le **sujet** du verbe.

EXEMPLES : *Des adolescents* **ont été suivis** *par des chercheurs.*
Des adolescents **seront suivis** *par des chercheurs.*

---

37 a) **Soulignez tous les participes passés des phrases du tableau suivant.**

Les chercheurs ont examiné les dossiers de conduite .	L'étude qu'a copilotée le professeur Bergeron confirme les premières observations.
On a convoqué les adolescents six ans plus tard .	Grâce à la technologie, on les a détectés très tôt, les cas problèmes.
Les experts ont suggéré l'obtention graduelle du permis .	Les analyses que les chercheurs ont effectuées démontrent l'importance du problème.
On a parlé des jeunes en général , mais ils ne sont pas tous téméraires .	Les manœuvres dangereuses, les apprentis ne les ont pas apprises.

b) **Avec quel auxiliaire ces participes passés sont-ils employés ?**

_____

c) Quelle différence remarquez-vous entre les participes passés de la 1re colonne et ceux de la 2e colonne du tableau de la partie a) ?

_____

_____

d) Dans les phrases de la 2e colonne, quel mot donne son genre et son nombre au participe passé ?

- copilotée : _____

- détectés : _____

- effectuées : _____

- apprises : _____

e) Quelle est la fonction des mots que vous avez identifiés en d) ?

_____

Où sont-ils situés dans la phrase ?

_____

f) Encadrez maintenant les compléments directs de la 1re colonne (CD du V). Que remarquez-vous ?

_____

_____

S
A
1

SAVOIR essentiel

L'ACCORD DU PARTICIPE PASSÉ EMPLOYÉ AVEC L'AUXILIAIRE *AVOIR*

Le participe passé employé avec l'auxiliaire *avoir* s'accorde avec le **CD** du verbe, si celui-ci est placé AVANT **le verbe**.

EXEMPLES :

m. pl.

Les remèdes que les experts ont proposés ne sont pas tous efficaces.
        CD du V

m. pl.   m. pl.

On les a suivis, les cours de conduite.
  CD du V

Si le CD est placé APRÈS **le verbe** ou s'il n'y a **pas** de CD, le participe passé demeure invariable (c'est-à-dire qu'il s'écrit au masculin singulier).

EXEMPLES : *Les adolescents téméraires ont accumulé beaucoup d'infractions.* (CD après le verbe)
Ils ont manqué de maturité. Ils ont échoué à leur examen de conduite. (Il n'y a pas de CD.)

Rappelez-vous : les pronoms le, la, les et l' sont toujours CD du verbe.

COMMENT TROUVER LE CD DU V ?

Pour trouver le **complément direct du verbe (CD du V)**, essayez les stratégies suivantes.

1. Poser la question *qui ?* ou *quoi ?* après le verbe.

   EXEMPLES:

                  CD du V
   *Les chercheurs ont suivi **des garçons**.*
   Les chercheurs ont suivi **qui ?** des garçons.

           CD du V
   *Ils boivent **de l'alcool**.*
   Ils boivent **quoi ?** de l'alcool.

2. Remplacer le CD du V par *quelqu'un* ou *quelque chose*.

   EXEMPLES:

                  CD du V
   *Les chercheurs ont suivi **des garçons**.*
   *Les chercheurs ont suivi **quelqu'un**.*

           CD du V
   *Ils boivent **de l'alcool**.*
   *Ils boivent **quelque chose**.*

---

38 Accordez correctement les participes passés employés avec l'auxiliaire *avoir* dans les phrases suivantes.

a) Vous avez confié la mise au point et l'inspection de votre véhicule à un garagiste compétent.

b) Des études ont démontré que le manque de sommeil produit le même effet que l'alcool au volant.

c) Les données qu'on a recueilli prouvent qu'il faut sensibiliser les gens au problème.

d) Les précautions nécessaires, on les a pris.

e) Le nombre de cas impliquant des enfants en bas âge a augmenté au cours des dernières années.

f) On les a tous examiné, les dossiers.

39 À la suite d'un débat télévisé sur les conducteurs de 16-17 ans, plusieurs téléspectateurs ont laissé des commentaires sur le blogue de l'animateur de l'émission.

Dans ces commentaires, certains participes passés sont mal accordés.

Corrigez-les en vous assurant :

• de souligner les participes passés ;

• d'identifier l'auxiliaire en marquant A, E ou Ø au-dessus ;

• de relier par une flèche le participe passé au mot qui en commande l'accord, s'il y a lieu.

🔴 Si vous avez de la difficulté à accorder les participes passés, consultez la rubrique *Comment faire ?* de la page 86.

1. Les jeunes de 16-17 ans qui se comportent correctement sur la route seraient pénalisé.

2. Encore une fois, les adultes ont parlés pour les jeunes. Vous n'avez pas invité de jeunes à votre débat. L'opinion des personnes concernées, nous ne l'avons pas entendu.

3. J'ai perdu ma meilleure amie quand un véhicule l'a frappé sur une route large et peu fréquenté.

Un délit de fuite… Un chauffeur qui a probablement pensée que toute la route lui appartenait.

4. À 16 ans, les jeunes ne sont pas considéré comme des adultes.

Pourquoi sont-ils autorisés à conduire ?

ℹ Blogue

Le mot *blogue* est un mot-valise formé à partir des mots anglais *Web* (pour désigner la toile, le *World Wide Web*) et *log* (au sens de journal ou de carnet de bord). On a gardé le *b* final du mot *Web* et on y a joint le mot *log* pour créer le mot *Blog* en anglais. Le terme *blogue* est donc la forme francisée du mot *Blog*.

Un *mot-valise* est le résultat de la fusion de deux autres mots. Par exemple, *courriel* est un mot-valise qui vient de COURRIel et ÉLectronique. *Clavardage* est un mot-valise formé à partir des mots CLAVier et bavARDAGE.

COMMENT ACCORDER LES PARTICIPES PASSÉS ?

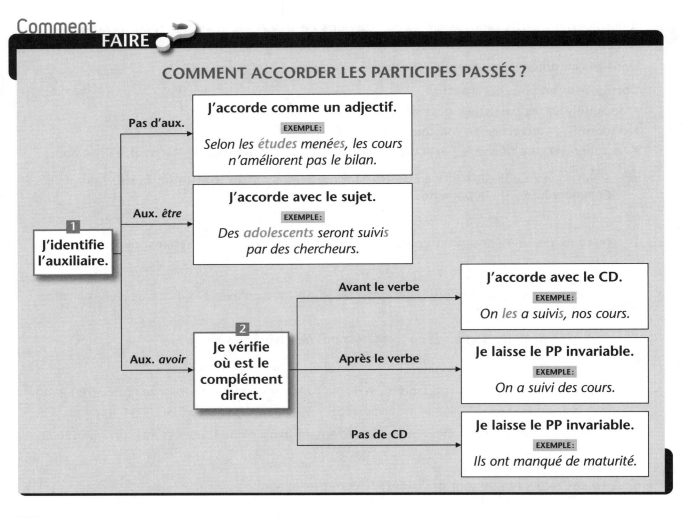

J'accorde comme un adjectif.

EXEMPLE:

Selon les études menées, les cours n'améliorent pas le bilan.

J'accorde avec le sujet.

EXEMPLE:

Des adolescents seront suivis par des chercheurs.

J'accorde avec le CD.

EXEMPLE:

On les a suivis, nos cours.

Je laisse le PP invariable.

EXEMPLE:

On a suivi des cours.

Je laisse le PP invariable.

EXEMPLE:

Ils ont manqué de maturité.

1 J'identifie l'auxiliaire.

Pas d'aux.

Aux. *être*

Aux. *avoir*

2 Je vérifie où est le complément direct.

Avant le verbe

Après le verbe

Pas de CD

---

40 **a) Parmi les verbes proposés entre parenthèses, choisissez celui qui est écrit correctement.**

L'enquête, nous l'avons (terminée, terminer, terminés) _____. Je vous (ferai, ferez) _____ (portai, porter, portés, portez) _____ les résultats demain.

b) Justifiez vos choix en remplissant les espaces des phrases ci-dessous à l'aide des mots suivants:

> avoir – CD du V – l'infinitif – invariable – l'enquête – parvenir – sujet

Le participe passé du verbe *terminer* est utilisé avec l'auxiliaire _____ ;

il s'accorde avec le _____, l', qui a pour référent le GN

_____.

Le verbe *faire* s'accorde avec son _____ je.

Le verbe *porter* est _____ parce qu'il est à _____

et qu'on peut le remplacer par _____.

⬤ **Afin d'approfondir vos connaissances sur l'accord des participes passés et les homophones, vous pouvez faire l'exercice complémentaire 4 à la page 125.**

TÂCHE ③ **Écrire** pour exprimer un point de vue

À la tâche 2, vous avez lu la lettre d'opinion d'un «conducteur inquiet». Êtes-vous d'accord avec lui ? Pensez-vous aussi qu'on ne devrait accorder le permis de conduire qu'à 18 ans ? À vous la parole, maintenant !

But de la tâche

> À la fin de cette tâche, vous serez en mesure de donner clairement votre opinion en vous appuyant sur des arguments soutenus de justifications.

> **SAVOIRS ESSENTIELS**
>
> **Grammaire du texte**
> ❑ Texte argumentatif et son plan
> ❑ Argument et opinion
> ❑ Organisateurs textuels
>
> **DURÉE DE LA TÂCHE**
>
> 3 heures

Répondez à la lettre du «conducteur inquiet» de Montréal en rédigeant une lettre d'opinion de 200 à 250 mots.

Pour ce faire :
- **Complétez le plan de la page suivante en y inscrivant des mots-clés ou de courtes phrases.**
- **Rédigez le brouillon.**

ATTENTION !

▷ **Présentez deux arguments en appui à votre opinion.**

▷ **Assurez-vous d'adopter un point de vue constant : votre intention est de convaincre votre destinataire.**

▷ **Utilisez des organisateurs textuels (au moins trois) afin de permettre au lecteur de bien suivre le fil de votre pensée.**

▷ **Portez une attention particulière à l'accord des participes passés.**

▷ **Trouvez un titre accrocheur à votre lettre.** ■

Rédaction du plan

Établir le plan de votre texte vous permettra d'avoir une vision d'ensemble de vos arguments et d'en vérifier la cohérence.

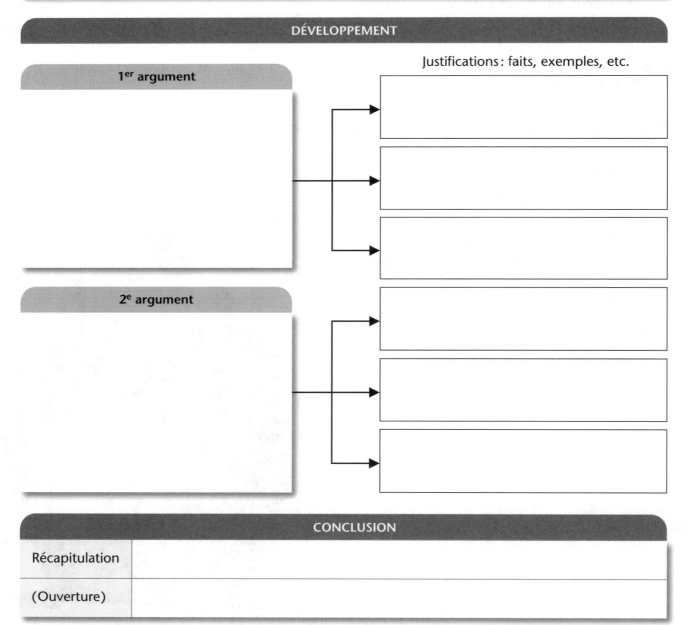

INTRODUCTION	
Sujet amené	
Sujet posé	
Mon opinion	
(Sujet divisé)	

DÉVELOPPEMENT

1er argument

Justifications : faits, exemples, etc.

2e argument

CONCLUSION	
Récapitulation	
(Ouverture)	

Rédigez le brouillon de votre lettre d'opinion.

ATTENTION ! N'oubliez pas : votre intention est de convaincre votre destinataire. Votre texte doit donc faire preuve d'une logique rigoureuse. ■

→

→ --

Relisez maintenant votre brouillon et posez-vous les questions suivantes :

	OUI	NON
• Mon opinion est-elle clairement formulée ?	◯	◯
• Mon texte est-il divisé en paragraphes développant chacun un argument ?	◯	◯
• Mes arguments s'appuient-ils sur des justifications solides ?	◯	◯
• Les organisateurs textuels sont-ils bien utilisés ?	◯	◯
• Le vocabulaire et le ton sont-ils adaptés à mon destinataire et à mon intention de communication ?	◯	◯

● **Avant de rédiger la version définitive de votre lettre, consultez l'outil** *La révision et la correction d'un texte* **à la page 294.**

La correction de votre lettre est terminée ? Rédigez la version définitive de votre texte sur une feuille mobile ou en utilisant un logiciel de traitement de texte.

Faites corriger votre texte par votre enseignante ou votre enseignant.

LES TEXTES INFORMATIF ET ARGUMENTATIF

41 **Complétez les énoncés suivants.**

a) Un _____ est une réalité observable et vérifiable.

b) Un texte dans lequel l'auteur fait preuve d'objectivité est un texte _____.

c) L'intention de communication de l'auteur d'un texte argumentatif est

_____ .

d) Un auteur qui exprime son opinion fait preuve de _____.

e) Une idée qui est sous-entendue et que le lecteur doit déduire est une idée

_____. Par opposition, une idée _____ est

clairement exprimée.

f) Pour marquer des liens entre les différentes parties d'un texte, on utilise des mots, des groupes

de mots ou des phrases qu'on appelle des _____.

L'ACCORD DU PARTICIPE PASSÉ

42 **Complétez les énoncés suivants.**

a) Dans la phrase suivante :

« Les apprentis ont effectué des manœuvres dangereuses. »,

le participe passé reste invariable parce que le CD est placé _____

le verbe.

b) Dans la phrase suivante :

« Les experts les ont analysés, ces résultats. »,

le participe passé s'accorde avec le pronom *les*, qui a pour référent le groupe nominal

_____.

c) Dans la phrase suivante :

« Les jeunes ont été suivis par des chercheurs pendant six ans. »,

le participe passé *suivis* est employé avec l'auxiliaire _____.

43 Complétez le schéma du texte argumentatif en insérant, à l'endroit approprié, les mots ou les énoncés suivants :

Argument (à insérer 3 fois)

Conclusion

Développement

Faits, statistiques, témoignages, exemples, résultats de recherche, etc., qui soutiennent l'argument

Opinion

Présentation des arguments (facultatif)

Récapitulation (retour sur l'opinion)

Sujet amené

Sujet posé

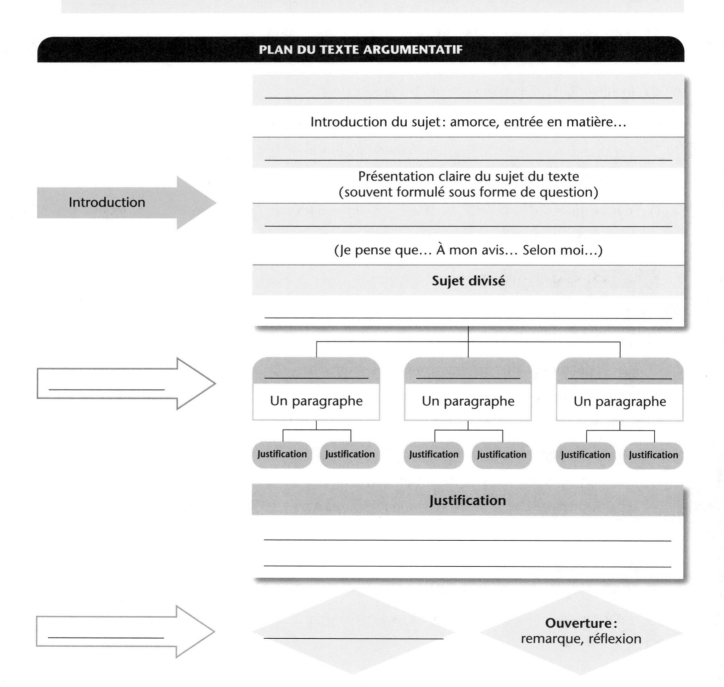

PLAN DU TEXTE ARGUMENTATIF

Introduction

Introduction du sujet : amorce, entrée en matière…

Présentation claire du sujet du texte
(souvent formulé sous forme de question)

(Je pense que… À mon avis… Selon moi…)

Sujet divisé

Un paragraphe

Un paragraphe

Un paragraphe

Justification — Justification

Justification — Justification

Justification — Justification

Justification

Ouverture :
remarque, réflexion

Activité d'intégration

Vous êtes responsable du journal de votre centre de formation. Vous recevez une lettre d'opinion dont le titre est «L'alcool au volant: sommes-nous tous des chauffards?».

L'introduction de la lettre présente très bien le sujet et l'opinion de votre collaborateur. Dans la suite, par contre, il y a plusieurs problèmes:

• les idées ne sont pas ordonnées; vous avez de la difficulté à suivre le fil;

• plusieurs accords ont été mal faits.

Afin de réorganiser le texte et de le corriger:

• **lisez bien l'introduction et repérez le sujet amené, le sujet posé et le sujet divisé afin de comprendre la logique du texte;**

• **soulignez les organisateurs textuels qui vous permettront de remettre les paragraphes dans le bon ordre;**

• **indiquez l'ordre des paragraphes en les numérotant;**

• **corrigez les 20 erreurs d'orthographe (écrivez vos corrections au-dessus des mots mal écrits).**

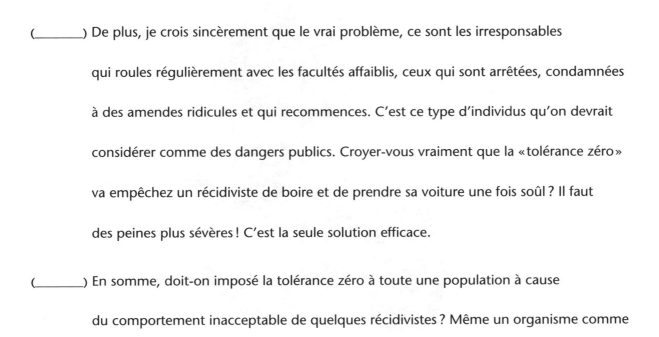

L'alcool au volant:
sommes-nous tous des chauffards?

Un sondage d'opinion publique révèle que neuf Canadiens sur dix considèrent la conduite en état d'ébriété comme une menace pour la sécurité routière. Certains sont partisans de la «tolérance zéro». Mais cette solution est-elle réaliste ou même souhaitable? Personnellement, je crois qu'une telle politique serait exagérée: elle pénaliserait la majorité qui consomme de façon responsable et surtout, elle ne réglerait pas le problème des «ivrognes au volant».

(_____) De plus, je crois sincèrement que le vrai problème, ce sont les irresponsables

qui roules régulièrement avec les facultés affaiblis, ceux qui sont arrêtées, condamnées

à des amendes ridicules et qui recommences. C'est ce type d'individus qu'on devrait

considérer comme des dangers publics. Croyer-vous vraiment que la «tolérance zéro»

va empêchez un récidiviste de boire et de prendre sa voiture une fois soûl? Il faut

des peines plus sévères! C'est la seule solution efficace.

(_____) En somme, doit-on imposé la tolérance zéro à toute une population à cause

du comportement inacceptable de quelques récidivistes? Même un organisme comme

MADD[1] ne va pas aussi loin. En effet, l'organisme réclame que cette limite de 0,00 % ne s'applique qu'aux conducteurs âger de moins de 21 ans ou ayant moins de cinq ans d'expérience de conduite. Ce qu'il faut continué de changé dans notre société, ce ne sont pas les lois, mais les mentalités.

(_____) Tout d'abord, avec la «tolérance zéro», on vise la mauvaise cible, car on s'attaquent aux personnes prudentes et réfléchi qui savent contrôlé leur consommation et qui ne pourrons plus, par exemple, partagé une bonne bouteille de vin lors d'un repas entre amis. L'automobiliste qui a eu le bon sens de se limitée à deux ou trois verres de vin dans la soirée est-il vraiment le danger public ou le «criminel» que certains hystériques se plaise à dénoncé? C'est d'autant plus injuste que les statistiques démontrent que seulement 3 % des accidents graves sont causer par des personnes ayant un taux d'alcoolémie inférieur à 0,08.

---

1. MADD: Sigle de «Mothers Against Drunk Driving» (Les mères contre l'alcool au volant).

Bilan de mes apprentissages

1 = TRÈS FACILEMENT	2 = PLUTÔT FACILEMENT	3 = DIFFICILEMENT

Actions	Exercices	Échelle
1. DÉGAGER LES ÉLÉMENTS D'INFORMATION EXPLICITES ET IMPLICITES, AINSI QUE LE SENS DU MESSAGE		
• Je peux relever les idées essentielles d'un texte, qu'elles soient exprimées implicitement ou explicitement.	11 à 13, 29, 31, 32	1. ❑ 2. ❑ 3. ❑
• J'identifie les principaux organisateurs textuels et je comprends le lien qu'ils établissent entre les idées.	14, 15, 18, 30, Activité d'intégration	1. ❑ 2. ❑ 3. ❑
2. RECONNAÎTRE LE CARACTÈRE OBJECTIF OU SUBJECTIF D'UN MESSAGE		
• Je reconnais l'intention de communication de l'auteur et je distingue les faits des opinions.	8, 17, 26, 27, 33	1. ❑ 2. ❑ 3. ❑
3. EXPRIMER UN POINT DE VUE ET JUSTIFIER SA PRISE DE POSITION		
• J'exprime clairement mon opinion.	Tâche 3	1. ❑ 2. ❑ 3. ❑
• J'apporte des arguments que j'appuie à l'aide d'explications ou d'exemples pertinents.		1. ❑ 2. ❑ 3. ❑
4. REGROUPER ADÉQUATEMENT SES IDÉES ET UTILISER DES ORGANISATEURS TEXTUELS APPROPRIÉS		
• J'établis le plan de ma lettre d'opinion.	Tâche 3	1. ❑ 2. ❑ 3. ❑
• J'utilise des organisateurs textuels appropriés pour faire des liens entre les idées.	16, Tâche 3	1. ❑ 2. ❑ 3. ❑
5. RESPECTER LES RÈGLES APPRISES DE LA GRAMMAIRE DE LA PHRASE ET DE L'ORTHOGRAPHE LEXICALE		
• Je choisis le pronom personnel approprié pour remplacer le groupe CD ou CI.	21, 22, Tâche 3	1. ❑ 2. ❑ 3. ❑
• J'accorde le pronom personnel avec son référent.	22, Tâche 3	1. ❑ 2. ❑ 3. ❑
• Je choisis la terminaison appropriée des verbes du 1er groupe.	35, Tâche 3, Activité d'intégration	1. ❑ 2. ❑ 3. ❑
• Je respecte les règles d'accord du participe passé.	36, 37, 38, 39, 40 Tâche 3, 42, Activité d'intégration	1. ❑ 2. ❑ 3. ❑

Progrès réalisés	Points à améliorer

Des contributions... volontaires?

Tout citoyen d'une société démocratique jouit de droits civils et politiques : droit à la sécurité et à l'égalité devant la loi ; liberté de pensée, d'opinion, d'expression et de religion ; droit d'association ou de manifestation ; droit de voter et d'être élu ; droit au travail, droit de grève, droit à l'éducation, etc. En retour, il doit s'acquitter d'obligations envers la société, dont celle de contribuer aux dépenses publiques en payant des taxes et des impôts. C'est aussi ça, la démocratie !

Cette situation d'apprentissage comprend deux tâches. Vous lirez d'abord trois textes dans lesquels des citoyens expriment leur point de vue sur l'utilisation de l'argent provenant des taxes et des impôts. Vous écrirez ensuite un texte pour exprimer votre opinion sur ce qui devrait être, selon vous, la priorité du gouvernement provincial dans son prochain budget.

COMPÉTENCES POLYVALENTES

Au cours de cette situation d'apprentissage, vous aurez l'occasion de développer et de mettre en pratique les compétences suivantes :

Communiquer
- Produire un message clair et cohérent
- Dégager les éléments d'information explicites et implicites et le sens du message

Exercer son sens critique et éthique
- Comparer les renseignements de sources diverses
- S'appuyer sur une analyse objective pour tirer des conclusions ou prendre position

DURÉE DE LA SITUATION D'APPRENTISSAGE

8 heures

But de la situation d'apprentissage

À la fin de cette situation d'apprentissage, vous serez en mesure de comparer différents points de vue afin de vous forger une opinion ou de tirer des conclusions.

ℹ Fiscalité

La *fiscalité* est l'ensemble des lois et des mesures concernant les taxes et les impôts. Le mot *fisc* vient du latin *fiscus*, qui désignait un panier servant à recevoir l'argent, dont celui des contribuables. Ce panier était le trésor public.

1 Testez vos connaissances du système fiscal en précisant si les énoncés suivants sont vrais ou faux.

	VRAI	FAUX
a) Au Canada, seuls les Québécois remplissent deux déclarations de revenus: l'une provinciale et l'autre fédérale.	❏	❏
b) L'année d'imposition correspond normalement à l'année civile, c'est-à-dire qu'elle commence le 1er janvier et se termine le 31 décembre.	❏	❏
c) Sauf exception, la date limite de production de la déclaration de revenus est le 30 avril.	❏	❏
d) Les étudiants à temps complet sont automatiquement exemptés de payer des impôts.	❏	❏
e) Une déclaration de revenus envoyée par Internet n'est pas valide, car elle n'est pas signée.	❏	❏
f) Toute personne âgée de 18 ans et plus doit produire une déclaration de revenus chaque année.	❏	❏
g) La déclaration de revenus d'un travailleur salarié doit toujours être accompagnée d'un relevé d'emploi (feuillet de renseignements T4).	❏	❏
h) La TPS (taxe sur les produits et services) et la TVQ (taxe de vente du Québec) ne s'appliquent pas sur les médicaments vendus sur ordonnance.	❏	❏

TÂCHE ① Lire pour comparer différents points de vue et se forger une opinion

La plupart des travailleurs acceptent de bon gré de payer les impôts fédéral et provincial et de contribuer à l'assurance-emploi, à la Régie des rentes du Québec (RRQ) ou au Régime québécois d'assurance parentale (RQAP): ils considèrent ces contributions comme «un mal nécessaire».

> **SAVOIRS ESSENTIELS**
>
> **Grammaire de la phrase**
> ❏ Subordonnée relative
> ❏ Groupe nominal
> ❏ Complément du nom
>
> **DURÉE DE LA TÂCHE**
>
> 4 heures

But de la tâche

À la fin de cette tâche, vous serez en mesure de:

- distinguer le texte informatif du texte argumentatif;
- dégager l'opinion et les principaux arguments d'un texte argumentatif;
- vous forger une opinion à partir de différents points de vue.

En consultant le relevé de salaire ci-dessous, vous vous étonnerez sans doute de la différence entre le salaire brut et le salaire net. Dites-vous bien que la plupart des contribuables ont cette même réaction !

Ouellette, Gilles 1224, rue Beaudry Montréal (Québec) H1V 3R9				DATE D'ÉMISSION 13 septembre 2009				
No de matricule	**Période de paie no 5**			Jours payés		Solde vacances	Solde maladie	
00002345	29 août 09 au 11 septembre 09			10		17,00	0,00	
Total imposable	Total non imposable	Impôt fédéral	Impôt provincial	RRQ	Assurance-emploi	RQAP	Autres déductions	Total net
1 237,37	0,00	165,83	173,93	21,12	11,28	5,02	0,00	**860,19**
Cumulatifs fiscaux (1er janvier-31 décembre)								
18 560,55	0,00	2 487,45	2 608,95	316,80	169,20	15,30	0, 00	**12 962,85**

TIC

Vous aimeriez en savoir plus sur l'assurance-emploi, la Régie des rentes du Québec (RRQ) ou le Régime québécois d'assurance parentale (RQAP) ? Faites des recherches dans Internet afin de découvrir la mission de ces organismes gouvernementaux.

Certaines personnes ne sont pas toujours d'accord sur la façon dont le gouvernement utilise l'argent perçu des taxes et des impôts…

Dans les textes qui suivent, vous prendrez connaissance de trois points de vue différents sur la répartition des impôts dans la société. Soyez attentif aux opinions émises et aux arguments présentés, car vous pourrez vous y référer lorsque vous vous prononcerez sur ce sujet…

Des impôts… pour la paix?

Depuis 1987, l'écrivain Serge Mongeau a une dette d'environ 1000 $ envers l'Agence du revenu du Canada (ARC). Celui qui a popularisé le concept de la simplicité
5 volontaire au Québec se décrit comme un «objecteur de conscience fiscal [2]».

Refusant que ses impôts servent à financer la guerre – notamment celle de l'Afghanistan –, Serge Mongeau remplit sa déclaration d'impôts
10 en excluant les dépenses militaires engagées par le gouvernement fédéral.

«Je retire la portion consacrée à la Défense et les subventions accordées à l'industrie militaire. Chaque année, cela représente 7 à 10 % du
15 budget global», explique-t-il.

Ainsi, s'il doit payer une somme annuelle de 500 $, M. Mongeau enverra plutôt un chèque de 450 $. Une lettre, dans laquelle il explique son point de vue, accompagne toujours sa
20 déclaration.

Un fonds pour la paix

Depuis 1987, Serge Mongeau a cofondé [3] Nos impôts pour la paix […], un mouvement qui recueille l'argent non payé [à l'impôt] et le
25 place dans un «fonds pour la paix», aujourd'hui riche de 13 000 $.

Comme on peut s'en douter, le raisonnement de l'organisme a peu d'écho à l'Agence du revenu. «Les contribuables n'ont pas l'option
30 de choisir où vont leurs impôts», rappelle Ariane Boyer, porte-parole de l'ARC. Cette dernière ajoute que des intérêts sont calculés sur les sommes non payées. […]

Illégal mais légitime

35 L'organisme [Nos impôts pour la paix], qui compte à peine une trentaine de membres à travers le Québec, attire surtout les retraités et les travailleurs autonomes. Comme l'impôt des salariés est prélevé à la source [4], ces derniers
40 peuvent difficilement participer au mouvement.

Même s'il reconnaît le caractère illégal de sa démarche, M. Mongeau dit exercer son droit légitime à la désobéissance civile.

«Certes, le mouvement aurait plus de sens
45 s'il y avait plus de participants. Mais c'est une question de principe, affirme-t-il. Dans le contexte actuel, c'est une façon de marquer notre opposition à la guerre en Afghanistan.»

Source: Taïeb Moalla, «Objecteur de conscience fiscal», *Journal de Québec*, 7 janvier 2007.

Pour mieux saisir le texte

2 **a)** Qu'est-ce qu'un objecteur de conscience?

_____

b) Comment comprenez-vous l'expression «objecteur de conscience fiscal»?

_____

_____

3 En vous appuyant sur le sens du préfixe *co*, dites ce que signifie *cofonder*.

_____

4 Que signifie, dans le contexte, *prélevé à la source*?

_____

⬤ Consultez le dictionnaire au besoin.

C'est aussi ça, la démocratie! ■

Bienvenue au tiers-monde

On aurait dit une image du tiers-monde. Un viaduc qui s'effondre sur une autoroute comme un vulgaire château de cartes, on ne voit pas ça souvent dans les pays riches.

5 La réalité, c'est que les ponts et les routes du Québec sont vraiment comparables à ceux d'un pays pauvre. Les automobilistes n'hallucinent pas quand ils ont l'impression de rouler dans une zone sinistrée.

10 Les rapports annuels du ministère du Transport se lisent comme la chronique d'une catastrophe annoncée. Les chiffres du Ministère l'indiquent clairement : plus de 2 200 ponts et viaducs du Québec, soit 45 % du total, sont
15 considérés en mauvais état. […] La plupart des ponts que vous empruntez chaque jour pour aller travailler ont plus de 30 ans. Ils vieillissent mal et ils ont besoin de toute urgence d'une cure de rajeunissement.

20 […]

Depuis 40 ans à l'abandon

[…] Le ministère des Transports fait tout ce qu'il peut avec le budget qu'on lui accorde. […] Tout le monde admet que c'est nettement
25 insuffisant, mais l'argent ne pousse pas dans les arbres. La santé, l'éducation et le paiement des intérêts sur la dette accaparent [5] à peu près tout le budget du Québec. La réalité, encore une fois, c'est que le Québec n'a tout simplement
30 pas les moyens d'entretenir ses routes et ses ponts.

Pourquoi en est-on rendu là ? C'est simple : tous les gouvernements de tous les partis depuis 40 ans ont laissé agoniser [6] le réseau routier.
35 Il n'y avait pas d'urgence. C'était plus rentable politiquement de promettre des petits bouts d'asphalte à gauche et à droite que de gérer intelligemment les routes.

Un moment arrivera où le gouvernement
40 du Québec n'aura plus le choix d'agir. Parce qu'à défaut de trouver un remède pour nos routes et nos ponts malades, le ministre des Transports risque de se retrouver avec d'autres morts sur les bras. Pas besoin de s'appeler
45 Nostradamus [7] pour prédire que d'autres ponts vont tomber si le Québec ne se donne pas les moyens d'entretenir ses infrastructures.

[…]

C'est difficile à accepter, mais les Québécois
50 devront peut-être mettre la main dans leur poche s'ils veulent rouler en automobile sans risquer de mourir sous des tonnes de béton.

Source : Tiré de Marco Fortier, « Effondrement du viaduc de la Concorde : Bienvenue au tiers-monde », *Journal de Montréal*, 1er octobre 2006.

Pour mieux saisir le texte

5 Donnez un synonyme du verbe *accaparent*.

_____

6 a) Le verbe *agoniser* est-il employé au sens propre ou au sens figuré ?

_____

b) Remplacez-le par un synonyme. _____

7 Que veut dire l'auteur quand il écrit : « Pas besoin de s'appeler Nostradamus… » ?

_____

● Consultez le dictionnaire au besoin.

Lutter pour l'égalité

Selon le dernier rapport Profil de la pauvreté[1], qui a été produit à partir des seuils [8] de faible revenu relevés par Statistique Canada, le Québec est au premier rang des
5 provinces canadiennes en ce qui a trait au taux de pauvreté. La comparaison avec les autres provinces est encore plus alarmante si on ne considère que les personnes seules: le taux de pauvreté grimpe alors à 45% comparé à
10 37% pour l'ensemble du Canada.

Cette situation est inadmissible et l'État doit faire de la réduction, voire de l'élimination de la pauvreté, sa priorité!

Un problème qui s'aggrave

15 L'appauvrissement grandissant de la population se reflète notamment dans le logement. Alors que les gouvernements, tant fédéral que provincial, considèrent qu'un ménage ne devrait jamais consacrer plus
20 de 30% de ses revenus nets pour se loger (chauffage et électricité inclus), plus d'un demi-million de ménages locataires y sont contraints au Québec. En outre, et c'est là où on frôle la catastrophe, il y a 22,5% de l'ensemble de ces
25 ménages qui consacrent plus de la moitié de leur revenu au loyer!

Par conséquent, un nombre grandissant de ménages n'arrivent plus à payer leurs factures. L'impact social d'une telle situation est facile
30 à imaginer: malnutrition touchant la santé

1. Rapport élaboré par le Conseil national du bien-être social.

physique et mentale des individus, insécurité, dépression, suicide et augmentation de la criminalité.

Devant l'urgence de la situation, les
35 gouvernements fédéral et provincial doivent s'engager à financer le développement d'un vaste réseau de logements à loyer modique.

Lutter contre la pauvreté: un choix économique!

40 Lutter contre la pauvreté pourrait avoir des répercussions favorables sur l'économie. En effet, un investissement majeur dans le logement social serait créateur d'emplois et aurait des retombées économiques: achat de
45 matériaux de construction, contrats à des compagnies locales, etc. On sait également qu'à plus long terme l'amélioration des conditions de logement a des conséquences positives sur la santé des locataires et contribue
50 à la diminution de la criminalité, de la délinquance juvénile et du décrochage scolaire.

Bref, l'État doit faire de la lutte à la pauvreté sa priorité et il doit assurer le maintien et la consolidation des programmes sociaux,
55 particulièrement ceux en habitation. Les organismes communautaires ne peuvent lutter seuls contre le fléau [9] grandissant de la pauvreté: ils doivent être soutenus par nos élus!

Source: Texte inédit inspiré du mémoire «Réduire les impôts ou lutter contre la pauvreté?» du FRAPRU (Front d'action populaire en réaménagement urbain).

Pour mieux saisir le texte

[8] **Trouvez la définition du mot *seuil* qui correspond au sens dans lequel ce nom est utilisé dans le texte.**

_____

[9] **En tenant compte du contexte, donnez un synonyme du nom *fléau*.**

_____

● **Consultez le dictionnaire au besoin.**

C'est aussi ça, la démocratie! ■

Le contexte

10 Lequel des trois textes n'est pas un texte argumentatif ? Justifiez votre réponse en vous appuyant sur votre connaissance des caractéristiques du texte argumentatif.

_____

_____

_____

11 Qui sont les destinataires :

a) du texte 1 ? _____

b) du texte 2 ? _____

Le sens du message

12 Quelle phrase du texte 1, «Des impôts... pour la paix ?», résume à la fois le point de vue de M. Mongeau et sa façon de contester ?

_____

_____

_____

13 Laquelle des phrases suivantes résume le mieux l'opinion de l'auteur du texte «Bienvenue au tiers-monde»? Cochez la bonne réponse, puis transcrivez-la dans le tableau de l'exercice 14.

◯ **a)** Le réseau routier québécois est en mauvais état : les ponts vieillissent mal.

◯ **b)** Il est urgent d'investir pour entretenir et réparer les infrastructures routières.

◯ **c)** Tous les partis politiques ont laissé agoniser le réseau routier depuis 40 ans.

14 Complétez le tableau suivant afin de dégager les éléments essentiels des **TEXTES 2** et **3**.

Texte 2 «Bienvenue au tiers-monde»	Texte 3 «Lutter pour l'égalité»
Opinion de l'auteur (réponse de l'exercice 13) _____ _____	**Opinion de l'auteur** _____ _____
1er argument La situation est catastrophique.	**1er argument** Le problème ne cesse de s'aggraver.
Justification (une) • _____ _____ _____ _____ _____ _____ _____	**Justifications** (deux) • _____ _____ _____ • _____ _____ _____
2e argument Le problème risque de s'aggraver.	**2e argument** _____ _____
Justification (une) • _____ _____ _____ _____ _____ _____	**Justifications** (deux) • _____ _____ _____ • _____ _____ _____

15 Serge Mongeau refuse de «financer la guerre». Pour lui, la paix est une valeur importante.

a) Sur quelle valeur s'appuie essentiellement l'opinion de l'auteur du **TEXTE 2**?

_____

b) Sur quelle valeur s'appuie essentiellement l'opinion de l'auteur du **TEXTE 3**?

_____

Votre point de vue

16 Répondez brièvement à l'une des deux questions suivantes. Justifiez votre réponse.

a) Serge Mongeau fait preuve de «désobéissance civile» en ne payant pas sa juste part d'impôts. Êtes-vous d'accord avec sa façon de contester?

_____

_____

_____

_____

_____

_____

b) Quel texte vous a semblé le plus convaincant: le **TEXTE 2** ou le **TEXTE 3**? Pourquoi?

_____

_____

_____

_____

_____

_____

_____

EXERCER SON SENS ÉTHIQUE

Agir selon ses principes

Dans la vie de tous les jours, on exerce son sens éthique lorsqu'on prend des décisions ou qu'on agit en conformité avec ses principes moraux et ses valeurs, ou qu'on respecte certaines règles de conduite pour le bien de la collectivité.

Par exemple, vous exercez votre sens éthique lorsque vous prenez position pour ou contre l'action de Serge Mongeau.

17 Donnez un exemple de comportement non éthique.

_____

_____

LE GROUPE NOMINAL (GN)

Lisez le court extrait qui suit.

EXTRAIT

Depuis 1987, l'écrivain Serge Mongeau a une dette d'environ 1 000 $ envers l'Agence du revenu du Canada (ARC). Celui qui a popularisé le concept de la simplicité volontaire au Québec se décrit comme un «objecteur de conscience fiscal».

Les groupes de mots encadrés dans cet extrait sont tous des **groupes nominaux (GN)**. Comme vous pouvez le constater, ils sont nombreux ! Le GN est le groupe syntaxique le plus utilisé. Il est donc important d'en connaître les différentes constructions, les différentes fonctions et d'en accorder les éléments.

18 Comparez les énoncés ci-dessous et cochez ceux qui transmettent l'information la plus précise.

○ Le **maintien** est obligatoire.

○ Le **maintien** des programmes sociaux est obligatoire.

○ Le **coût** a des **conséquences**.

○ Le **coût** élevé des loyers a des **conséquences** graves.

○ Les **mesures** sont rentables.

○ Les **mesures** que l'on propose sont rentables.

Comme vous pouvez le constater, il est souvent nécessaire de compléter le **noyau** du GN par une expansion pour livrer un message clair et précis.

SAVOIR essentiel

RAPPEL **LES CONSTRUCTIONS DU GROUPE NOMINAL (GN)**

- Le **noyau** du groupe nominal (GN) est le nom. Ce nom est habituellement précédé d'un déterminant (*le, la, un, des, ma, cet, deux, quelques, tous*, etc.).

- Le noyau du GN peut avoir une ou plusieurs expansions.

  GN
  ✓ Un groupe prépositionnel : Le **rapport** de Statistique Canada

  GN
  ✓ Un ou des groupes adjectivaux : Le dernier **rapport** élaboré par le ministère

  GN
  ✓ Un groupe nominal : Le **rapport** *Profil de la pauvreté*

  GN
  ✓ Une subordonnée relative : Le **rapport** que nous avons lu

- Toutes les expansions du nom remplissent la fonction de **complément du nom** (C du N).

---

1. COMMENT IDENTIFIER LE NOYAU DU GROUPE NOMINAL (GN) ?

Le **noyau** du [GN] est l'élément central et obligatoire du GN.
Le noyau est donc le mot qui ne peut pas être effacé dans le GN.

EXEMPLE : *Lutter contre la pauvreté peut avoir* [*des* **répercussions** ~~favorables sur l'économie~~].

2. COMMENT DÉLIMITER UN GN OU COMMENT SAVOIR OÙ IL COMMENCE ET OÙ IL FINIT ?

On peut généralement remplacer le GN en entier par l'un des **pronoms** suivants : *il/elle/ils/elles, le (l')/la (l')/les, en, cela ou ça.*

EXEMPLE :   GN   Pron.
[*Un investissement majeur*] *serait créateur d'emplois.* [*Cela*] *serait créateur d'emploi.*

                               GN   Pron.
Il a questionné [*cet homme qui vit dans la rue*]. *Il* [*l'*] *a questionné.*

---

19 **Identifiez les GN de l'extrait qui suit et complétez le tableau ci-dessous.**

EXTRAIT DU TEXTE «BIENVENUE AU TIERS-MONDE»

On aurait dit une image du tiers-monde. Un viaduc qui s'effondre sur une autoroute comme un vulgaire château de cartes, on ne voit pas ça souvent dans les pays riches. La réalité, c'est que les ponts et les routes du Québec sont vraiment comparables à ceux d'un pays pauvre. Les automobilistes n'hallucinent pas quand ils ont l'impression de rouler dans une zone sinistrée.

Dét.	Noyau	Expansion	Sorte d'expansion	Fonction de l'expansion
EXEMPLE : *une*	*image*	*du tiers-monde*	*GPrép*	*C du N «image»*
				C du N «viaduc»
	château		GAdj	
	pays			
La	réalité			
		de rouler dans une zone sinistrée		

20 a) Dans un GN, le nom est-il toujours accompagné d'une expansion ? _____

b) Quelle fonction grammaticale occupent toutes les expansions d'un GN ?

_____

SAVOIR essentiel

RAPPEL ▶ LES FONCTIONS DU GROUPE NOMINAL (GN)

Dans une phrase, le groupe nominal (GN) peut occuper les fonctions suivantes :

- **Sujet** du verbe → GN *La pauvreté* est un fléau social grave.

- **Complément direct** du verbe → Avec l'effort de tous, on éliminera GN *la pauvreté*.

- **Attribut** du sujet → La pauvreté est GN *un fléau social grave*.

- **Complément du nom** → La pauvreté, GN *ce terrible fléau social*, s'accroît.

- **Complément de phrase** → GN *Cette année*, la pauvreté s'est accrue au Québec.

21 Donnez la fonction des GN encadrés dans les phrases suivantes.

Groupe nominal	Fonction
EXEMPLE : GN *Les ponts du Québec* vieillissent mal.	*Sujet de P*
On aurait dit GN *une image du tiers-monde*.	
Le ministre des Transports, GN *Gilles Larue*, lance un cri d'alarme.	
Les Québécois paient GN *des impôts* au provincial et au fédéral.	
GN *Tous les gouvernements* ont laissé agoniser le réseau routier.	
GN *L'année dernière*, la loi de l'impôt sur le revenu a été modifiée.	
L'impôt est GN *un mal nécessaire*...	

RAPPEL ▸ **LES ACCORDS DANS LE GROUPE NOMINAL (GN)**

Le **nom** donne son genre (fém. ou masc.) et son nombre (sing. ou pl.) au déterminant et à l'adjectif qui sont en relation avec lui.

EXEMPLE :

GN	GN	GN	GN
f. s.	m. pl.	m. pl.	f. s.
Une augmentation substantielle	*des logements sociaux* aurait	*des effets positifs* sur	*l'économie locale*.

22 **Mettez au pluriel les groupes nominaux (GN) suivants.**

a) un abri fiscal _____

b) le gouvernement provincial _____

c) un tel écart _____

d) leur revenu net _____

e) tout le logement social _____

LA SUBORDONNÉE RELATIVE

La subordonnée relative, vous l'avez vu, est une des expansions possibles du noyau du GN.

23 **a)** **Dans la phrase suivante, encerclez le pronom relatif et soulignez la subordonnée relative.**

« Celui qui a popularisé le concept de la simplicité volontaire au Québec se décrit comme un objecteur de conscience fiscal . »

b) **Quel mot de cette phrase la subordonnée relative complète-t-elle ?** _____

c) **À quelle classe appartient ce mot ?**

_____

d) **Relisez le 1er paragraphe du TEXTE 1 afin de trouver ce que remplace ce mot (p. 99).**

_____

Logique, n'est-ce pas ? Puisque la subordonnée relative complète un nom, elle peut aussi compléter un pronom qui, lui-même, remplace un nom !

24 **Dans la phrase de l'exercice 23, peut-on supprimer la subordonnée relative ? Pourquoi ?**

_____

_____

_____

_____

RAPPEL ▸ **LA SUBORDONNÉE RELATIVE**

La **subordonnée relative** est incluse dans un groupe au moyen d'un subordonnant, le **pronom relatif** : *qui, que (qu'), quoi, dont, où,* etc.

• La plupart du temps, la subordonnée relative complète un **nom**. Elle **ne peut donc exister seule.**

EXEMPLE :

GN

N + Sub. rel.

C'est | *un budget* | *qui ne suffit pas* |.

• La subordonnée relative peut aussi compléter un **pronom**.

EXEMPLE :

Pron.   Sub. rel.

Ceux | *qui empruntent régulièrement les ponts et les viaducs* | *sont inquiets.*

Dans ce cas-ci, elle **ne peut généralement pas être supprimée.**

EXEMPLE :

Pron.   Sub. rel.

Celui | *qui paie ses impôts en retard* | *doit payer des intérêts.*

→ ≠ *Celui doit payer des intérêts.*

• La subordonnée relative est généralement facultative, mais si on la supprime, le sens de la phrase risque de changer.

EXEMPLE :

Sub. rel.

Les impôts | *que je paie* | *sont utiles à la société.*

→ *Les impôts sont utiles à la société.*

ATTENTION !

▷ Pour éviter toute confusion, la subordonnée relative doit être placée **immédiatement** après le nom qu'elle complète.

Sub. rel.

EXEMPLE : *Cet homme a exprimé un point de vue au colloque* | *qui était génial* |.

Qu'est-ce qui était génial ? L'homme ? Le point de vue ? Le colloque ?

▷ Il faut donc construire la phrase en fonction du nom que la subordonnée complète.

Sub. rel.

EXEMPLE : *Au colloque, cet homme a exprimé un point de vue* | *qui était génial* |. ■

LES PRONOMS RELATIFS

25 **Lisez les deux phrases qui suivent.**

Serge Mongeau est l'homme **que** je te parle.
Serge Mongeau est l'homme **dont** je te parle.

Laquelle emploie le bon pronom relatif ? Justifiez votre réponse.

_____

_____

_____

_____

Vous avez éprouvé de la difficulté à répondre à l'exercice précédent ou à justifier votre réponse ?
Lisez attentivement l'encadré qui suit.

Comment FAIRE ?

COMMENT NE PAS CONFONDRE LES PRONOMS RELATIFS QUE, OÙ ET DONT ?

Pour choisir le **pronom relatif** approprié, il faut tenir compte de sa **fonction** dans la phrase.

- Le pronom relatif *que (qu')* remplace un GN qui a la fonction de **complément direct du verbe** (CD du V).

EXEMPLE :

GN - CD du V
C'est une injustice. On ne tolère pas cette injustice.
→ *C'est une injustice qu'on ne tolère pas.*

- Le pronom relatif *dont* remplace un groupe prépositionnel (GPrép) qui commence par *de*. Ce GPrép peut être :
  - complément indirect du verbe ;
  - complément du nom ;
  - complément de l'adjectif.

EXEMPLES :

GPrép - CI du V
C'est une déclaration de revenus. Je me souviendrai longtemps de cette déclaration.
→ *C'est une déclaration de revenus dont je me souviendrai longtemps !*

GPrép - C du N
La pauvreté touche les ménages. Le loyer des ménages *est trop élevé.*
→ *La pauvreté touche les ménages dont le loyer est trop élevé.*

GPrép - C de l'Adj.
C'est un accident. L'état des routes est responsable de cet accident.
→ *C'est un accident dont l'état des routes est responsable.*

- Le pronom relatif *où* remplace un GN ou un GPrép qui remplit la fonction de :
  - complément de phrase (exprimant un temps ou un lieu) ;
  - complément indirect du verbe (exprimant le lieu ou le temps).

EXEMPLE :

GPrép – CI du V
Le ministère n'a pas un gros budget. Tu travailles à ce ministère.
→ *Le ministère où tu travailles n'a pas un gros budget.*

26 Faites une seule phrase à partir des paires de phrases suivantes. Pour ce faire, remplacez les mots en gras par le pronom relatif approprié (*qui, que, qu', dont, où*).

a) Jean Lemire se préoccupe de la protection de l'environnement. **Jean Lemire** est biologiste et cinéaste.

_____

_____

b) Ce problème me touche profondément. Je connais les enjeux humains **de ce problème**.

_____

_____

c) Environ 15 % des impôts vont au remboursement de la dette publique. Nous payons **des impôts**.

_____

_____

_____

_____

d) L'accident s'est produit à ce moment-là. Je passais par là **à ce moment**-là.

_____

_____

e) Payer ses impôts est un devoir. On remplit parfois **ce devoir** avec un pincement au cœur !

_____

_____

27 Corrigez les phrases suivantes et expliquez pourquoi elles sont incorrectes.

a) Je ne trouve pas le formulaire que j'ai besoin.

_____

_____

_____

b) Le taux de chômage est élevé dans la ville que je suis né.

_____

_____

_____

_____

TÂCHE ② Écrire pour exprimer un point de vue

Dans la tâche précédente, vous avez pris connaissance de trois points de vue différents : Serge Mongeau, pour des raisons éthiques, refuse de payer la partie de ses impôts qui irait à la défense nationale ; Marco Fortier croit qu'il faut consacrer des sommes considérables au réseau routier et l'auteur du 3e texte considère que la lutte à la pauvreté doit être la priorité de nos élus.

Et selon vous, quelle devrait être la priorité du gouvernement provincial ?

But de la tâche

> À la fin de cette tâche, vous serez en mesure d'exprimer clairement votre opinion en vous appuyant sur des arguments solides.

> **SAVOIRS ESSENTIELS**
> **Grammaire de la phrase**
> ❑ Groupe nominal
> ❑ Subordonnée relative
> ❑ Virgule
>
> **DURÉE DE LA TÂCHE**
> 3 heures

Écrivez un texte d'opinion de 200 à 250 mots pour le journal local de votre région. Vous devrez y donner votre point de vue sur la question suivante :

« Selon vous, quelle devrait être la priorité du gouvernement provincial dans l'élaboration de son prochain budget ? »

La santé, parce que la population est vieillissante ? L'éducation, parce qu'il faut contrer le décrochage scolaire et rendre le Québec plus compétitif à l'échelle mondiale ? Et si on privilégiait les transports ? La justice ? L'immigration ? L'environnement ? La famille ?

Afin de rédiger votre texte d'opinion :

• **déterminez d'abord la priorité que vous voulez privilégier ;**

• **faites une recherche d'information pour trouver de solides arguments (au moins deux) et des justifications qui soutiendront ces arguments ;**

• **rédigez le plan de votre texte à l'aide de mots-clés ou de courtes phrases.**

 Consultez au besoin l'outil *La recherche d'information* **à la page 286.**

ATTENTION ! N'oubliez pas de prendre en notes les sources que vous consultez et de les mentionner à la fin de votre texte. ■

 EXERCER SON SENS ÉTHIQUE

Citer ses sources

Lorsqu'on fait une recherche d'information, on s'enrichit de renseignements, d'idées, de paroles ou de témoignages lus ou entendus. D'une certaine façon, on emprunte quelque chose aux auteurs que l'on consulte. Par respect pour eux et pour leur « propriété intellectuelle », n'oublions pas de mentionner qu'ils ont été consultés !

 Pour ce faire, consultez l'outil *La rédaction de références bibliographiques* **à la page 289.**

Rédaction du plan

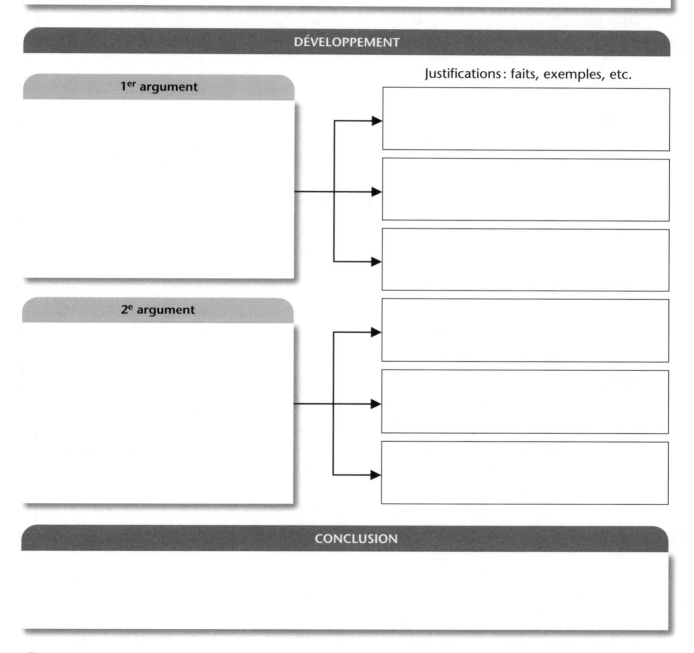

INTRODUCTION

DÉVELOPPEMENT

Justifications : faits, exemples, etc.

1er argument

2e argument

CONCLUSION

Élaborez le plan de votre texte en vous référant à la rubrique *Savoir essentiel* à la page 78.

Avant d'entreprendre la rédaction de votre texte, lisez le rappel suivant sur la virgule, car la ponctuation, mal employée, peut rendre un texte ambigu, voire incompréhensible!

SAVOIR essentiel

RAPPEL ▸ LA VIRGULE

Emploi	Exemple
La virgule peut marquer la **juxtaposition** de deux **phrases**.	*Les citoyens se prononcent, les élus réagissent.*
La virgule peut marquer la **juxtaposition de groupes** (ou séparer les éléments d'une **énumération**[1]).	***Hydro-Québec, Loto-Québec, la SAQ et la Société générale de financement*** *sont des sociétés d'État.*
La virgule peut séparer **deux phrases coordonnées**[2].	*La santé, c'est important,* ***mais*** *ce n'est pas tout!*
La virgule peut isoler un **complément de phrase** • en tête de phrase; • au milieu de la phrase.	***L'année dernière****, j'ai reçu un remboursement d'impôt.* *J'ai reçu,* ***l'année dernière****, un remboursement d'impôt.*
La virgule peut isoler certains **compléments du nom** (les GN ou GAdj mis en apposition).	*Ariane Boyer,* ***porte-parole de l'Agence de revenu du Canada****, apporte des précisions.* ***Appauvris****, les jeunes ménages arrivent difficilement.*
La virgule peut isoler une **apostrophe** (interpellation).	***Luc****, as-tu posté ta déclaration de revenus?*
La virgule peut isoler une **phrase incise**.	*Déjà le 30 avril,* ***pense-t-il****.*

ATTENTION!

▷ 1. On ne met pas de virgule devant le **et** ou le **ou** d'une énumération.
   *J'ai rencontré Pierre, Luc, Annie **et** Marcel à l'assemblée municipale.*

▷ 2. On met une virgule devant le coordonnant qui unit deux phrases, sauf devant **et, ou, ni**.
   *J'écoute la radio **et** je consulte Internet tous les jours.*
   *J'aime être bien informé, **mais** j'écoute peu la radio.*

▷ La virgule ne doit jamais séparer le sujet du prédicat.
   ≠ *La Société Radio-Canada, présentera le débat des chefs.*
   → *La Société Radio-Canada présentera le débat des chefs.*

▷ La virgule ne doit pas séparer le verbe de son complément (direct ou indirect).
   ≠ *Je me souviens, de la remarque du chef de l'opposition.*
   → *Je me souviens de la remarque du chef de l'opposition.* ■

Rédaction du brouillon

Rédigez le brouillon de votre texte d'opinion.

ATTENTION !

▷ Assurez-vous d'adopter un point de vue constant : votre intention est de convaincre vos destinataires.

▷ Utilisez des marqueurs de relation et des organisateurs textuels (au moins trois) afin de permettre aux lecteurs de bien suivre le fil de vos idées.

▷ Donnez un titre accrocheur à votre texte pour éveiller l'intérêt ou la curiosité de vos lecteurs.

▷ Portez une attention particulière
- aux accords dans le GN ;
- au choix des pronoms relatifs ;
- à l'emploi des virgules. ■

→ ....

_____

....

_____

....

_____

....

_____

....

_____

....

_____

....

_____

....

_____

....

_____

....

_____

Relisez votre brouillon et posez-vous les questions suivantes :

OUI   NON

- Mon opinion est-elle clairement formulée ?   ◯   ◯

- Mon texte est-il divisé en paragraphes développant chacun un argument
  (une idée principale) ?   ◯   ◯

- Mes arguments s'appuient-ils sur des justifications solides ?   ◯   ◯

- Les organisateurs textuels sont-ils bien utilisés ?   ◯   ◯

- Le vocabulaire et le ton sont-ils adaptés à mes destinataires et à mon intention
  de les convaincre ?   ◯   ◯

● **Avant de rédiger la version définitive de votre texte, consultez l'outil**
  La révision et la correction d'un texte **à la page 294.**

**La correction de votre texte est terminée ? Rédigez la version définitive de votre texte
sur une feuille mobile ou en utilisant un logiciel de traitement de texte.**

Faites corriger votre texte par votre enseignante ou votre enseignant.

LE GROUPE NOMINAL

28 **Vrai ou faux ?**

VRAI   FAUX

a) Le noyau d'un GN ne peut pas avoir deux expansions : un GAdj et un GPrép, par exemple. ❏ ❏

b) Le nom noyau d'un GN est toujours précédé d'un déterminant. ❏ ❏

c) Dans un GN, toutes les expansions du nom sont complément du nom. ❏ ❏

d) Dans la phrase suivante : «Ces jours-ci, je travaille fort», le GN «Ces jours-ci» occupe la fonction de complément de phrase. ❏ ❏

e) Il y a trois GN dans la phrase suivante : «Quelques heures de travail ont suffi pour compléter ma déclaration de revenus.» ❏ ❏

LA SUBORDONNÉE RELATIVE

29 **Complétez le texte suivant :**

La subordonnée relative est incluse dans un _____ _____ au

moyen d'un subordonnant : le _____ _____. La subordonnée

relative complète généralement un _____, mais elle peut aussi compléter un

_____. Le pronom relatif _____ remplace un GN qui est

complément direct, alors que le pronom relatif _____ remplace un GPrép qui

commence par *de*.

LA VIRGULE

30 **Composez une phrase comprenant :**

a) un complément de phrase en début de phrase.

_____

_____

b) des groupes nominaux juxtaposés.

_____

_____

c) une phrase incise.

_____

_____

Attention à la ponctuation !

Vous connaissez le *Show du Refuge*, animé par Dan Bigras ? Et le *Refuge* lui-même, qu'en savez-vous ? Le *Refuge des jeunes de Montréal* est un centre d'accueil de jour, de soir et de nuit qui compte 13 intervenants. Leur mission est de venir en aide à des jeunes hommes de 17 à 24 ans sans-abri et en difficulté. Christian Levac, l'un des intervenants, a suivi une vingtaine de jeunes de la rue pendant plus de trois ans et il a rédigé, en collaboration avec France Labelle, la directrice du Refuge, une recherche intitulée *La rue, un chemin tracé d'avance ?*

Vous lirez maintenant un texte qui porte sur cette étude afin d'exprimer par écrit votre réaction à cette situation.

La rue, un chemin tracé d'avance?

«Je suis le déchet résiduel de ma famille.» […] **«J'ai tout le temps été rejet d'école. Tout le temps. Moé j'étais le souffre-douleur de tout le monde.» «Quand je sus sorti de là [des centres**
5 **jeunesse] j'étais fucké en tabar…»**

Des citations comme celles-là, on en trouve des dizaines à l'intérieur d'une nouvelle recherche anthropologique sur le parcours de 21 jeunes de la rue.
10 […]

Le chercheur Christian Levac a «consacré trois ans et demi de sa vie» à ce projet. Il a observé les jeunes dans la rue entre les mois d'octobre 2003 et de décembre 2004. Ses
15 observations se sont concentrées dans les arrondissements Ville-Marie et Plateau-Mont-Royal, fréquentés par une forte proportion de personnes en situation d'itinérance. Les jeunes étaient âgés de 19 à 24 ans.
20 […]

Trois constats s'imposent: les jeunes ont vécu dans des familles instables, ils ont été stigmatisés à l'école ou ont vécu de la violence.

Statistique étonnante, 86% des jeunes
25 rencontrés lors de la recherche ont été placés par les services sociaux… et se trouvent tout de même à la rue.

J'appelle…
[…]
30 France Labelle en appelle à nos élus pour que cesse la judiciarisation des jeunes qui occupent l'espace public. «J'en appelle à nos gouvernements pour qu'on cesse de quêter constamment pour obtenir des miettes pour venir en aide à des
35 gens qui sont plus qu'en survie.»
[…]

«Je nous appelle, nous les citoyens, pour qu'on cesse d'exclure et de mépriser. Nos regards sont aussi violents.»
40 […]

On n'en parle pas assez
[…]
«Il y a 18 ans, lorsque je suis arrivée au Refuge, le budget était de 50 000$.
45 Aujourd'hui, il représente 1,2 million $. Oui les choses ont évolué, sauf qu'on parle des jeunes de la rue lors du Show du Refuge ou lorsqu'on trouve un jeune décédé sur la rue l'hiver par moins 30 degrés […]», illustre
50 France Labelle.

Selon elle, il y a des choix évidents à faire. «Un appartement pour un jeune coûte 12 000$ pour une année. Un jeune en prison revient à 65 000$ par année.»

Source: «La rue, un chemin tracé d'avance ?»,
Le Plateau, 26 janvier 2007.

31 Ce texte est-il informatif ou argumentatif ? Justifiez votre réponse.

_____

_____

_____

_____

32 France Labelle réclame essentiellement deux choses à nos élus. De quoi s'agit-il ? Formulez ces deux demandes dans vos propres mots.

_____

_____

_____

_____

33 a) Surlignez la phrase du texte qui dit que le placement des jeunes en familles ou en centres d'accueil ne résout pas nécessairement tous les problèmes.

b) Quelle idée implicite se cache derrière les phrases suivantes ?

«Un appartement pour un jeune coûte 12 000 $ pour une année. Un jeune en prison revient à 65 000 $ par année.»

_____

_____

34 Quelle valeur morale s'exprime à travers les phrases suivantes ?

«Je nous appelle […] pour qu'on cesse d'exclure et de mépriser. Nos regards aussi sont violents».

_____

35 France Labelle utilise différents groupes nominaux (GN) pour parler des jeunes sans-abri. Relevez-en deux qui correspondent aux constructions ci-dessous :

Construction	Groupe nominal
dét. + nom + subordonnée relative	
dét. + nom + GPrép	

Quelle réaction la lecture de cet article suscite-t-elle en vous ?
Que ressentez-vous à l'égard des jeunes de la rue ?

Donnez votre opinion dans un paragraphe de 5 à 10 lignes en répondant aux exigences suivantes :

• mettez entre crochets deux GN et encerclez le noyau de chacun d'eux ;

• insérez une subordonnée relative et soulignez-la ;

• surlignez deux virgules et justifiez leur emploi à la fin de votre texte.

Rédaction du brouillon

Rédaction de la version définitive

Justifications de l'emploi des deux virgules : _____

Faites corriger votre texte par votre enseignante ou votre enseignant.

Bilan de mes apprentissages

1 = TRÈS FACILEMENT	2 = PLUTÔT FACILEMENT	3 = DIFFICILEMENT

Actions	Exercices	Échelle
1. RECONNAÎTRE L'INTENTION DE COMMUNICATION ET LE CARACTÈRE PLUTÔT OBJECTIF OU SUBJECTIF D'UN MESSAGE		
• Je reconnais l'intention de communication de l'auteur. • Je distingue l'opinion de l'auteur de l'opinion rapportée.	10 et 31	1. ☐ 2. ☐ 3. ☐ 1. ☐ 2. ☐ 3. ☐
2. DÉGAGER LES ÉLÉMENTS D'INFORMATION EXPLICITES ET IMPLICITES, AINSI QUE LE SENS DU MESSAGE		
• Je m'appuie sur mes connaissances du lexique pour mieux saisir le texte et dégager le sens du message.	2 à 9	1. ☐ 2. ☐ 3. ☐
• Je peux dégager l'opinion, les arguments et les justifications dans un texte argumentatif.	12, 13, 14, 32	1. ☐ 2. ☐ 3. ☐
• Je peux saisir une idée, même si elle est sous-entendue.	33	1. ☐ 2. ☐ 3. ☐
3. APPRÉCIER LES ENJEUX ÉTHIQUES DE LA COMMUNICATION		
• Je reconnais les valeurs sur lesquelles s'appuient les points de vue des auteurs.	15 et 34	1. ☐ 2. ☐ 3. ☐
• Je peux réagir aux idées ou au point de vue présenté et justifier ma réaction.	16 et 36	1. ☐ 2. ☐ 3. ☐
4. EXPRIMER UN POINT DE VUE FONDÉ SUR DES EXEMPLES PERTINENTS OU SUR DE COURTES JUSTIFICATIONS		
• J'exprime clairement mon opinion.	Tâche 2	1. ☐ 2. ☐ 3. ☐
• Je la justifie à l'aide d'arguments, d'explications ou d'exemples pertinents.		1. ☐ 2. ☐ 3. ☐
5. RESPECTER LES RÈGLES APPRISES DE LA GRAMMAIRE DE LA PHRASE ET DE L'ORTHOGRAPHE LEXICALE		
• Je fais correctement les accords dans le GN.	22, Tâche 2	1. ☐ 2. ☐ 3. ☐
• Je peux subordonner correctement une phrase à l'aide d'un pronom relatif.	25 à 27, Tâche 2	1. ☐ 2. ☐ 3. ☐
• J'emploie correctement la virgule.	Tâche 2	1. ☐ 2. ☐ 3. ☐

Progrès réalisés	Points à améliorer

C'est aussi ça, la démocratie ! ■

Les fonctions syntaxiques
Complément direct, complément indirect, attribut, modificateur

Le complément direct du verbe

Comment FAIRE ?

RAPPEL Le **CD du V** peut être...

- **un GN**

  GN – CD du V

  EXEMPLE : *On cherche* **des réponses**.

- **un pronom**

  Pron. – CD du V

  EXEMPLE : *On* **les** *cherche*.

- **un GInf**

  GInf – CD du V

  EXEMPLE : *On souhaite* **trouver des réponses**.

- **une subordonnée complétive**

  Sub. Compl. – CD du V

  EXEMPLE : *On souhaite* **qu'ils trouvent des réponses**.

COMMENT TROUVER LE CD DU V ?

Voici 2 stratégies pour trouver le **CD du V** :

1. Poser la question *qui?* ou *quoi?* après le verbe.

   EXEMPLE :

   CD du V

   Les chercheurs ont suivi **des garçons**.

   Les chercheurs ont suivi **qui ?** **des garçons**.

   Les chercheurs ont suivi **quelqu'un**.

2. Remplacer le CD du V par *quelqu'un* ou *quelque chose*.

   EXEMPLE :

   CD du V

   Ils boivent **de l'alcool**.

   Ils boivent **quoi ?** **de l'alcool**.

   Ils boivent **quelque chose**.

Le complément indirect du verbe

Comment FAIRE ?

Le **CI du V** peut être...

- **un GPrép**

  GPrép – CI du V

  EXEMPLE : *On se souvient* **de ces règles**.

- **un pronom**

  Pron. – CI du V

  EXEMPLE : *On s'* **en** *souvient*.

- **un GAdv**

  GAdv – CI du V

  EXEMPLE : *On ira* **là-bas**.

- **une subordonnée complétive**

  Sub. Compl. – CI du V

  EXEMPLE : *On se souvient* **que ces règles s'appliquent partout**.

COMMENT TROUVER LE CI DU V ?

- Pour trouver le **CI du V**, vous pouvez le remplacer par un **GPrép** qui contient *quelque chose* ou *quelqu'un* ou encore le remplacer par *quelque part*.

  EXEMPLES :

  GPrép - CI du V

  On dit **aux jeunes** *d'être prudents*.

  On dit **à quelqu'un** *d'être prudent*.

  GPrép - CI du V

  Il a voté **contre ce projet de loi**.

  Il a voté **contre quelque chose**.

  GPrép - CI du V

  Il se rend **au village voisin**.

  Il se rend **quelque part**.

L'attribut du sujet

L'Attr. du S peut être, entre autres...

- **un GAdj**

  EXEMPLE :

  GAdj – Attr. du S

  Ces conducteurs se montrent $\boxed{prudents}$.

- **un GN**

  EXEMPLE :

  GN – Attr. du S

  Ces conducteurs sont $\boxed{des\ membres\ du\ CAA}$.

- **un pronom**

  EXEMPLE :

  Pron. – Attr. du S

  Ces conducteurs $\boxed{le}$ *sont.*

Comment FAIRE ?

COMMENT TROUVER L'ATTR. DU S ?

- L' $\boxed{attr.\ du\ S}$ est placé après un **verbe attributif** (qu'on peut remplacer par le verbe *être* sans modifier le reste de la phrase).

  EXEMPLES : *Ces conducteurs **se montrent***

  GAdj – Attr. du S

  $\boxed{prudents}$.

  GAdj – Attr. du S

  *Ces conducteurs **sont*** $\boxed{prudents}$.

- On ne peut pas déplacer l'attribut.
  ~~Prudents~~ *ces conducteurs se montrent.*

- On ne peut pas effacer l'attribut.
  Ces conducteurs se montrent ~~??????~~

Le modificateur

Le modificateur peut être...

- **un GAdv**

  GAdv – Modif.

  EXEMPLE : *On roulait* $\boxed{prudemment}$.

- **un GPrép**

  GPrép – Modif.

  EXEMPLE : *On roulait* $\boxed{à\ la\ vitesse\ permise}$.

Comment FAIRE ?

COMMENT TROUVER LE MODIFICATEUR ?

- La fonction de **modificateur** est celle d'un groupe qui marque la **manière** ou le **degré**.

- On peut toujours effacer le modificateur.

  EXEMPLES : *On roulait* ~~prudemment~~.
  On roulait ~~à la vitesse permise~~.

Les organisateurs textuels

● **Au besoin, consultez la rubrique *Savoir essentiel* à la page 70.**

1 **Insérez les organisateurs suivants à l'endroit approprié dans le texte.**

Au Québec	Cependant	Depuis le 1ᵉʳ avril 2008	Par conséquent

_____, les appareils de téléphonie sont de plus en plus répandus. Plusieurs études ont démontré que l'usage du téléphone cellulaire au volant nuit à la performance du conducteur et augmente le risque d'accidents de la route. _____, la loi interdit l'utilisation du cellulaire au volant. _____, l'utilisation d'un téléphone doté d'un dispositif *mains libres* est permise, mais elle n'est pas une solution de remplacement très sécuritaire. En effet, le risque supplémentaire que représente le cellulaire existe autant pour le système *mains libres* que pour le combiné, puisque c'est la distraction liée à une conversation qui pose problème. _____, on recommande fortement de ne pas parler au téléphone lorsque l'on conduit.

Le groupe verbal

● **Au besoin, consultez la rubrique *Savoir essentiel* à la page 72.**

2 **Dans les phrases ci-dessous :**
- **encerclez les verbes conjugués;**
- **surlignez les expansions des verbes conjugués;**
- **encadrez les groupes verbaux ainsi obtenus.**

a) Conduisez prudemment !

b) La conduite d'une motocyclette comporte des difficultés particulières .

c) Son permis d'apprenti conducteur est encore valide .

d) On se questionne sur l'efficacité des économiseurs de carburant .

e) Pour obtenir votre permis de conduire , vous devez franchir certaines étapes .

f) Vos pneus d'hiver , vous les installerez .

3 Parmi les phrases de l'exercice 2 (page précédente), laquelle contient une expansion composée:

a) d'un GN – CD du V? _____

d) d'un GAdv – Modif. du V? _____

b) d'un GPrép – CI du V? _____

e) d'un GInf – CD du V? _____

c) d'un GAdj – Attr. du S? _____

f) d'un pronom personnel – CD du V? _____

Les homophones *é, er, ez* ou *ai* et l'accord des participes passés

⬤ Au besoin, consultez la rubrique *Savoir essentiel* à la page 81 et la rubrique *Comment faire?* à la page 86.

4 Dans les phrases suivantes, un verbe est donné entre parenthèses.
Ajoutez ce verbe dans la phrase et accordez-le correctement s'il y a lieu.

a) Vous n'avez aucune raison de ne pas (**attacher**) _____ votre ceinture.

b) Une campagne de sensibilisation a été (**lancer**) _____ vendredi dernier.

c) On a (**indemniser**) _____ les victimes d'accident de la route.

d) Les véhicules (**immatriculer**) _____ au Québec seront munis de pneus d'hiver entre le 15 décembre et le 15 mars.

e) Pour bien vous (**préparer**) _____ à votre examen de conduite, voici ce qu'on vous recommande.

f) Les passages pour piétons sont (**délimiter**) _____ par des bandes jaunes.

g) Ces passages vous donnent la priorité lorsque vous vous y (**engager**) _____.

h) Ces documents, on les a (**exiger**) _____ lors de l'immatriculation de votre véhicule.

i) Demain, je vous (**indiquer**) _____ le meilleur chemin pour vous rendre chez moi.

j) On vous les a (**enseigner**) _____, ces mesures de sécurité routière.

Le groupe nominal (GN): constructions et fonctions

⬤ Au besoin, consultez les rubriques *Savoir essentiel* aux pages 105 et 107.

5 a) Dans les phrases ci-dessous, encadrez le groupe nominal et encerclez le noyau de chaque GN.

EXEMPLE: [Dan Bigras] est [un (chanteur) engagé].

1. Les aidants naturels sont des soignants peu reconnus.

2. Ce sont des gens qui prennent soin d'un malade à la maison: souvent un parent ou un conjoint.

3. Ils soutiennent physiquement et psychologiquement le malade menacé de découragement.

4. En somme, les aidants naturels accomplissent les tâches habituellement assumées par le personnel infirmier et par les préposés.

5. Chaque année, ils permettent à l'État de réaliser des économies substantielles en gardant les malades hors des centres de soins de longue durée.

b) Remplissez le tableau suivant après avoir inscrit les GN des phrases 1, 2 et 5 dans la 1re colonne.

Groupe nominal	Noyau	Expansion	Sorte d'expansion
Les aidants naturels	aidants	naturels	GAdj

c) Quelle fonction exercent toutes les expansions relevées ? _____

d) Quelle est la fonction des GN suivants ?

• des soignants peu reconnus (phrase 1)   _____

• le malade menacé de découragement (phrase 3)   _____

• les aidants naturels (phrase 4)   _____

• Chaque année (phrase 5)   _____

Les accords dans le GN

⬤ **Au besoin, consultez la rubrique *Savoir essentiel* à la page 108.**

6 Des erreurs d'accord se sont glissées dans les GN des phrases suivantes. Encadrez les GN et apportez les corrections nécessaires.

a) De grandes escaliers majestueuses ornent la façade du parlement .

_____

b) Les gens bien informé expriment des points de vues éclairées .

_____

c) Les taxes trop élevé choquent beaucoup de citoyen .

_____

d) Quel belle campagne électoral nous avons eue !

_____

e) Les aidants naturels évitent à leur proche un séjours prolongé dans une hôpital .

_____

f) Les hivers froides et rigoureuses du Québec compliquent la vie des itinérants .

_____

La subordonnée relative

⬤ **Au besoin, consultez la rubrique *Savoir essentiel* à la page 109.**

7 Dans les phrases suivantes :
- encerclez les subordonnants et surlignez les subordonnées relatives ;
- encadrez le GN qui contient la subordonnée.

EXEMPLE : *Je ne connais pas* [*l'organisme* (dont) *il parle*] .

a) L'étude que Christian Levac a menée sur l'itinérance des jeunes est alarmante .

b) Le Refuge , qui accueille des jeunes de 17 à 24 ans , a vu le jour en octobre 1989 .

c) La santé et l'éducation, dont tout le monde reconnaît l'importance , accaparent près de 70 % du budget provincial .

d) Le ministère des Transports , où les besoins sont criants , demande une augmentation de son budget .

e) Le quartier qu' il habite depuis deux ans se revitalise graduellement .

8 Joignez les paires de phrases ci-dessous au moyen d'un subordonnant pronom relatif.

🔵 Au besoin, consultez la rubrique *Comment faire ?* à la page 110.

Pour ce faire:
- identifiez d'abord les mots de la 2ᵉ phrase que vous devrez remplacer;
- trouvez la fonction de ces mots;
- choisissez le pronom relatif approprié pour unir les phrases.

Phrases de base	Mots à remplacer	Fonction des mots à remplacer	Phrases réunies par un subordonnant
EXEMPLE : *La pauvreté est plus fréquente chez les personnes.* ***Les personnes** vivent seules.*	Les personnes	Sujet du verbe	La pauvreté est plus fréquente chez les personnes **qui** vivent seules.
Il faut réduire les taxes. Les taxes alourdissent le fardeau fiscal.			
Vous devriez adopter les mesures. On vous propose des mesures.			
L'équité est une valeur. Je défendrai toujours cette valeur.			
La mesure vise le ministère de la Défense. Le bien-fondé du ministère de la Défense est contesté.			
La sécurité est un facteur. On doit tenir compte de ce facteur.			
Je n'emprunte plus le viaduc. La catastrophe s'est produite sur ce viaduc.			

9 Incluez la deuxième phrase dans le GN de la première phrase au moyen d'un subordonnant pronom relatif.

a) Il acheta une vieille maison. Les fenêtres de cette vieille maison étaient garnies de volets de bois.

_____

_____

b) Il fit une randonnée au bord du fleuve. Quelques oies sauvages se reposaient au bord du fleuve.

_____

_____

c) J'ai revu les amis. J'ai voyagé avec ces amis il y a deux ans.

_____

_____

d) Il a remporté un trophée. Il a bien mérité ce trophée.

_____

_____

10 Complétez les phrases suivantes en ajoutant les pronoms relatifs appropriés.

a) Il lui rappelait un événement _____ elle n'avait aucun souvenir.

b) C'est exactement ce _____ je vous répète depuis une heure !

c) C'est précisément ce _____ je vous parle depuis une heure !

d) Doux et mélodieux, ces airs anciens, _____ nous ont toujours émus, s'élevaient dans la magie du soir.

e) C'est un outil _____ j'ai absolument besoin.

SITUATION D'APPRENTISSAGE 1

Zéro de conduite ?
(PAGES 64 À 95)

1 Il y sera question des mesures recommandées pour diminuer le nombre d'accidents chez les jeunes conducteurs. Toute réponse qui va dans le même sens est acceptée.

2 Recommandées, conseillées.

3 **a)** Le préfixe *co*.
b) Il veut dire *avec*.
c) Il a collaboré à diriger le projet.

4 **a)** Conduite imprudente.
b) À la classe des adjectifs.
c) Témérité.

5 **a)** Excités ou enthousiasmés.
b) Au sens figuré.

6 Exorbitant, trop élevé, trop cher.

7 Faux. Si une mesure est controversée, elle provoque un débat, une vive discussion.

8 Son but est d'informer les lecteurs sur le bilan routier des jeunes conducteurs et sur les mesures recommandées pour corriger la situation.

9 Suggestion de réponse : Oui. On constate une situation inquiétante («Le bilan des jeunes conducteurs») et on essaie d'apporter des solutions («Quel remède proposer?»). Faites vérifier votre réponse par votre enseignante ou votre enseignant.

10 Oui. Il se base sur une étude. Il cite deux experts. Il se réfère à un organisme reconnu, le CAA-Québec. Il s'est documenté sur les solutions trouvées dans une autre province.

11 **a)** Par imprudence, manque de maturité ou d'expérience, trop de jeunes conducteurs sont blessés ou tués sur la route.
b) «Comment améliorer le bilan routier des jeunes conducteurs?»
c) Les moyens technologiques pour détecter les cas problèmes et d'autres mesures controversées.

12 Intertitre 1 : «Un dépistage précoce».
Intertitre 2 : «Des mesures controversées».

Toute réponse qui va dans le même sens est acceptée.

13

Solution proposée	Côtés positifs	Côtés négatifs
Utiliser des simulateurs de conduite.	On peut dépister des conducteurs à risque avant qu'ils prennent le volant.	Ø
Revenir aux cours de conduite obligatoires.	Les jeunes y apprennent la conduite préventive et à effectuer des manœuvres dangereuses.	Les cours n'améliorent pas le bilan : ils le détériorent même. Les cours soulèvent des problèmes en régions éloignées.
Repousser l'âge de l'obtention du permis à 18 ans.	Les jeunes font preuve d'une plus grande maturité.	Le permis est souvent nécessaire à 16 ans.
Limiter le nombre de passagers.	Cette mesure diminue le risque d'accidents graves.	Cela vient en contradiction avec les campagnes actuelles de prévention.

14 «Au début de l'étude» ou «Dès la première rencontre»; «Six ans plus tard».

15 **a)** «Au CAA-Québec»; «Ailleurs au pays»; «En Ontario».
b) «Cependant».

16 Réponse personnelle.

17 b)
c)

18 organisateurs textuels

19 b, c, d, e, f, g. Seuls deux énoncés sont complets : le premier et le dernier. Dans tous les autres cas, il faut compléter le GV en lui ajoutant une **expansion**.

20 Les jeunes (travaillent). Ø; Ø

Le CAA (veut) rendre les cours obligatoires. GInf;
Complément direct du verbe.

La conduite d'une automobile (dépend) du jugement.
GPrép; Complément indirect du verbe.

Les jeunes (acquerront) une précieuse expérience.
GN; Complément direct du verbe.

Le nombre d'accidents (demeure) élevé. GAdj; Attribut du sujet.

Certains jeunes (se comportent) dangereusement.
GAdv; Modificateur du verbe.

L'étude (montre) que les cours n'améliorent pas le bilan.
Subordonnée complétive; Complément direct du verbe.

Au contraire, les cours le (détériorent). Pronom;
Complément direct du verbe.

21 **a)** leur; les; lui; l'

b)

Réponses de la partie a)	Référent du pronom (le GN que le pronom remplace)	Fonction du pronom
on leur enseigne les grands principes	les apprentis conducteurs	CI du verbe *enseigner*
On les informe aussi sur différentes mesures	les apprentis conducteurs	CD du verbe *informer*
Lorsqu'on lui confie un volant	une personne	CI du verbe *confier*
les distractions qui l'empêchent	un conducteur	CD du verbe *empêcher*

c) CD du verbe; CI du verbe

22 **a)** les

b) l'

c) y

d) la

e) leur

f) y

g) en

23 **a)** Oui.

b) Pour éviter les répétitions.

c) Réponse personnelle.

24 Il signifie *faux*.

25 Il veut dire que les experts n'y croient pas, qu'ils doutent que les cours de conduite obligatoires règlent les problèmes.

26 **b)** Convaincre les destinataires de la nécessité de fixer l'âge d'obtention du permis à 18 ans.

27 **a)** L'expression «pseudo-pilotes».

b) Elle présente l'opinion de l'auteur.

28 **a)** Des phrases interrogatives.

b) Exemple de réponse: Comment notre société peut-elle tolérer de tels dangers publics? D'abord, peut-on affirmer qu'un jeune de 16 ans possède toute la maturité voulue pour se rendre compte de la responsabilité qu'il assume en prenant le volant?

29

PLAN DU TEXTE «DES ENFANTS AU VOLANT ? NON, MERCI !»	
Introduction	
Sujet amené (résumez-le en une phrase)	Selon les statistiques, les risques d'accidents et d'infractions sont très élevés chez les jeunes conducteurs.
Sujet posé (tiré du texte)	Comment notre société peut-elle tolérer de tels dangers publics?
Opinion de l'auteur (tirée du texte)	On devrait ramener à 18 ans l'âge minimal pour obtenir le permis de conduire.
Développement	
1er argument Un jeune de 16 ans ne possède pas la maturité voulue pour prendre le volant.	Justifications (tirées du texte) → On devient adulte à 18 ans. → À 16 ans, le cerveau n'est pas assez développé pour mesurer le danger.
2e argument Les cours de conduite ne régleront pas le problème.	Justifications (tirées du texte) → Les accidents ne sont pas causés par une méconnaissance du Code de la sécurité routière. → Les cours ne changeront pas l'attitude des jeunes conducteurs. → Les cours peuvent même donner une trop grande confiance aux jeunes conducteurs.
3e argument La présence d'un accompagnateur n'est pas une solution valable.	Justifications (tirées du texte) → Un jeune de 19-20 ans ne pourra pas conseiller un autre jeune de 16 ans. → Il ne pourra pas mesurer le goût du risque de son protégé.
Conclusion	
Récapitulation	Laisser conduire les jeunes à 16 ans relève de l'inconscience.
Ouverture	Il faut réagir maintenant.

30 «D'abord»; «De plus»; «Enfin».

31 **b)** Sur l'autoroute.

32 **a)** L'accompagnateur ne pourra pas savoir si son protégé est téméraire ou influençable.

b) C'est maintenant qu'il faut réfléchir et agir.

33 Exprimer son point de vue ou convaincre.

34 arguments; justifications

35 voulez passer; assurez-vous; préparé; pratiqué; désirez; n'hésitez; téléphoner; ferai; aider

36 **a)** D'autres mesures, qui ne font cependant pas
l'unanimité, sont <u>préconisées</u>. ⟶E

b) Six ans plus tard, les mêmes adolescents, <u>devenus</u> des ⟶Ø

détenteurs de permis âgés de 20 ou 21 ans, ont été

E
<u>convoqués</u> de nouveau dans le laboratoire.

37 **a)**

Les chercheurs ont <u>examiné</u> [les dossiers de conduite].	L'étude qu'a <u>copilotée</u> le professeur Bergeron confirme les premières observations.
On a <u>convoqué</u> [les adolescents] six ans plus tard.	Grâce à la technologie, on les a <u>détectés</u> très tôt, les cas problèmes.
Les experts ont <u>suggéré</u> [l'obtention graduelle du permis].	Les analyses que les chercheurs ont <u>effectuées</u> démontrent l'importance du problème.
On a <u>parlé</u> des jeunes en général, mais ils ne sont pas tous téméraires.	Les manœuvres dangereuses, les apprentis ne les ont pas <u>apprises</u>.

b) Avec l'auxiliaire *avoir*.

c) Ceux de la 1ʳᵉ colonne sont tous restés invariables, alors que ceux de la 2ᵉ colonne ont varié.

d) • copilotée : Le mot *qu'* (l'étude).
   • détectés : Le mot *les* (les cas problèmes).
   • effectuées : Le mot *que* (les analyses).
   • apprises : Le mot *les* (les manœuvres dangereuses).

e) Complément direct. Ils sont situés avant le verbe (ou à gauche du verbe).

f) Ils sont tous situés après le verbe (à sa droite). Dans la dernière phrase, il n'y a pas de complément direct.

38 **a)** confié   **d)** prises

    b) démontré   **e)** augmenté

    c) recueillies   **f)** examinés

39 1. Les jeunes de 16-17 ans qui se comportent correctement sur la route seraient pénalisé̸. (E s)

2. Encore une fois, les adultes ont parlé̸ (A) pour les jeunes. Vous n'avez pas invité (A) de jeunes à votre débat. (Ø) L'opinion des personnes concernées, nous ne l'avons pas entendu. (A e)

3. J'ai perdu (A) ma meilleure amie quand un véhicule l'a frappé (A e) sur une route large et peu fréquenté. (Ø e) Un délit de fuite… Un chauffeur qui a probablement pensé̸ (A) que toute la route lui appartenait.

4. À 16 ans, les jeunes ne sont pas considéré̸ (E s) comme des adultes. Pourquoi sont-ils autorisés (E) à conduire ?

40 **a)** terminée ; ferai ; porter

    b) *avoir* ; CD du V ; l'enquête ; sujet ; invariable ; l'infinitif ; parvenir

41 **a)** fait

    b) informatif

    c) d'exprimer un point de vue *ou* de convaincre

    d) subjectivité

    e) implicite ; explicite

    f) organisateurs textuels

42 **a)** après

    b) ces résultats

    c) être

43

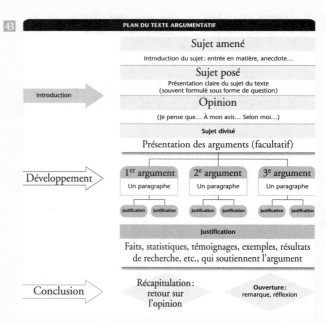

PLAN DU TEXTE ARGUMENTATIF

Introduction
- Sujet amené — Introduction du sujet : entrée en matière, anecdote…
- Sujet posé — Présentation claire du sujet du texte (souvent formulé sous forme de question)
- Opinion — (Je pense que… À mon avis… Selon moi…)

Sujet divisé — Présentation des arguments (facultatif)

Développement
- 1ᵉʳ argument — Un paragraphe — Justification | Justification
- 2ᵉ argument — Un paragraphe — Justification | Justification
- 3ᵉ argument — Un paragraphe — Justification | Justification

Justification — Faits, statistiques, témoignages, exemples, résultats de recherche, etc., qui soutiennent l'argument

Conclusion
- Récapitulation : retour sur l'opinion
- Ouverture : remarque, réflexion

44 **L'alcool au volant : sommes-nous tous des chauffards ?**

Tout d'abord, avec la « tolérance zéro », on vise la mauvaise cible, car on s'**attaque** aux personnes prudentes et **réfléchies** qui savent **contrôler** leur consommation et qui ne **pourront** plus, par exemple, **partager** une bonne bouteille de vin lors d'un repas entre amis. L'automobiliste qui a eu le bon sens de se **limiter** à deux ou trois verres de vin dans la soirée est-il vraiment le danger public ou le « criminel » que certains hystériques se **plaisent** à **dénoncer** ? C'est d'autant plus injuste, que les statistiques démontrent que seulement 3 % des accidents graves sont **causés** par des personnes ayant un taux d'alcoolémie inférieur à 0,08.

De plus, je crois sincèrement que le vrai problème, ce sont les irresponsables qui **roulent** régulièrement avec des facultés **affaiblies** : ceux qui sont **arrêtés**, **condamnés** à des amendes ridicules et qui **recommencent**. C'est ce type d'individus qu'on devrait considérer comme des dangers publics. **Croyez**-vous vraiment que la « tolérance zéro » va **empêcher** un récidiviste de boire et de prendre sa voiture une fois soûl ? Il faut des peines plus sévères ! C'est la seule solution efficace.

En somme, doit-on **imposer** la tolérance zéro à toute une population en raison du comportement inacceptable de quelques récidivistes ? Même un organisme comme MADD ne va pas aussi loin. En effet, l'organisme réclame que cette limite de 0,00 % ne s'applique qu'aux conducteurs **âgés** de moins de 21 ans ou ayant moins de cinq ans d'expérience de conduite. Ce qu'il faut **continuer** de **changer** dans notre société, ce ne sont pas les lois, mais les mentalités.

Des contributions... volontaires ?

(PAGES 96 À 123)

1 **a)** V
  b) V
  c) V
  d) F
  e) F
  f) F
  g) V
  h) V

2 **a)** Quelqu'un qui refuse d'accomplir son service militaire ou d'utiliser des armes par conviction personnelle.
  b) Comme Serge Mongeau s'oppose à la guerre en refusant de payer une partie de ses impôts, c'est un objecteur de conscience «fiscal».

3 Fonder avec quelqu'un d'autre.

4 Cela signifie que l'impôt est perçu directement sur le salaire.

5 Monopolisent, retiennent, etc.

6 **a)** Au sens figuré.
  b) Se détériorer, se dégrader, décliner, dépérir, etc.

7 Pas besoin d'être un devin, un prophète ou un voyant, pour comprendre cela.

8 Limite au-delà de laquelle des conditions sont changées.

9 Problème, calamité.

10 Le texte 1 n'est pas un texte argumentatif. L'intention de l'auteur de ce texte est de nous informer sur l'organisme Nos impôts pour la paix et non de nous convaincre d'y adhérer. L'auteur n'émet pas d'opinion personnelle (il rapporte l'opinion de Serge Mongeau). Il emploie un vocabulaire neutre et il utilise des pronoms de la 3e personne.

11 **a)** Les Québécois en général et, plus précisément, les lecteurs du *Journal de Québec*.
  b) Les Québécois en général et, plus précisément, les lecteurs du *Journal de Montréal*.

12 «Refusant que ses impôts servent à financer la guerre, Serge Mongeau remplit sa déclaration d'impôts en excluant les dépenses militaires engagées par le gouvernement fédéral.»

13 **b)** Il est urgent d'investir pour entretenir et réparer les infrastructures routières.

14

Texte 2 «Bienvenue au tiers-monde»	Texte 3 «Lutter pour l'égalité»
Opinion de l'auteur	Opinion de l'auteur
Il est urgent d'investir pour entretenir et réparer les infrastructures routières.	Lutter contre la pauvreté doit être la priorité de nos élus.
Argument 1	Argument 1
La situation est catastrophique.	Le problème ne cesse de s'aggraver.
Justifications	Justifications
• Plus de 2 200 ponts et viaducs du Québec, soit 45 % du total, sont considérés en mauvais état. • La plupart des ponts ont plus de 30 ans, ils vieillissent mal et ils ont besoin, de toute urgence, d'une cure de rajeunissement.	• Un nombre grandissant de ménages s'appauvrissent, car ils consacrent une trop grande part de leurs revenus nets pour se loger. • Les ménages locataires ne peuvent plus payer leurs factures. • La pauvreté a un impact social dramatique.
Argument 2	Argument 2
Le problème risque de s'aggraver.	Lutter contre la pauvreté peut être rentable.
Justifications	Justifications
• Si on ne répare pas nos routes et nos ponts, il y aura d'autres morts. • D'autres ponts risquent de tomber si on n'agit pas rapidement.	• Investir dans le logement social crée de l'emploi et a des retombées économiques dans le milieu. • Améliorer les conditions de logement a des répercussions humaines et sociales positives.

15 **a)** La sécurité, la santé, la vie ou toute autre réponse pertinente.
  b) L'égalité, l'équité, le bien-être ou toute autre réponse pertinente.

16 Réponses personnelles.

17 Télécharger illégalement de la musique sur le Web, copier un disque compact, etc.

18 – Le maintien des programmes sociaux est obligatoire.
  – Le coût élevé des loyers a des conséquences graves.
  – Les mesures que l'on propose sont rentables.

19

Dét.	Nom noyau	Expansion	Sorte d'expansion	Fonction de l'expansion
EXEMPLE: une	image	du tiers-monde	GPrép	C du N «image»
un	viaduc	qui s'effondre sur une autoroute comme […] château de cartes	Sub. rel.	C du N «viaduc»
un	château	vulgaire	GAdj	C du N «château»
		de cartes	GPrép	C du N «château»
les	pays	riches	GAdj	C du N «pays»
La	réalité	Ø	Ø	Ø
l'	impression	de rouler dans une zone sinistrée	GPrép	C du N «impression»

20 **a)** Non.

b) Complément du nom.

21

Groupes nominaux	Fonctions
On aurait dit une image du tiers-monde.	CD du V «aurait dit»
Le ministre des Transports, Gilles Larue, lance un cri d'alarme.	C du N «ministre» (apposition)
Les Québécois paient des impôts au provincial et au fédéral.	CD du V «paient»
Tous les gouvernements ont laissé agoniser le réseau routier.	Sujet de P
L'année dernière, la loi de l'impôt sur le revenu a été modifiée.	C de P
L'impôt est un mal nécessaire…	Attr. du sujet «impôt»

22 **a)** des abris fiscaux

b) les gouvernements provinciaux

c) de tels écarts (devant un adjectif, la forme «des» se réduit souvent à «de» ou «d'»)

d) leurs revenus nets

e) tous les logements sociaux

23 **a)** «Celui (qui) a popularisé le concept de la simplicité volontaire au Québec se décrit comme un objecteur de conscience fiscal.»

b) Celui.

b) À la classe des pronoms (démonstratifs).

d) Serge Mongeau.

24 Non, car «Celui se décrit comme un objecteur de conscience fiscal» n'a aucun sens.

25 On doit dire «l'homme **dont** je te parle», car on ne parle pas quelqu'un, mais **de** quelqu'un. Il faut donc choisir un pronom relatif qui peut remplacer un GPrép commençant par **de** (ou un pronom relatif qui peut occuper la fonction de complément indirect du verbe).

26 **a)** Jean Lemire, **qui** est biologiste et cinéaste, se préoccupe de la protection de l'environnement.

b) Ce problème **dont** je connais les enjeux humains me touche profondément.

c) Environ 15 % des impôts **que** nous payons vont au remboursement de la dette publique.

d) L'accident s'est produit au moment **où** je passais par là.

e) Payer ses impôts est un devoir **qu'**on remplit parfois avec un pincement au cœur !

27 **a)** Je ne trouve pas le formulaire **dont** j'ai besoin. (Le pronom relatif remplace un GPrép qui commence par **de** et qui est CI du verbe – j'ai besoin **de** quoi ? **de** ce formulaire. Il faut donc employer le pronom **dont**.)

b) Le taux de chômage est élevé dans la ville **où** je suis né. (Le pronom relatif **que** ne peut être CI du verbe – je suis né **où** ? Il faut employer le pronom relatif **où** – exprimant le lieu.)

28 **a)** F

b) F

c) V

d) V

e) F

29 groupe nominal ; pronom relatif ; nom ; pronom ; *que* ; *dont*

30 Réponses personnelles.

31 Ce texte est informatif. La première partie du texte ne présente que des faits et la suite rapporte l'opinion de France Labelle et non celle de l'auteur.

32 Elle demande de ne pas criminaliser les jeunes de la rue et de mieux subventionner les organismes communautaires qui s'occupent des jeunes.

33 **a)** «86 % des jeunes rencontrés lors de la recherche ont été placés par les services sociaux […] et se trouvent tout de même à la rue.»

b) Il est préférable (et moins coûteux) d'aider les jeunes à s'en sortir que de les criminaliser et de les mettre en prison.

34 La compassion, le respect, la solidarité, etc.

35

Construction	Groupe nominal
dét + nom + subordonnée relative	des jeunes qui occupent l'espace public ou des gens qui sont plus qu'en survie
dét + nom + GPrép	des jeunes de la rue

(PAGES 124 À 129)

1 Dans l'ordre : « Au Québec », « Depuis le 1er avril 2008 », « Cependant », « Par conséquent ».

2 **a)** Conduisez prudemment !

b) La conduite d'une motocyclette comporte des difficultés particulières.

c) Le permis d'apprenti conducteur est encore valide.

d) On se questionne sur l'efficacité des économiseurs de carburant.

e) Pour obtenir votre permis de conduire, vous devez franchir certaines étapes.

f) Vos pneus d'hiver, vous les installerez.

3 **a)** b **c)** c **e)** e

b) d **d)** a **f)** f

4 **a)** attacher **f)** délimités

b) lancée **g)** engagez

c) indemnisé **h)** exigés

d) immatriculés **i)** indiquerai

e) préparer **j)** enseignées

5 **a)** 1. Les aidants naturels sont des soignants peu reconnus.

2. Ce sont des gens qui prennent soin d'un malade à la maison : souvent un parent ou un conjoint.

3. Ils soutiennent physiquement et psychologiquement le malade menacé de découragement.

4. En somme, les aidants naturels accomplissent les tâches habituellement assumées par le personnel infirmier et par les préposés.

5. Chaque année, ils permettent à l'État de réaliser des économies substantielles en gardant les malades hors des centres de soins de longue durée.

b)

Groupe nominal	Noyau	Expansion	Sorte d'expansion
Les aidants naturels	aidants	naturels	GAdj
des soignants peu reconnus	soignants	peu reconnus	GAdj
des gens qui prennent soin d'un malade à la maison	gens	qui prennent soin d'un malade à la maison	Sub. rel.
un parent	parent	Ø	Ø
un conjoint	conjoint	Ø	Ø
Chaque année	année	Ø	Ø
L'État	État	Ø	Ø
des économies substantielles	économies	substantielles	GAdj
les malades	malades	Ø	Ø
des centres de soins de longue durée	centres	de soins de longue durée	GPrép

c) Complément du nom.

d) Attribut du sujet ; complément direct du verbe ; sujet de phrase ; complément de phrase.

6 **a)** De grands escaliers majestueux ornent la façade du parlement.

b) Les gens bien informés expriment des points de vue éclairés.

c) Les taxes trop élevées choquent beaucoup de citoyens.

d) Quelle belle campagne électorale nous avons eue !

e) Les aidants naturels évitent à leur proche un séjour prolongé dans un hôpital.

f) Les hivers froids et rigoureux du Québec compliquent la vie des itinérants.

7 **a)** L'étude que Christian Levac a menée sur l'itinérance des jeunes est alarmante.

b) Le Refuge, qui accueille des jeunes de 17 à 24 ans, a vu le jour en octobre 1989.

c) La santé et l'éducation , dont tout le monde reconnaît l'importance, accaparent près de 70 % du budget provincial.

d) Le ministère des Transport, où les besoins sont criants, demande une augmentation de son budget.

e) Le quartier qu'il habite depuis deux ans se revitalise graduellement.

Phrases de base	Mots à remplacer	Fonction des mots à remplacer	Phrases réunies par un subordonnant
EXEMPLE: La pauvreté est plus fréquente chez les personnes. **Les personnes** vivent seules.	Les personnes	Sujet du verbe	La pauvreté est plus fréquente chez les personnes **qui** vivent seules.
Il faut réduire les taxes. Les taxes alourdissent le fardeau fiscal.	Les taxes	Sujet du verbe	Il faut réduire les taxes **qui** alourdissent le fardeau fiscal.
Vous devriez adopter les mesures. On vous propose des mesures.	des mesures	Complément direct du verbe	Vous devriez adopter les mesures **qu'**on vous propose.
L'équité est une valeur. Je défendrai toujours cette valeur.	cette valeur	Complément direct du verbe	L'équité est une valeur **que** je défendrai toujours.
La mesure vise le ministère de la Défense. Le bien-fondé du ministère de la Défense est contesté.	du ministère de la Défense	Complément du nom	La mesure vise le ministère de la Défense **dont** le bien-fondé est contesté.
La sécurité est un facteur. On doit tenir compte de ce facteur.	de ce facteur	Complément indirect du verbe	La sécurité est un facteur **dont** on doit tenir compte.
Je n'emprunte plus le viaduc. La catastrophe s'est produite sur ce viaduc.	sur ce viaduc	Complément indirect du verbe	Je n'emprunte plus le viaduc **où** la catastrophe s'est produite.

9 **a)** Il acheta une vieille maison dont les fenêtres étaient garnies de volets de bois.

b) Il fit une randonnée au bord du fleuve où quelques oies sauvages se reposaient.

c) J'ai revu les amis avec qui j'ai voyagé il y a deux ans.

d) Il a remporté un trophée qu'il a bien mérité.

10 **a)** dont   **d)** qui

b) que   **e)** dont

c) dont

Moi, je défends mes droits !

Un de vos amis doit vendre la télévision HD qu'il a acquise il y a six mois. Vous ne pouvez laisser passer une telle aubaine : cette télévision fonctionne très bien et il reste encore six mois à la garantie du fabricant.

Une semaine avant l'expiration de la garantie, votre télévision ne fonctionne plus. Vous allez voir le marchand qui a vendu la télévision et vous lui demandez d'effectuer la réparation. Il lui faut deux semaines pour le faire.

Au moment où vous allez chercher l'appareil, le marchand refuse d'honorer la garantie étant donné qu'elle est échue et que ce n'est pas à vous qu'il a vendu l'appareil. Vous décidez de vous informer pour défendre vos droits.

Dans cette situation de synthèse et d'évaluation, vous devez d'abord vous informer de vos droits, de façon à les faire valoir par la suite.

Pour ce faire, vous devrez :

• lire deux documents : la garantie du fabricant et un texte informatif portant sur les garanties (tâche 1) ;

• écrire une lettre au marchand (tâche 2).

But de la situation de synthèse et d'évaluation

Cette situation de synthèse et d'évaluation vous permettra de faire un retour sur vos apprentissages.

ATTENTION !

Pour connaître les éléments sur lesquels on vous évaluera, il est important de consulter au début et à la fin de chaque tâche la grille de coévaluation à la page 143. ■

Afin de bien vous préparer à faire valoir vos droits, lisez les textes «Garantie du fabricant» et «Les garanties : des agents de sécurité».

CONSIGNES

▷ Pendant votre lecture, vous devez annoter les textes de façon à en dégager les principales idées. Pour orienter votre lecture, consultez la fiche *Collecte d'information* à la page 140.

▷ Après la lecture, vous devez remplir la fiche *Collecte d'information* en vous appuyant sur les textes lus.

▷ Vous disposez de 2 heures pour réaliser cette tâche.

Lisez d'abord attentivement les énoncés de la tâche 1 de la grille de coévaluation.

Lisez maintenant les textes «Garantie du fabricant» et «Les garanties : des agents de sécurité».

TEXTE 1

Garantie du fabricant

OMA Électronique du Canada Limitée garantit ce produit contre toutes défectuosités. Cette garantie est d'un an et couvre la main-d'œuvre et les pièces à partir de la date d'achat.

La présente garantie ne s'applique pas à l'extérieur du Canada ou à tout produit
5 qui a été mal installé, utilisé à des fins pour lesquelles il n'a pas été conçu, endommagé pendant l'expédition ou modifié de façon à nuire à sa fiabilité ou à son rendement.

Pendant la période d'effet de la garantie, le produit doit être apporté à un centre de service OMA Électronique agréé. Pour obtenir le nom du centre de service OMA
10 Électronique agréé le plus proche, consultez le vendeur. Une preuve d'achat sera exigée.

Pour votre protection, veuillez remplir la carte d'enregistrement de la garantie et la mettre à la poste immédiatement.

Les dispositions de la présente garantie s'ajoutent aux garanties légales et aux
15 autres droits prévus par la loi.

Source : Inédit.

■ SITUATION DE SYNTHÈSE ET D'ÉVALUATION

Les garanties : des agents de sécurité !

Quand on se procure un bien, il est rassurant de savoir qu'il est protégé par une garantie. Mais, connaissez-vous la différence entre les types de garantie ? Et quelles sont les responsabilités du commerçant et du fabricant ?

La garantie conventionnelle et la garantie légale

La garantie du fabricant est appelée garantie « conventionnelle », car elle découle d'une entente, d'une « convention » entre le fabricant et le consommateur. De façon générale, les biens que l'on achète jouissent de cette garantie, car les manufacturiers certifient la qualité des produits qu'ils nous vendent, du moins à certaines conditions.

Ces conditions portent le plus souvent sur la durée de la garantie ou sur l'étendue de ce qui est couvert par la garantie. Ces conditions sont fixées par le fabricant, tout comme certaines dispositions particulières, dont les clauses d'exclusion. Le fabricant peut, par exemple, restreindre la couverture aux pièces maîtresses d'un appareil ou exclure certaines réparations ; il doit alors spécifier les exclusions dans la garantie.

Bien que la plupart des biens de consommation soient accompagnés d'une garantie conventionnelle, celle-ci n'est pas obligatoire selon la loi. Il est donc prudent de demander au commerçant de la mentionner sur votre facture ou, s'il y a lieu, de vous remettre une copie du document qui la décrit. Il sera plus facile, éventuellement, de la faire respecter !

Par ailleurs, au Québec, le consommateur n'est pas tenu de retourner la carte d'enregistrement de la garantie que le manufacturier inclut dans l'emballage. Il est cependant plus sage de le faire, car, en cas de rappel du produit, le fabricant saura où joindre l'acheteur.

Le commerçant et le fabricant ont aussi des obligations légales à l'égard du bien vendu, même s'il n'est pas accompagné d'une garantie conventionnelle : c'est la garantie légale. Cette garantie suit le bien : ainsi, si vous achetez un produit d'un autre consommateur, vous pourrez, en vertu de cette garantie légale, exercer un recours directement contre le fabricant.

Le respect des garanties

La Loi sur la protection du consommateur prévoit différentes dispositions pour assurer le respect des garanties. En voici deux exemples.

- Qu'arrive-t-il si le commerçant ne peut réparer le bien qu'il m'a vendu ?

La Loi sur la protection du consommateur prévoit que les pièces de rechange et les services de réparations nécessaires à l'entretien d'un bien doivent être à votre disposition pendant une durée raisonnable. Si le commerçant ou le fabricant veut se dégager de cette obligation, il doit vous en aviser, par écrit, avant la conclusion du contrat. S'il ne l'a pas fait et qu'il ne peut respecter son contrat d'entretien ou de réparation, il devra vous dédommager.

- Que faire si la garantie est expirée parce que la réparation demandée a été plus longue que prévu ?

Selon la Loi sur la protection du consommateur, la période au cours de laquelle le commerçant a en sa possession un objet pour en effectuer la réparation n'est pas comptabilisée dans la durée de la garantie. Ainsi, si la garantie conventionnelle était encore en vigueur au moment où vous avez apporté votre bien pour le faire réparer, elle l'est toujours lorsque vous le reprenez. Voilà pourquoi il est très important de faire inscrire sur votre facture les dates où vous avez apporté et repris votre bien.

Pour en savoir davantage, visitez le site Web de l'Office de la protection du consommateur.

Source : Inédit

Moi, je défends mes droits ! ■

Collecte d'information

1 **L'intention de communication des textes lus.**

_____

_____

_____

2 **Votre situation (Quel est le problème ?).**

_____

_____

_____

_____

3 **Trois points importants pour le consommateur dans la garantie du fabricant de la télévision.**

_____

_____

_____

_____

_____

4 **La caractéristique importante de la garantie légale.**

_____

_____

5 **Trois caractéristiques importantes de la garantie conventionnelle.**

_____

_____

_____

_____

_____

6 **Les critères pour évaluer la crédibilité des renseignements obtenus dans le texte 2.**

_____

_____

Après avoir lu les textes et avoir obtenu des renseignements sur vos droits, écrivez une lettre au marchand. Dans cette lettre, vous devez :

• rappeler brièvement les faits ;

• exposer clairement vos demandes en les justifiant à l'aide des notes prises dans la fiche *Collecte d'information*.

CONSIGNES

▷ Vous devez rédiger une lettre de 150 à 200 mots (environ une page). Si votre lettre contient moins de 130 mots, elle ne sera pas corrigée.

▷ Vous avez droit à un dictionnaire, à une grammaire et à un ouvrage de référence en conjugaison.

▷ Vous disposez de 2 heures pour réaliser cette tâche.

Lisez d'abord attentivement les énoncés de la tâche 2 de la grille de coévaluation. Rédigez ensuite votre lettre.

Lettre au marchand

_____

_____

_____

_____

_____

_____

_____

_____

_____

_____

_____

_____

_____

_____

_____

_____

→

Grille de coévaluation

Une fois que vous avez terminé la situation de synthèse et d'évaluation, remplissez la grille de coévaluation ci-dessous.

Évaluez chaque énoncé selon l'échelle d'appréciation suivante:

1 = TRÈS FACILEMENT	2 = FACILEMENT	3 = PLUTÔT FACILEMENT	4 = DIFFICILEMENT	5 = TRÈS DIFFICILEMENT

Grille de coévaluation	Élève	Enseignante ou enseignant
TÂCHE 1 LIRE POUR CONNAÎTRE SES DROITS		
Interprétation juste et rigoureuse d'un message écrit (50 %)		
• Je reconnais l'intention de l'émetteur.		
• J'évalue la crédibilité de la source de l'information lue.		
• Je dégage les éléments d'information explicites du message.		
• Je fonde mon interprétation sur des extraits ou des exemples pertinents.		
TÂCHE 2 ÉCRIRE POUR FAIRE VALOIR SES DROITS		
Expression adéquate d'un message écrit clair et cohérent (50 %)		
• Je respecte mon intention de communication.		
• Je tiens compte de mon destinataire.		
• Je sélectionne des idées en lien avec la situation et le sujet abordé.		
• Je regroupe adéquatement mes idées.		
• J'utilise des marqueurs de relation et des organisateurs textuels appropriés.		
• J'emploie des mots substituts pertinents.		
• Je formule des phrases de types et de formes variés.		
• J'utilise un vocabulaire juste et varié.		
• Je respecte les règles apprises de la grammaire de la phrase et de l'orthographe lexicale.		

À l'heure des choix

Chaque jour et à tout moment, nous avons des choix à faire et des décisions à prendre. Que ce soit par rapport à notre santé, à notre travail, à notre portefeuille, à notre famille ou à nos amis, nous tentons toujours de faire ces choix en ayant bien pesé le pour et le contre…

Ainsi en est-il des décisions collectives : pour faire les bons choix, se forger une opinion éclairée et prendre part au débat, il importe de s'informer sur les enjeux sociaux. L'environnement, par exemple, est un des principaux enjeux de notre époque.

■ Ce chapitre comporte deux situations d'apprentissage. Dans la première, vous explorerez diverses façons toutes simples de faire des choix écologiques. Dans la deuxième situation d'apprentissage, vous vous questionnerez sur le fondement même de la démocratie, le droit de vote, et sur l'engagement politique des jeunes Québécois.

Selon vous, les choix que vous faites chaque jour peuvent-ils contribuer au mieux-être de tous ?

COMPÉTENCES POLYVALENTES
- Communiquer
- Exercer son sens critique et éthique

SAVOIRS ESSENTIELS

Grammaire du texte
- Marqueurs de relation (subordonnants)

Grammaire de la phrase
- Complément de phrase
- Subordonnée complément de phrase
- Concordance des temps
- Subordonnée complétive
- Participe présent
- Présent du subjonctif des verbes irréguliers
- Ponctuation

Autres notions et techniques
- Résumé
- Prise de notes à l'écoute

DURÉE DU CHAPITRE

18 heures

Des gestes qui ont du poids

Dans cette situation d'apprentissage, vous regarderez d'abord deux courtes chroniques qui vous suggéreront des moyens très simples de réduire vos émissions de gaz à effet de serre. Vous lirez ensuite un article qui vous proposera des trucs efficaces pour diminuer votre consommation d'énergie.

But de la situation d'apprentissage

À la fin de cette situation d'apprentissage, vous serez en mesure de recueillir l'information essentielle de messages lus ou entendus. Vous saurez également inciter les gens à agir au moyen d'une affiche publicitaire.

Qu'on parle de réchauffement climatique, d'épuisement des ressources naturelles ou d'extinction de certaines espèces, notre mode de vie, on le sait, a des conséquences sur l'environnement. Les choix que nous faisons individuellement ou collectivement peuvent influencer le cours des événements. Comme citoyens, pouvons-nous accomplir des gestes quotidiens qui font la différence ?

Pour mesurer l'impact des activités humaines sur l'environnement, des chercheurs ont mis au point un outil, l'**empreinte écologique**. Celle-ci est une estimation de la superficie nécessaire aux besoins d'un être humain (transport, logement, alimentation, gestion des déchets, etc.). On calcule cette superficie en hectares par personne et par an. Un hectare est une surface qui correspond en gros à un terrain de soccer. Plus l'empreinte écologique est élevée, plus la pression exercée sur la nature est élevée. Par exemple, l'empreinte écologique par habitant est estimée à environ 9,5 hectares aux États-Unis et à 0,7 hectare en Inde.

COMPÉTENCES POLYVALENTES

Au cours de cette situation d'apprentissage, vous aurez l'occasion de développer et de mettre en pratique les compétences suivantes :

Communiquer
- Dégager les éléments d'information implicites et explicites et le sens du message
- Préciser son intention de communication

Exercer son sens critique
- Évaluer la crédibilité de la source de l'information
- S'appuyer sur une analyse objective pour tirer des conclusions ou prendre position
- Fonder sa réaction sur des extraits ou des exemples pertinents

DURÉE DE LA SITUATION D'APPRENTISSAGE

8 heures

1 Le test qui vous suit permettra de juger de vos connaissances sur l'état de notre planète.

Vrai ou faux ?

		VRAI	FAUX
a)	Sur la planète, chaque individu dispose en moyenne de 2 hectares pour répondre à ses besoins.	❏	❏
b)	Il faudrait une planète et demie pour subvenir aux besoins de l'humanité.	❏	❏
c)	Si tout le monde consommait comme l'Américain moyen, il faudrait plus de cinq planètes Terre pour subvenir aux besoins de l'humanité.	❏	❏
d)	Au Canada, l'empreinte écologique moyenne par habitant équivaut à environ neuf terrains de soccer.	❏	❏
e)	Il faut plus de 2 litres de pétrole pour que nous puissions boire notre verre de jus d'orange le matin.	❏	❏
f)	Une tomate cultivée en serre a une empreinte écologique inférieure à celle d'une tomate cultivée dans les champs.	❏	❏

TIC

Calculez votre empreinte écologique en ligne !

Plusieurs sites Internet permettent de calculer en ligne son empreinte écologique et proposent des moyens de la réduire.

Faites vos recherches !

TÂCHE ① Écouter pour agir différemment

On veut tous améliorer le sort de la planète, mais on se sent souvent seuls et désarmés. Que faire, concrètement, pour que nos choix comptent et pour que nos gestes portent fruit ?

But de la tâche

À la fin de cette tâche, vous serez en mesure de :

- reconnaître l'intention de communication de l'auteur d'une chronique ;
- dégager les idées essentielles d'une chronique.

> **SAVOIRS ESSENTIELS**
>
> **Grammaire de la phrase**
> ❏ Participe présent
>
> **Autre notion et technique**
> ❏ Prise de notes à l'écoute
>
> **DURÉE DE LA TÂCHE**
>
> 3 heures

ATTENTION ! Avant d'écouter les chroniques :

▷ consultez l'outil *Des techniques d'écoute* à la page 290 ;

▷ lisez ensuite attentivement les consignes de l'exercice 6 afin d'orienter votre écoute. ■

 Écoutez maintenant les chroniques «Trucs d'économie d'essence» et «3 km à pied».

Pour mieux saisir le message

2 Que veut dire le chroniqueur lorsqu'il parle de l'abc de la conduite efficace ?

_____

3 Que veut dire le mot *gourmand* dans cette phrase ?

«Les trajets de moins de 5 km sont très gourmands…»

_____

4 Donnez un synonyme du mot *contrer*.

_____

5 Qu'est-ce que le *smog* ?

_____

_____

● **Consultez le dictionnaire au besoin.**

ℹ Le protocole de Kyoto

Le protocole de Kyoto est un document que près de 40 pays ont signé à Kyoto, au Japon, en décembre 1997. Dans le protocole, ces pays industrialisés se sont engagés à réduire, entre 2008 et 2012, leurs émissions de gaz à effet de serre de 5,2 % par rapport à celles de 1990. Le protocole de Kyoto est entré en vigueur le 16 février 2005, plus de sept ans après son adoption. Malgré les efforts importants que devront faire les nations industrialisées, de nombreux scientifiques considèrent que le protocole de Kyoto est nettement insuffisant pour ralentir le réchauffement du climat. Aujourd'hui, plus de 140 pays ont adhéré au protocole de Kyoto.

6 Remplissez le tableau suivant.

   a) Donnez les trucs proposés dans la première chronique ainsi que les avantages d'utiliser ces trucs.

   b) Relevez dans la deuxième chronique les avantages d'utiliser des «transports actifs» pour les courts trajets.

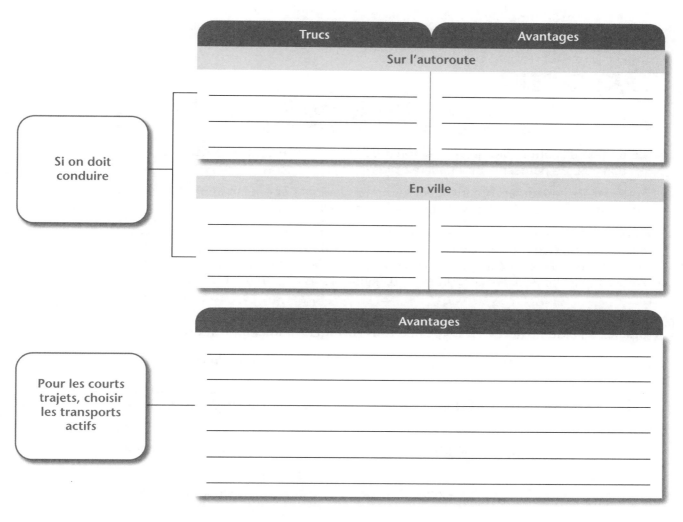

Ces chroniques de l'émission *La vie en vert* ont été diffusées sur les ondes de Télé-Québec.
La chronique «Trucs d'économie d'essence» a été diffusée le 6 décembre 2006.
La chronique «3 km à pied» a été diffusée le 9 janvier 2008.

7 Peut-on affirmer que la source de ces chroniques est crédible ? Pourquoi ?

_____

_____

_____

_____

8 À votre avis, quelle est l'intention de communication des auteurs de ces chroniques ? Cochez la bonne réponse.

○ **a)** Raconter une histoire aux auditeurs.

○ **b)** Informer les auditeurs sur les gaz à effet de serre.

○ **c)** Inciter les auditeurs à faire des gestes écologiques concrets.

○ **d)** Exprimer des sentiments sur l'empreinte écologique.

C   COMMUNIQUER

Adopter un ton approprié à son intention de communication

L'intention de communication des chroniques que vous venez de regarder est d'inciter, de pousser le destinataire à agir.

Pour ce faire, les auteurs ont invoqué des raisons logiques et ont fait appel aux sentiments, aux émotions et aux valeurs des destinataires.

Cependant, pour qu'un message soit bien reçu et pour que la communication soit efficace, l'émetteur doit également choisir un **ton** qui convient à l'effet qu'il veut produire sur son destinataire et qui convient à son intention de communication Par exemple, il pourra adopter un ton didactique si son intention est d'instruire.

---

9 Reliez à l'aide de flèches les types de tons suivants à leur signification.

un ton alarmiste ●   ● qui est admiratif, flatteur

un ton didactique ●   ● qui se moque en disant le contraire de ce qui doit être entendu

un ton élogieux ●   ● qui se moque méchamment

un ton léger ●   ● qui communique de l'information sans se prendre au sérieux

un ton humoristique ●   ● qui vise à instruire, savant, technique

un ton ironique ●   ● qui est émouvant, touchant, bouleversant

un ton neutre ●   ● qui prévoit le pire, dramatique, pessimiste

un ton pathétique ●   ● qui suscite des oppositions violentes, irritant, dérangeant

un ton provocant ●   ● qui est sans parti pris, objectif, impartial

un ton sarcastique ●   ● qui suscite le rire ou l'amusement

10 Comment qualifieriez-vous le ton général des chroniques que vous avez regardées ? Cochez la bonne réponse et justifiez-la.

◯ **a)** Plutôt didactique.　　◯ **c)** Plutôt alarmiste.

◯ **b)** Plutôt provocant.　　◯ **d)** Plutôt léger.

_____

_____

_____

_____

11 Trouvez-vous que le ton de ces chroniques est approprié à l'intention de communication des auteurs ? Expliquez votre réponse.

_____

_____

12 Selon vous, quelle est la principale valeur véhiculée dans ces chroniques ?

_____

13 Le décor peut également jouer un rôle important dans la présentation du message. Il attire l'attention et a aussi un impact psychologique sur le récepteur.

a) Quel décor a-t-on choisi pour présenter la chronique «3 km à pied» ?

_____

b) Comment le choix de ce décor appuie-t-il les propos de la chroniqueuse ?

_____

_____

_____

_____

14 Est-ce que ce message vous incite à faire des gestes qui protègent l'environnement ? Expliquez votre réponse.

Les règles du jeu

LE PARTICIPE PRÉSENT

15 **Observez les mots surlignés dans les phrases suivantes.**

L'industrie produit des déchets dangereux contenant des substances toxiques.

En laissant votre voiture à la maison deux fois par semaine pour vous rendre au travail, vous pouvez réduire vos émissions de CO_2 de 5 kg.

a) À quelle classe de mots appartiennent les mots surlignés ?

_____

b) Quelle terminaison est commune à ces deux mots ?

_____

c) Ces mots sont-ils variables ou invariables ?

_____

SAVOIR essentiel

LE PARTICIPE PRÉSENT

- Le participe présent est toujours **invariable**.

- Il exprime généralement une action qui se produit en même temps qu'une autre action.

EXEMPLE :

       Action 1   Action 2

En se déplaçant *à vélo, on* réduit *l'émission de gaz à effet de serre.*
(En même temps qu'on se déplace à vélo, on réduit l'émission des gaz à effet de serre.)

- Il est très souvent précédé de la préposition *en*.

EXEMPLE :

On réduit son empreinte écologique en *compostant.*

- Il se forme en prenant la **1re pers. pl.** d'un verbe et en remplaçant la terminaison *ons* par *ant*.

EXEMPLES :

*Nous nous déplaç**ons**: déplaç**ant***
*Nous réussiss**ons**: réussiss**ant***

ATTENTION !

▷ Le participe présent des verbes **être**, **avoir** et **savoir** est étant, ayant et sachant.

▷ Il ne faut pas confondre le participe présent avec l'adjectif qui, lui, doit s'accorder.
Comparez les deux phrases suivantes :

*Les véhicules **polluants** devront être remplacés.*
Polluant trop, les vieilles voitures devront être remplacées. ■

Comment FAIRE ?

COMMENT DISTINGUER LE PARTICIPE PRÉSENT DE L'ADJECTIF ?

Adjectif (variable)	Participe présent (invariable)
Le mot peut être remplacé par un adjectif.	Le mot peut être encadré par *ne… pas*.
EXEMPLE :	**EXEMPLE :**
*Les véhicules **polluants** devront être remplacés.*	*Recyclons les déchets provenant des industries.*
*Les véhicules **lourds** devront être remplacés.*	*Recyclons les déchets **ne** provenant **pas** des industries.*

16 **Soulignez tous les participes présents du texte suivant.**

Le recyclage est une façon de traiter les déchets provenant des industries et des ordures ménagères. Il permet de réutiliser les matériaux composant différents produits. La fabrication de bouteilles neuves avec le verre de bouteilles usagées est sans doute l'exemple illustrant le mieux ce procédé.

En permettant de réduire la quantité de déchets et de préserver les ressources naturelles, le recyclage protège notre environnement. De plus, il constitue une activité économique importante en créant des emplois.

TÂCHE ② Lire pour faire des choix éclairés

Dans la première tâche, vous avez regardé deux chroniques qui vous ont permis de prendre connaissance de moyens de diminuer votre empreinte écologique. Poursuivez la découverte de gestes écologiques qui, tout en étant très simples, aident à protéger l'environnement et… votre portefeuille !

SAVOIRS ESSENTIELS

Grammaire du texte
- ❑ Marqueurs de relation (subordonnants)

Grammaire de la phrase
- ❑ Complément de phrase
- ❑ Subordonnée complément de phrase
- ❑ Mode dans la subordonnée C de P

DURÉE DE LA TÂCHE

3 heures

But de la tâche

À la fin de cette tâche, vous serez en mesure de :
- reconnaître l'intention de communication de l'auteur d'un texte incitatif ;
- dégager les idées essentielles d'un texte incitatif.

17 **Lisez le titre du texte de la page suivante. D'après vous, quel sujet y sera abordé ?**

Être «énergi-sage»

Au Québec, les sondages démontrent clairement que l'environnement est l'une des principales préoccupations des citoyens. Pourtant, les sondages montrent aussi que les Québécois s'impliquent peu, concrètement, pour diminuer leur consommation d'énergie. Or, notre consommation est l'une des plus importantes au monde. Sans doute croyons-nous que les petites actions ne changeront pas grand-chose. Il n'y a cependant pas de solution miracle : c'est l'accumulation de gestes simples qui fait la différence ! Chacun doit participer à l'effort collectif [18].

Aujourd'hui, on estime que la demande mondiale d'énergie pourrait augmenter de 60 % d'ici l'an 2030. Or, les ressources énergétiques de la Terre ne sont pas inépuisables [19] et il est impossible de produire ou de consommer de l'énergie sans causer certains changements à l'environnement. De plus, la consommation énergétique pèse sur le budget des particuliers autant que sur celui des pays. Il faudrait consommer moins et consommer mieux. Voici quelques petites astuces pour y arriver.

Le chauffage et la climatisation d'une maison représentent à eux seuls un peu plus de la moitié des dépenses en énergie d'une résidence. Garder la température constante (autour de 20°) le jour et baisser les thermostats de 2 à 4 degrés la nuit permet d'économiser l'énergie et de réduire sa facture annuelle d'environ 10 %. L'utilisation d'un ventilateur de plafond facilite la circulation d'air tout en contribuant à baisser le taux d'humidité dans la maison. En hiver, un ventilateur qui tourne dans le sens horaire fait descendre la chaleur accumulée au plafond. En été, si le même ventilateur tourne dans le sens contraire des aiguilles d'une montre la chaleur de la pièce monte vers le plafond.

Très énergivores [20], le four, le réfrigérateur, la laveuse et le chauffe-eau représentent environ 20 % de la facture d'électricité. Leur consommation d'énergie dépend en partie de leurs conditions d'utilisation. Lorsqu'on utilise un four, par exemple, il faut éviter de le préchauffer (sauf pour la cuisson des gâteaux et du pain) et de l'ouvrir fréquemment.

Pour réchauffer de petites quantités de
50 nourriture, il est préférable d'utiliser le four
à micro-ondes ou le four grille-pain. Puisque
la consommation d'eau chaude peut représenter
à elle seule 16 % d'un compte d'électricité,
laver à l'eau froide constitue un excellent moyen
55 d'économiser l'énergie.

Les appareils électroniques et informatiques
ont pris une place très importante dans les
foyers. Sur le plan énergétique, ces appareils
présentent un inconvénient de taille : ils
60 absorbent de l'énergie même en mode veille
(jusqu'à 10 % de la facture d'électricité). Par
exemple, un téléviseur en veille toute la journée
consomme plus que la durée de deux films.
Un ordinateur allumé tout le temps gaspille de
65 l'énergie et s'use plus rapidement. Une solution
simple et efficace : débrancher ! De toute façon,
la plupart des appareils électroniques gardent
les programmations en mémoire.

En conclusion, protéger l'environnement
70 et réduire sa consommation, ce n'est pas
compliqué et c'est même une manière facile
d'économiser. Chacun peut le faire, sans trop
d'efforts et de douleur. Il suffit de modifier
quelques-unes de ses habitudes de vie.

Source : Inédit. Information tirée des sites Internet *Équiterre*,
Défi Climat et *EDF Panorama de l'électricité*.

Pour mieux saisir le texte

18 **Donnez un antonyme du mot** *collectif.*

_____

19 **a) À l'aide de quel préfixe est formé le mot** *inépuisable* ? _____

   b) À l'aide de ce préfixe, définissez le mot *inépuisable.*

   _____

20 **a) Que signifie le suffixe** *vore* ?

   _____

   b) À l'aide de ce suffixe, définissez le mot *énergivore.*

   _____

   c) Donnez un autre mot formé à l'aide de ce suffixe.

   _____

  ⬤ **Consultez le dictionnaire au besoin.**

Le sens du message

21 **a) Quelle est l'intention de communication de l'auteur du texte «Être "énergi-sage"» ?**

   _____

   b) Expliquez en vos mots le message que l'auteur communique.

   _____

   _____

   _____

22 Dans le texte, comment l'auteur explique-t-il l'inaction des Québécois par rapport à la conservation de l'énergie ?

_____

23 Remplissez le tableau suivant en résumant, en quelques mots, les idées essentielles de l'article « Être "énergi-sage" ».

	Idées principales	Idées secondaires
2ᵉ paragr.	_____ _____ _____ _____	• _____ _____ • _____ _____ • _____ _____
3ᵉ paragr.	_____ _____ _____	• _____ _____ • _____ _____
4ᵉ paragr.	_____ _____ _____ _____	• _____ _____ • _____ _____
5ᵉ paragr.	_____ _____ _____ _____	• _____ _____

Les règles du jeu

LE COMPLÉMENT DE PHRASE

Pour vous rafraîchir la mémoire sur le complément de phrase, faites les exercices qui suivent.
Si vous éprouvez des difficultés, consultez le _Savoir essentiel_ qui suit l'exercice 25.

24 **Lisez les phrases suivantes.**

L'environnement préoccupe les citoyens **aujourd'hui**.

Dans le monde, le manque d'eau potable cause des problèmes graves.

a) À quel groupe de mots appartiennent les mots en caractère gras ?

• aujourd'hui : _____   • Dans le monde : _____

b) Pourriez-vous supprimer ou déplacer ces groupes de mots dans la phrase ? _____

25 **Relisez la première phrase du texte «Être "energi-sage"».**

«Au Québec, les sondages démontrent clairement que l'environnement est l'une des principales préoccupations des citoyens.»

a) Pourriez-vous supprimer ou déplacer dans la phrase les mots «Au Québec» ? _____

b) De quel type de complément s'agit-il ? Cochez la bonne réponse.

◯ Complément direct du verbe.

◯ Complément indirect du verbe.

◯ Complément de phrase.

SAVOIR essentiel

LE COMPLÉMENT DE PHRASE (C DE P)

Une phrase peut contenir plusieurs compléments de phrase .

- Le complément de phrase est un constituant facultatif de la phrase, c'est-à-dire qu'il n'est pas obligatoire.

Il est donc :

– **effaçable;**
 C de P
  EXEMPLE : *Nous utilisons environ 88 kilos de produits nettoyants toxiques* chaque année .
  Nous utilisons environ 88 kilos de produits nettoyants toxiques.

– **déplaçable.**
 C de P
  EXEMPLE : *Nous utilisons,* chaque année *, environ 88 kilos de produits nettoyants toxiques.*

 C de P
  Chaque année *, nous utilisons environ 88 kilos de produits nettoyants toxiques.*

- Voici les constructions possibles du C de P :

 C de P

Groupe nominal $\quad\rightarrow$ *Chaque jour* *, on peut faire un geste pour l'environnement.*

 C de P

Groupe adverbial $\quad\rightarrow$ *On peut faire un geste pour l'environnement* maintenant .

 C de P

Groupe prépositionnel $\rightarrow$ *On peut,* pour protéger l'environnement *, faire de petits gestes.*

 C de P

Subordonnée $\quad\rightarrow$ *On peut faire un geste* pour que la planète survive .

ATTENTION ! Quand il est situé au début ou au milieu de la phrase, le C de P est isolé par une ou des **virgules**. ■

26 Dans les phrases suivantes, encadrez les compléments de phrase et indiquez au-dessus de chacun d'eux s'il s'agit d'un GPrép, d'un GAdv, d'un GN ou d'une subordonnée (Sub.).

a) Tous les ans, l'Agence internationale de l'énergie publie un rapport.

b) Le matériel informatique a pris, depuis l'avènement d'Internet, une place importante dans les foyers.

c) Lorsqu'on utilise un four, il faut éviter de le préchauffer.

d) Le secteur du transport est la première source de pollution au Québec.

e) Aujourd'hui, on estime que la demande mondiale d'énergie pourrait augmenter de 60 % d'ici l'an 2030.

f) Les changements dans l'environnement nous préoccupent de plus en plus.

g) La production d'éthanol à partir de maïs est critiquée parce qu'elle provoque une augmentation du prix des aliments.

h) Sur le plan énergétique, ces appareils présentent un inconvénient de taille.

LA SUBORDONNÉE COMPLÉMENT DE PHRASE

La subordonnée complément de phrase est une phrase enchâssée (incluse) dans une autre phrase à l'aide d'un subordonnant (une conjonction) qui exprime, entre autres, le **temps**, le **but**, la **cause** ou la **condition**.

Sub. C de P

EXEMPLE : Subordonnant
Lorsqu'on utilise un four, il faut éviter de le préchauffer.

Ici, le subordonnant *lorsque* exprime le temps.

- Comme il exprime le lien logique qui unit la subordonnée à la phrase dans laquelle elle est incluse, le subordonnant est un **marqueur de relation**.

ATTENTION !

▷ Lorsqu'elle est placée en tête de phrase, la subordonnée complément de phrase est toujours suivie d'une virgule.

▷ La subordonnée complément de phrase **ne peut pas exister seule**.

EXEMPLE :

≠ *Puisque la consommation d'eau chaude fait monter la facture d'électricité.*
Il vaut mieux laver à l'eau froide puisque la consommation d'eau chaude fait monter la facture d'électricité.
(La subordonnée complète la phrase *Il vaut mieux laver à l'eau froide.*) ■

27 **Complétez le tableau suivant.**

    a) Encadrez tout d'abord les subordonnants qui introduisent les subordonnées.

    b) En vous appuyant sur le sens des phrases, dites quel lien logique (rapport sémantique) unit la subordonnée à la phrase qu'elle complète : but, cause, temps ou condition ?

Phrase	Subordonnant	Lien logique
EXEMPLE : Les Québécois s'impliquent peu parce qu' ils pensent que leurs gestes ont peu d' impacts réels .	*parce que*	Cause
Si tous les Québécois adoptaient de bonnes habitudes , les émissions de gaz à effet de serre diminueraient sensiblement .		
Lorsque vous quittez votre logement , vous pouvez baisser le thermostat .		
On doit économiser l'énergie puisque les ressources sont limitées .		
Il faut penser globalement et agir localement afin que les générations futures héritent d'un monde habitable .		

LES MARQUEURS DE RELATION (SUBORDONNANTS)

Les **subordonnants** (conjonctions) sont des marqueurs de relation : ils marquent le lien logique (ou rapport sémantique) entre la subordonnée et la phrase dans laquelle elle est incluse.

Rapport exprimé	Principaux subordonnants	Pourquoi utiliser ces subordonnants	Exemple
Temps	*quand, lorsque, depuis que, dès que, pendant que, avant que, après que, aussitôt que,* etc.	Pour situer un événement avant, pendant ou après un autre événement.	***Lorsqu'**on économise l'énergie, on réduit sa facture d'électricité.*
But	*afin que, pour que,* etc.	Pour indiquer un but à atteindre.	*Recyclons **pour que** la pollution diminue.*
Cause	*parce que, puisque, comme, étant donné que, vu que,* etc.	Pour présenter la raison d'un événement ou d'une situation.	*On évite d'utiliser les pesticides **parce qu'**ils polluent.*
Condition	*si, à condition que, pourvu que,* etc.	Pour indiquer qu'une situation dépend d'une autre.	***Si** tout le monde contribue, on sauvera la planète.*

● **Pour connaître les principaux types de marqueurs de relation et les liens logiques qu'ils expriment, consultez l'outil** *Les organisateurs textuels et les marqueurs de relation* **à la page 298.**

28 Lisez attentivement les phrases de la 1re colonne du tableau suivant.

a) Encerclez les subordonnants de ces phrases;
encadrez les subordonnées compléments de phrase;
soulignez le verbe conjugué dans chacune de ces subordonnées.

b) Écrivez le lien logique qu'exprime le subordonnant dans la 2e colonne (temps, cause ou but).

c) Inscrivez le mode du verbe de la subordonnée dans la 3e colonne.

Phrases	Lien logique	Mode du V de la sub.
Le gaz naturel est moins dommageable pour l'environnement puisqu'il produit moins de dioxyde de carbone.		
Dès qu'on consomme de l'énergie, on engendre de la pollution.		
L'être humain doit réagir avant qu'il ne soit trop tard.		
L'énergie hydroélectrique perturbe les écosystèmes parce qu'on inonde de vastes territoires pour construire les barrages.		
Les chercheurs essaient de trouver des moyens pour que les richesses naturelles soient protégées.		

SAVOIR essentiel

LE MODE DU VERBE DANS LA SUBORDONNÉE COMPLÉMENT DE PHRASE

- Le mode utilisé dans la subordonnée de temps est le mode **indicatif**, sauf pour les subordonnées introduites par *avant que* et *jusqu'à ce que* qui sont au **subjonctif**.

Sub. de temps   Sub. de temps

EXEMPLES: *Faisons-le* | Subordonnant *dès qu' il revient* |.   *Faisons-le* | Subordonnant *avant qu'il revienne* |.

- Le mode utilisé dans la subordonnée de cause est le mode **indicatif**.

Sub. de cause

EXEMPLE: *Faisons-le* | Subordonnant *puisqu' il revient* |.

- Le mode utilisé dans la subordonnée de but est le mode **subjonctif**.

Sub. de but

EXEMPLE: *Faisons-le* | Subordonnant *afin qu' il revienne* |.

29 À l'aide d'un subordonnant de temps, de cause ou de but, selon le cas, faites une seule phrase à partir des phrases suivantes.

ATTENTION !

▷ Conjuguez le verbe de la subordonnée au bon mode.

▷ N'oubliez pas de séparer la subordonnée par une virgule, si elle est placée au début de la phrase. ■

a) Il va se coucher. Il oublie parfois de baisser la température. **(temps)**

_____

b) Il oublie parfois de baisser la température avant d'aller se coucher. Il est trop endormi. **(cause)**

_____

_____

c) Il se souvient de baisser la température. J'ai collé un papier sur le thermostat. **(but)**

_____

_____

d) Termine tes exercices. Je reviens. **(temps; subordonnant *avant que*)**

_____

30 Vous avez vu que le complément de phrase est un constituant facultatif de la phrase.

a) À quoi sert-il ?

_____

b) Donnez deux façons de repérer le C de P dans une phrase.

_____

_____

LE PARTICIPE PRÉSENT

31 **Complétez les énoncés suivants.**

    a) Le participe présent se termine toujours par _____, et il est toujours _____.

    b) Pour savoir si un mot est un participe présent, on peut l'encadrer par _____.

LE COMPLÉMENT DE PHRASE

32 **Vrai ou faux ?**

    a) Le complément de phrase (C de P) est un constituant obligatoire de la phrase.

    _____

    b) Une phrase ne peut contenir qu'un seul complément de phrase.

    _____

    c) Un complément de phrase peut être effacé et déplacé.

    _____

    d) Le complément de phrase est toujours isolé par une ou des virgules.

    _____

    e) Le GPrép de la phrase suivante est complément de phrase.
    Le Sedna IV se dirigeait vers l'Antarctique .

    _____

33 **Lisez les phrases de la 1ʳᵉ colonne. Les parties surlignées sont des compléments de phrase. Dans la colonne de droite, indiquez de quelle construction il s'agit.**

Phrase qui contient un C de P	Construction du C de P
EXEMPLE : Pour émettre moins de gaz à effet de serre, on peut adopter une conduite défensive.	GPrép
Ici, l'utilisation de l'automobile est responsable de presque la moitié de notre empreinte écologique.	
On protège l'environnement et on se garde en forme lorsqu'on prend son vélo.	
On peut, grâce à l'empreinte écologique, mesurer son impact sur l'environnement.	
On a des preuves des changements climatiques toutes les semaines.	

À l'heure des choix ■   **163**

34 **Vrai ou faux ?**

a) Les verbes des subordonnées complément de phrase sont toujours conjugués au mode subjonctif.

_____

_____

b) Le subordonnant exprime le lien logique (ou rapport sémantique) entre la subordonnée et la phrase dans laquelle elle est incluse. C'est pourquoi on l'appelle un «marqueur de relation».

_____

35 **Insérez les subordonnants suivants à l'endroit approprié dans le texte et indiquez au-dessus quel rapport sémantique ils établissent.**

avant qu'	lorsque	pour que	puisqu'	si

Des milliards de piles usagées se retrouvent dans les dépotoirs chaque année. C'est

malheureux, _____ elles nuisent grandement à l'environnement.

_____ tout le monde jetait ses piles usagées à la poubelle, on trouverait

une grande quantité de métaux toxiques dans le sol et dans l'eau. Que faire alors

_____ nos piles rendent l'âme ? Il suffit de les apporter à différents points

de collecte afin qu'on réutilise certains métaux dans la fabrication de nouvelles piles. Les autres

composantes qu'on ne peut réutiliser seront traitées _____ on les enfouisse

dans des sites sécuritaires. Bref, _____ notre environnement reste sain,

il faut s'arrêter pile !

Activité d'intégration

Vous avez vu que le texte «Être "énergi-sage"» proposait certaines façons simples de réduire notre consommation d'énergie. Évidemment, il existe plein d'autres moyens de faire sa part. Sans doute faites-vous plusieurs gestes chaque jour afin de préserver l'environnement.

Afin de sensibiliser les élèves et le personnel de votre centre à l'importance de s'impliquer pour protéger l'environnement, vous décidez de préparer une affiche publicitaire.

Choisissez un geste concret et original et fabriquez une affiche qui incitera les gens à adopter cette habitude dans leur quotidien.

Votre affiche devra comprendre un texte incitatif de 50 à 100 mots qui contiendra:

- **au moins un participe présent et un complément de phrase;**
- **la description des conséquences positives que ce geste aura sur l'environnement.**

Si vous le désirez, vous pouvez réaliser votre affiche à l'aide d'un logiciel de présentation. Vous pouvez également la compléter par une illustration ou une photo du geste que vous avez choisi de proposer.

⬤ **Avant de rédiger la version définitive de votre affiche, consultez l'outil** *La révision et la correction d'un texte* **à la page 294.**

Rédaction de la version définitive

Rédigez la version définitive du texte de votre affiche.

_____

_____

_____

_____

_____

_____

_____

_____

_____

_____

_____

_____

_____

_____ →

→ _____

_____

_____

_____

_____

_____

_____

_____

_____

_____

_____

_____

_____

_____

_____

_____

_____

_____

_____

_____

_____

_____

_____

_____

_____

_____

Faites corriger votre travail par votre enseignante ou votre enseignant.

Bilan de mes apprentissages

1 = TRÈS FACILEMENT	2 = PLUTÔT FACILEMENT	3 = DIFFICILEMENT

Actions	Exercices	Échelle
1. DÉGAGER LES ÉLÉMENTS D'INFORMATION EXPLICITES ET IMPLICITES; SAISIR LE SENS DU MESSAGE		
• Je peux relever les idées essentielles d'un texte, qu'elles soient clairement exprimées ou sous-entendues.	6, 23	1. ❏ 2. ❏ 3. ❏
• Je m'appuie sur mes connaissances du lexique (synonymes, dérivation lexicale, etc.) pour mieux saisir le texte.	2 à 5, 18 à 20	1. ❏ 2. ❏ 3. ❏
2. RECONNAÎTRE LE CARACTÈRE PLUTÔT OBJECTIF OU SUBJECTIF D'UN MESSAGE		
• Je reconnais l'intention de communication de l'émetteur.	8, 21	1. ❏ 2. ❏ 3. ❏
• Je reconnais le ton d'un message et son lien avec l'intention de communication.	10, 11	1. ❏ 2. ❏ 3. ❏
3. ÉVALUER LA CRÉDIBILITÉ DE LA SOURCE D'INFORMATION		
• Je vérifie si la source d'information est reconnue dans son domaine.	7	1. ❏ 2. ❏ 3. ❏
4. SÉLECTIONNER DES IDÉES PERTINENTES AU REGARD DE LA SITUATION ET DU SUJET ABORDÉ		
• Je choisis des idées en lien avec mon sujet et je tiens compte de mon destinataire.	Activité d'Intégration	1. ❏ 2. ❏ 3. ❏
• Je respecte mon intention de communication.		1. ❏ 2. ❏ 3. ❏
5. RESPECTER LES RÈGLES APPRISES DE LA GRAMMAIRE DE LA PHRASE ET DE L'ORTHOGRAPHE LEXICALE		
• Je distingue le participe présent de l'adjectif.	16, Activité d'intégration	1. ❏ 2. ❏ 3. ❏
• Je respecte la concordance des temps dans la subordonnée C de P.	29, Activité d'intégration	1. ❏ 2. ❏ 3. ❏

Progrès réalisés	Points à améliorer

Aux urnes, citoyens!

Bien que la démocratie ne se résume pas à la tenue d'élections et à l'exercice du droit de vote, voter est le moyen idéal pour exprimer son opinion et envoyer un message aux gouvernements et aux politiciens. Plus il y a de votes… plus le message est clair et puissant!

Malgré cela, il n'est pas toujours facile de convaincre les jeunes citoyens de voter. Lors de l'élection fédérale de 2000, par exemple, le taux de participation n'a été que de 25,4 % chez les 18-24 ans, alors qu'il dépassait 80 % chez les électeurs de plus de 58 ans.

Dans cette situation d'apprentissage, vous lirez d'abord le point de vue de cinq citoyens sur l'exercice du droit de vote, puis vous ferez le résumé de leurs idées pour rendre compte d'une situation politique et sociale d'actualité.

COMPÉTENCES POLYVALENTES

Au cours de cette situation d'apprentissage, vous aurez l'occasion de développer et de mettre en pratique les compétences suivantes:

Communiquer
- Dégager les éléments d'information explicites et implicites et le sens du message

Exercer son sens critique et éthique
- Comparer les renseignements de sources diverses
- S'appuyer sur une analyse objective pour tirer des conclusions ou prendre position
- Fonder sa réaction sur des extraits ou des exemples pertinents

DURÉE DE LA SITUATION D'APPRENTISSAGE

9 heures

But de la situation d'apprentissage

À la fin de cette situation d'apprentissage, vous serez en mesure de résumer l'état d'une situation après avoir comparé et analysé différents points de vue.

Et vous, êtes-vous indifférente ou indifférent à l'égard de la vie politique et démocratique ou trouvez-vous, au contraire, qu'il est important de s'y intéresser?

_____

_____

_____

1 **Testez vos connaissances sur la vie politique québécoise et canadienne en répondant aux questions suivantes.**

a) **Quel titre porte la personne élue à la tête du Québec ou du Canada ?**

○ Présidente ou président.

○ Première ou premier ministre.

○ Députée ou député.

b) **Au Québec et au Canada, cette personne est :**

○ la ou le chef du parti qui a obtenu le plus grand nombre de voix.

○ la ou le chef du parti qui a fait élire le plus de candidats.

○ la candidate ou le candidat qui a obtenu le plus grand nombre de voix.

c) **Nommez les principaux partis politiques québécois.**

_____

d) **Au Québec, les candidats élus lors d'élections provinciales deviennent députés et ils siègent :**

○ à l'Assemblée nationale.

○ à la Chambre des communes.

○ au Sénat.

e) **Quel mode de scrutin est actuellement en vigueur au Québec et au Canada ?**

○ Scrutin majoritaire, uninominal, à un tour.

○ Représentation proportionnelle.

○ Système mixte.

f) **Pour être ministre, il faut généralement :**

○ être député.

○ être député et appartenir au parti qui est au pouvoir.

○ être député depuis au moins deux mandats.

g) **Identifiez les monuments des photos suivantes et dites où ils sont situés.**

_____   _____

Situé à _____   Situé à _____

La souveraineté du Québec ou le maintien de la Fédération canadienne, la lutte contre la pauvreté, l'équité sociale, la protection de l'environnement, la qualité de l'éducation et de la langue française, l'accès à la culture, l'universalité des soins de santé : rien de tout cela n'intéresserait les jeunes ? Difficile à croire !

Pourtant, si l'on se fie au faible taux de participation des jeunes aux élections, on serait tenté de croire à un profond désintéressement de leur part... Qu'en est-il réellement ?

> **SAVOIRS ESSENTIELS**
>
> **Grammaire de la phrase**
> ❑ Subordonnée complétive
> ❑ Mode dans la subordonnée complétive
> ❑ Présent du subjonctif des verbes irréguliers
>
> **DURÉE DE LA TÂCHE**
>
> 3 heures

But de la tâche

À la fin de cette tâche, vous serez en mesure de :

- prendre connaissance de différents points de vue et de les analyser ;
- dégager les idées essentielles de ces points de vue et d'en tirer des conclusions.

Observez le diagramme en bâtons (ou histogramme) suivant. Il illustre la participation des jeunes de 18 à 24 ans aux élections fédérales entre 1984 et 2000.

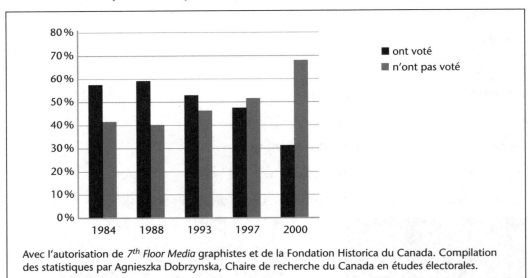

Participation des jeunes (18-24 ans) aux élections fédérales

Avec l'autorisation de *7th Floor Media* graphistes et de la Fondation Historica du Canada. Compilation des statistiques par Agnieszka Dobrzynska, Chaire de recherche du Canada en études électorales.

2 Que nous apprend cet histogramme ?

_____

_____

Ce graphique illustre une situation, mais il ne nous en explique pas les causes... Faisons donc quelques recherches...

Avoir le souci de s'informer

Lorsqu'on s'informe avant de transmettre un renseignement ou de porter un jugement, on fait preuve de **sens éthique** : on évite ainsi de dire des faussetés ou d'exprimer des opinions non fondées.

Dans la vie de tous les jours, on exerce son sens éthique lorsqu'on s'informe :

- pour comprendre le monde qui nous entoure ;
- pour se faire une opinion ;
- pour prendre des décisions ;
- pour exprimer des points de vue qui s'appuient sur des justifications ou des exemples pertinents.

i Qualité d'électeur

Au Québec, une personne possède la **qualité d'électeur** (c'est-à-dire qu'elle peut voter) quand elle répond aux exigences suivantes :

- Elle est âgée de 18 ans ou plus le jour du scrutin.
- Elle est de citoyenneté canadienne.
- Elle est domiciliée au Québec depuis six mois.
- Elle n'est pas en curatelle (c'est-à-dire qu'elle est capable de gérer elle-même ses biens).
- Elle n'est pas privée de son droit de vote en vertu, notamment, d'une condamnation pénale pour fraude électorale.

Qu'en est-il vraiment de l'engagement politique des jeunes ? Pourquoi ne vont-ils pas voter ? Voyons ce qu'en disent les jeunes eux-mêmes.

Jean-Baptiste, 20 ans

Il me semble que le fait de ne pas pouvoir voter dès l'âge de 16 ans coupe les ailes [3] à bien des jeunes et ne les incite pas à s'intéresser à la politique. Ce n'est pas logique : à 14 ans, un jeune peut être jugé par un tribunal pour adultes
5 s'il a commis une infraction [4] grave ; à 16 ans, il a le droit d'obtenir un permis de conduire, d'entrer sur le marché du travail et il paie des impôts ; à 17 ans, il est autorisé à s'enrôler dans les Forces armées canadiennes et il peut risquer sa vie pour le pays. Mais, pour obtenir le droit
10 de vote, il faut qu'il ait 18 ans…

Personnellement, si j'avais eu le droit de voter à 16 ans, je me serais senti valorisé et j'aurais probablement eu le réflexe de m'informer pour bien faire ma « job ». Maintenant, la possibilité de voter ne me fait plus « tripper ».
15 On dirait que moins on prend l'habitude de s'intéresser à la politique quand on est jeune, moins on s'y intéresse en vieillissant.

La faible participation des jeunes aux élections s'explique probablement par le fait qu'ils ne sont pas suffisamment

20 informés : ils ne connaissent ni les candidats, ni les partis, ni les enjeux[5] sociaux, politiques ou économiques. Ils doivent penser que les décisions des politiciens ne les touchent pas directement.

25 Pour aller voter, il faut qu'un jeune soit vraiment motivé, parce qu'il doit d'abord faire l'effort de s'informer.

Il est évident que la majorité des jeunes n'ont pas vraiment l'envie ou le

30 temps de s'informer. Entre 18 et 24 ans, on est plus préoccupé par le travail ou par les études (et parfois par les deux à la fois !) que par les affaires publiques ! De plus, lorsqu'on tente de s'informer,

35 on se sent vite submergé[6] par la quantité d'information disponible. Quand on ne s'est pas habitué jeune à lire les journaux régulièrement, à écouter la radio, à regarder les nouvelles ou à consulter

40 Internet autrement que pour « clavarder », il est difficile de s'y mettre à 18 ou à 20 ans.

Finalement, je pense que le problème, c'est que la société n'a pas réussi à nous intéresser assez jeunes à la politique.

45 Rendus adultes, quand on trouve la politique hyper compliquée, on éprouve un sentiment d'incompétence qui conduit rapidement à l'indifférence. On ne peut pas devenir soudainement un citoyen

50 « politisé » à 18 ans, si on ne l'a jamais été avant : c'est un retard difficile à rattraper !

Coralie, 22 ans

Geneviève, 18 ans

Moi, je ne vais pas voter parce que je me sens complètement mise à l'écart du système politique et très loin du monde

55 des politiciens. Je ne crois pas que les gouvernements – peu importe le palier[7] – représentent bien les jeunes, qu'ils se soucient vraiment de nos idées, de nos besoins ou de nos problèmes.

60 Plusieurs de mes amis partagent ce sentiment, pour les raisons suivantes :

– la différence d'âge nous éloigne du processus politique et des politiciens ;

– les partis ne font pas d'efforts pour

65 nous rejoindre, ou ne sont pas à notre écoute ;

– la politique ne nous touche pas (peut-être parce que nous n'assumons pas encore les responsabilités qui sont au

70 cœur des enjeux politiques) ;

– personne ne nous écoute, nous n'avons pas voix au chapitre[8].

Par contre, notre éloignement ne signifie pas que nous ne croyons pas

75 aux principes de la démocratie[9]. Nous sommes simplement plus intéressés par l'engagement politique actif et par les questions qui touchent directement nos vies ! Nous avons une mauvaise

80 impression du processus politique traditionnel, mais nous portons un grand intérêt à des formes d'engagement politique autres que le vote.

Alexis, 29 ans

Tout d'abord, il faudrait faire une différence entre
l'engagement politique et le fait de voter. Les jeunes qui
ne vont pas voter ne sont pas nécessairement «désengagés».
Personnellement, je pense que les jeunes sont engagés,
mais sceptiques : ils s'intéressent aux questions politiques,
mais ils se méfient des politiciens. Ils ne vont peut-être pas
voter, mais ils participent autrement à la vie sociale et
politique !

Récemment, j'ai lu les résultats d'une étude de
Statistique Canada qui démontrait que les jeunes de 20
à 30 ans faisaient du bénévolat plus souvent que tous les
autres groupes d'âge, qu'ils exprimaient aussi plus souvent
leur opinion en communiquant avec les responsables d'un
journal, en signant une pétition, en boycottant[10] ou en
choisissant un produit pour des raisons éthiques et en participant à une manifestation ou à
une marche. C'est donc étonnant que les jeunes soient accusés d'indifférence ou de
désengagement !

Par contre, cette même étude démontre qu'il y a un lien évident entre l'exercice du droit
de vote et les autres formes d'engagement. Autrement dit, les jeunes adultes qui vont voter sont
plus susceptibles de participer activement à la vie citoyenne. Alors, pour cette raison, et parce
que je crois sincèrement que les jeunes ont quelque chose à dire et qu'ils ont un rôle à jouer
dans la société, je les encourage à exercer leur droit de vote en toutes circonstances : élections,
référendums, votes de grève, etc. Quand on vote, on a du pouvoir : le pouvoir de s'exprimer,
de se faire entendre et de faire changer les choses.

Pourquoi les jeunes ne vont pas voter ? C'est simple :
la plupart d'entre eux sont extrêmement cyniques à l'égard
de la politique. Ils sont désenchantés, voire dégoûtés des
fausses promesses, de la malhonnêteté, de l'hypocrisie,
de la corruption et du négativisme qui caractérisent selon
eux la vie politique. Ils n'ont aucune confiance à l'égard
des candidats, des partis ou du gouvernement ; pour eux,
«c'est toute du pareil au même». Alors, évidemment, ils
refusent de se soumettre à un exercice qu'ils jugent inutile.

Finalement, il faut malheureusement le dire, quelques
jeunes sont carrément irresponsables, immatures, paresseux,
rebelles ou sans vision… Pour camoufler leur ignorance,
ils critiquent à tort et à travers en utilisant des phrases toutes faites, du genre : «Les politiciens,
c'est toutes des pourris !» Si encore ils étaient les seuls !

Louis, 30 ans

À l'heure des choix ■

3 a) L'expression *couper les ailes* est-elle employée au sens propre ou au sens figuré ?

_____

b) Que signifie-t-elle dans le contexte ?

_____

4 Que signifie le mot *infraction* ?

_____

5 Quel est le sens du mot *enjeux* dans le contexte ?

_____

6 Que signifie *se sentir submergé* dans le contexte ?

_____

7 À quels paliers fait-on référence ici ?

_____

_____

8 Que signifie l'expression *avoir voix au chapitre* ?

_____

_____

9 En vous appuyant sur les préfixe et suffixe grecs qui le composent, définissez le mot *démocratie*.

_____

10 Que signifie *boycotter* un produit ?

_____

⬤ **Consultez le dictionnaire au besoin.**

---

i ## Avoir voix au chapitre

Dans l'expression *avoir voix au chapitre*, le mot *chapitre* ne désigne pas le chapitre d'un livre, mais le nom que portait, au Moyen Âge, une assemblée de religieux qui se réunissaient pour délibérer.

Avoir voix au chapitre signifiait donc avoir une voix aux délibérations d'un chapitre, c'est-à-dire avoir le droit de donner son avis.

Le sens du message

11 Dans le tableau ci-dessous, résumez chaque témoignage en donnant les principales raisons pour lesquelles les jeunes ne vont pas voter.

ATTENTION !

▷ Faites des phrases complètes et utilisez vos propres mots ! ■

Selon...	Principale raison pour laquelle les jeunes ne vont pas voter
Jean-Baptiste	
Coralie	
Geneviève	
Alexis	
Louis	

12 Parmi ces raisons, laquelle correspond le plus à votre point de vue ? Pourquoi ?

13 a) Alexis dit que les jeunes ne vont pas voter parce qu'ils ne font pas confiance aux politiciens. Il exprime également un autre point de vue. Lequel ?

_____

_____

b) Comment justifie-t-il ce point de vue ?

_____

_____

14 Quelle opinion implicite pouvez-vous dégager de la phrase soulignée ci-dessous.

«Pour camoufler leur ignorance, ils critiquent à tort et à travers en utilisant des phrases toutes faites, du genre: "Les politiciens, c'est toutes des pourris!" <u>Si encore ils étaient les seuls!</u>»

Opinion implicite : _____

_____

15 Pour quelles raisons Alexis encourage-t-il les jeunes à aller voter ? Nommez au moins deux raisons.

_____

_____

16 Que peut-on conclure de l'ensemble des témoignages lus ?

_____

_____

_____

_____

_____

Faites corriger votre réponse par votre enseignante ou votre enseignant.

Les règles du jeu

LA SUBORDONNÉE COMPLÉTIVE

17 **Lisez les phrases ci-dessous. Celles qui sont surlignées sont des subordonnées complétives.**

1. Plusieurs jeunes pensent que les politiciens ne s'intéressent pas à eux.
2. Il faut qu'un jeune soit vraiment motivé pour aller voter.
3. Je doute que les jeunes aient vraiment l'envie ou le temps de s'informer.
4. Il est étonnant que les jeunes soient accusés d'indifférence ou de désengagement !

a) **Dans les phrases ci-dessus, quel subordonnant introduit chacune des subordonnées complétives ?**

_____

b) **Remplissez le tableau ci-dessous.**
- **Dans chaque phrase, quel mot la subordonnée complète-t-elle ?**
- **Quelle est la classe de ce mot ?**

Phrase	Mot complété	Classe du mot complété
1	*pensent*	verbe
2		
3		
4		

c) **Dans la phrase 1, par quel groupe de mots pourriez-vous remplacer la subordonnée (*quelque chose, à quelque chose, de quelque chose*, etc.) ?**

_____

_____

d) **Dans la phrase 3, par quel groupe de mots pourriez-vous remplacer la subordonnée (*quelque chose, à quelque chose, de quelque chose*, etc.) ?**

_____

_____

_____

_____

_____

_____

_____

LA SUBORDONNÉE COMPLÉTIVE

La subordonnée **complétive** est une phrase transformée par l'ajout d'un subordonnant. Elle complète généralement un **verbe** ou un **adjectif**.

Elle est alors enchâssée (incluse) dans un groupe verbal (GV) ou un groupe adjectival (GAdj), le plus souvent à l'aide du subordonnant *que* (*qu'*), qui fait partie de la classe des **conjonctions**.

- Lorsque la subordonnée complète un verbe, elle fait partie du GV. Elle est alors **complément direct** (CD) ou **complément indirect** (CI) du verbe qu'elle complète.

  EXEMPLES :

  $$\text{GV}$$
  $$\text{V} \quad \text{Sub. Compl. - CD du V}$$
  Pour avoir le droit de voter, il | *faut qu'un jeune ait 18 ans* |.

  $$\text{GV}$$
  $$\text{V} \qquad\qquad \text{Sub. Compl. - CI du V}$$
  Les jeunes | *ne se rendent pas compte qu'ils ont du pouvoir* |.

- Lorsque la subordonnée complète un adjectif, elle fait partie du GAdj. Elle occupe alors la fonction de complément de l'adjectif.

  EXEMPLE :

  $$\text{GAdj}$$
  $$\text{Adj.} \qquad\qquad \text{Sub. Compl. - C de l'Adj.}$$
  Je suis | *heureux que vous ayez décidé de participer à la marche pour la paix* |.

ATTENTION !

▷ La subordonnée complétive, tout comme la subordonnée relative, **ne peut exister seule**. Dans la plupart des cas, on ne peut supprimer la complétive : elle est essentielle pour donner du sens à la phrase.

EXEMPLE :

Plusieurs jeunes pensent que les politiciens ne s'intéressent pas à eux.
≠ Plusieurs jeunes pensent. ■

---

18 **a) Dans la phrase suivante, encerclez le subordonnant et surlignez la subordonnée.**

Geneviève ne croit pas que les politiciens représentent bien les jeunes .

b) Quel(s) mot(s) la subordonnée complète-t-elle ?

_____

c) Par quel groupe de mots pourriez-vous remplacer la subordonnée ?

_____

d) Complétez.

Il s'agit donc d'une subordonnée _____ qui occupe la fonction de

_____ du _____ . Cette

subordonnée fait partie du groupe _____ .

19 Dans les phrases ci-dessous, surlignez la subordonnée et dites si elle est relative ou complétive.

a) Le candidat que vous avez élu sera nommé ministre.

_____

b) Je suis étonné que ce candidat ait été élu !

_____

c) Je crains que ce candidat ait été défait.

_____

LE MODE DANS LA SUBORDONNÉE COMPLÉTIVE

20 a) Lisez attentivement les phrases suivantes.

Soulignez les verbes des subordonnées complétives en portant une attention particulière au mode (indicatif, subjonctif, etc.) de ces verbes.

1. Elle craint que vous soyez mal informé.

2. Nous sommes déçus que vous n'ayez pas appuyé notre candidat.

3. On voudrait que tous les citoyens soient bien représentés.

4. J'aimerais que tu fasses un effort.

5. Pour exercer votre droit de vote, il faut que vous possédiez la qualité d'électeur le jour du scrutin et que vous soyez inscrit sur la liste électorale de votre circonscription.

b) Quel mode est utilisé dans les subordonnées ?

_____

c) Dans les phrases 1 à 5, qu'expriment les mots surlignés que les subordonnées complètent ?
Choisissez parmi les réponses suivantes.

> un sentiment – une volonté – un fait accompli –
> une certitude – un ordre – un souhait – une obligation

Phrase 1 : _____

Phrase 2 : _____

Phrase 3 : _____

Phrase 4 : _____

Phrase 5 : _____

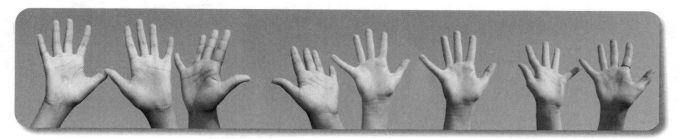

21 Lisez les phrases suivantes.

1. Je suis persuadé qu'il **remportera** ses élections.
2. Je constate qu'il **a obtenu** une forte majorité.

a) Quel mode est utilisé dans les subordonnées ?

_____

b) Qu'expriment les mots surlignés dans ces deux phrases ? Choisissez parmi les réponses suivantes.

> un sentiment – une volonté – un fait accompli –
> une certitude – un ordre – un souhait – une obligation

Phrase 1 : _____

Phrase 2 : _____

SAVOIR essentiel

LE MODE DU VERBE DANS LA SUBORDONNÉE COMPLÉTIVE

Le **mode** du verbe de la subordonnée complétive peut être l'**indicatif** ou le **subjonctif**.

- On emploie généralement le **subjonctif** quand le mot complété par la subordonnée exprime un **sentiment**, un **souhait**, une **volonté** ou une **obligation**.

  EXEMPLE :
  Il faut que tu ailles voter ! (La subordonnée complète un verbe qui exprime une obligation.)

ATTENTION !

Certains verbes commandent parfois l'indicatif, parfois le subjonctif. En cas de doute, consultez un dictionnaire !

EXEMPLE :
J'espère qu'il <u>viendra</u> demain.
→ *Je n'espère pas qu'il <u>vienne</u> demain.* ■

Afin d'approfondir vos connaissances sur le mode du verbe de la subordonnée complétive, vous pouvez faire les exercices complémentaires 7 et 8 à la page 197.

LE PRÉSENT DU SUBJONCTIF

Comme vous l'avez vu, le mode subjonctif est souvent utilisé dans les phrases subordonnées.

22 Complétez le tableau suivant sur la terminaison des verbes au présent du subjonctif. Utilisez au besoin un ouvrage sur la conjugaison.

La terminaison de tous les verbes au présent du subjonctif (sauf *avoir* et *être*)						
Personne	1re pers. s.	2e pers. s.	3e pers. s.	1re pers. pl.	2e pers. pl.	3e pers. pl.
Terminaison	-e					

Au singulier, il y a toujours un _____ dans la terminaison : que je cour_____, que tu voi_____, qu'elle croi_____.

Les verbes *avoir* et *être* ne suivent pas ce modèle :
Que j'**aie**, que tu **aies**, qu'il **ait**, que nous ay**ons**, que vous ay**ez**, qu'ils **aient**
Que je so**is**, que tu so**is**, qu'il so**it**, que nous soy**ons**, que vous soy**ez**, qu'ils **soient**

23 a) **Quel est l'infinitif du verbe souligné dans la phrase suivante ?**

J'aimerais qu'on <u>fasse</u> une différence entre l'engagement politique et l'exercice du droit de vote.

_____

b) **À quel temps et à quel mode est conjugué ce verbe ?**

_____

c) **Que remarquez-vous par rapport au radical et à la terminaison du verbe *faire* ?**

_____

_____

SAVOIR essentiel

LE PRÉSENT DU SUBJONCTIF DES VERBES IRRÉGULIERS

Tout comme le verbe *faire*, plusieurs verbes **irréguliers** ont la **même terminaison** que tous les autres verbes au présent du subjonctif, mais leur **radical** change (par exemple : les verbes *aller*, *dire*, *vouloir*, *pouvoir*, *savoir*, *voir*, *venir* et *prendre*).

On n'a donc pas le choix d'apprendre systématiquement la conjugaison de ces verbes !

Aller	Savoir	Pouvoir
Que j'**aille**	Que je **sach**e	Que je **puisse**
Que tu **aill**es	Que tu **sach**es	Que tu **puiss**es
Qu'il / elle / on **aille**	Qu'il / elle / on **sach**e	Qu'il / elle / on **puiss**e
Que nous **all**ions	Que nous **sach**ions	Que nous **puiss**ions
Que vous **all**iez	Que vous **sach**iez	Que vous **puiss**iez
Qu'ils / elles **aill**ent	Qu'ils / elles **sach**ent	Qu'ils / elles **puiss**ent

● Afin d'approfondir votre connaissance de la conjugaison des verbes irréguliers au présent du subjonctif, faites les exercices complémentaires 2 et 3 aux pages 194 et 195.

Comment FAIRE ?

COMMENT CHOISIR ENTRE L'INDICATIF ET LE SUBJONCTIF ?

Remplacez le verbe qui vous fait hésiter par le verbe *faire*: vous saurez immédiatement si vous devez utiliser l'indicatif ou le subjonctif !

EXEMPLES:

Il faut que tu (voies / vois) ce spectacle.
→ *Il faut que tu **fasses** ce spectacle.* (subjonctif = voi**es**)

Le dessin que tu (vois / voies) est magnifique.
→ *Le dessin que tu **fais** est magnifique.* (indicatif = voi**s**)

24 Conjuguez les verbes entre parenthèses au mode qui convient.

a) Il faudrait que tu (prévoir) _____ toutes les situations possibles !

b) J'aimerais qu'il (fuir) _____ ces gens déplaisants.

c) C'est ce que tu (croire) _____, mais en es-tu bien sûr ?

TÂCHE ② Écrire pour expliquer une situation

Vous en avez assez d'entendre dire que les jeunes ne sont pas engagés, qu'ils sont désintéressés ou carrément apathiques. Vous décidez donc de faire paraître dans votre journal local le résumé des témoignages que vous avez lus, suivi de votre conclusion sur l'engagement politique des jeunes.

Cette tâche vous permettra de faire le point sur un enjeu démocratique en vous appuyant sur différentes sources.

> **SAVOIRS ESSENTIELS**
>
> **Grammaire de la phrase**
> ❏ Deux-points
> ❏ Point-virgule
> ❏ Points de suspension
>
> **Autre notion et technique**
> ❏ Résumé
>
> **DURÉE DE LA TÂCHE**
>
> 3 heures

But de la tâche

À la fin de cette tâche, vous serez en mesure de:
• résumer plusieurs points de vue;
• tirer des conclusions de votre analyse de la situation.

Les règles du jeu

LA PONCTUATION

Avant de commencer la rédaction du brouillon de votre résumé, prenez quelques minutes pour revoir les différents emplois de la virgule (chapitre 2, page 114), puis faites les exercices ci-dessous qui portent sur le deux-points, le point-virgule et les points de suspension.

Plus vos phrases seront correctement ponctuées, plus votre résumé sera clair et cohérent !

25 Reliez par des flèches chacune des phrases suivantes au rôle qu'y joue le deux-points (:).

Phrase	Rôle du deux-points
Je les encourage à exercer leur droit de vote en toutes circonstances : élections, référendums, vote de grève, etc. ●	● Introduit un discours rapporté direct (une citation).
On ne peut pas devenir soudainement «politisé» à 18 ans, si on ne l'a jamais été avant : on ne va pas voter ! ●	● Introduit une explication.
La possibilité de voter ne me fait plus *tripper* : moins on s'est intéressé à la politique jeune, moins on s'y intéresse en vieillissant ●	● Introduit une énumération.
Alexis encourage les jeunes à aller voter : ● «Participez et faites-vous entendre !»	● Introduit une conséquence, un résultat.

26 **a)** Surlignez, dans le témoignage de Geneviève (page 172), un passage où le **point-virgule** (;) est employé pour séparer les éléments d'une liste.

_____

b) Dans le témoignage de Louis (page 173), surlignez un passage où le **point-virgule** (;) est employé pour joindre (juxtaposer) des phrases intimement liées par le sens.

_____

27 Relisez le 1ᵉʳ paragraphe du témoignage de Jean-Baptiste (page 171, lignes 1 à 10). Quel signe de ponctuation indique que la pensée de l'auteur demeure incomplète ?

_____

_____

_____

_____

_____

LA PONCTUATION

Signes	Emplois	Exemples
Le deux-points **:**	• introduit une énumération.	*Les candidats suivants seront présents au débat : Jean David, Françoise Belmont, Mario Lachance et Pauline Dubuc.*
	• introduit un discours rapporté direct.	*Il s'est écrié : « Hourra ! J'ai gagné mes élections ! »*
	• introduit une explication.	*J'irai sûrement voter : c'est le devoir de tout citoyen.*
	• introduit une conséquence, un résultat.	*Je ne suis pas allé voter : j'accepte la décision de la population.*
Le point-virgule **;**	• sépare les éléments d'une énumération verticale. (Chacun des éléments est généralement précédé d'un tiret et le dernier élément se termine par un point.)	*Les pièces d'identité suivantes sont acceptées :* *– le permis de conduire ;* *– la carte d'assurance-maladie ;* *– le passeport.*
	• sépare deux phrases qui ont un lien étroit de sens.	*Avertis Marie du résultat ; moi, j'avise Charles.*
Les points de suspension **...**	• marquent la fin d'une phrase et indiquent que la pensée de l'auteur est incomplète.	*Ce candidat ne m'inspire pas confiance...*
	• marquent qu'on pourrait poursuivre l'énumération.	*L'image des politiciens est souvent ternie par la malhonnêteté, l'hypocrisie, la corruption...*

28 **Dans le paragraphe ci-dessous, ajoutez la ponctuation manquante.**

> deux virgules – deux deux-points – un point-virgule –
> des points de suspension (utilisés une fois)

Le gouvernement a imposé un moratoire pour les prochaines élections pas question de revenir avec le vote électronique. Le flop des élections municipales de 2005 où on avait expérimenté à grande échelle le vote électronique est encore très frais à la mémoire de tous Le directeur général des élections précise « On y va avec le bon vieux système à la main qui a fait ses preuves au fil des années on lui fait confiance. »

LE RÉSUMÉ

Vous possédez maintenant tous les outils nécessaires afin de rédiger le résumé des témoignages que vous avez lus aux pages 171 à 173, et pour formuler votre conclusion sur l'engagement politique des jeunes.

SAVOIR essentiel

RAPPEL ▶ **LE RÉSUMÉ**

- Le résumé est un texte qui présente l'**essentiel** d'un message lu ou entendu. Il doit donc dire beaucoup en peu de mots !

- Le résumé est un nouveau texte : il ne reprend pas textuellement les phrases du texte original.

- Le résumé comporte une introduction, un développement et une conclusion.

Rédaction du brouillon

Rédigez le **brouillon** de votre résumé (de **250 à 300 mots**).

ATTENTION !

Donnez un titre accrocheur à votre texte pour stimuler l'intérêt des lecteurs. ■

En guise d'introduction, écrivez un court paragraphe dans lequel on trouvera l'information suivante :
- ce qui vous motive à écrire ce résumé ;
- le nom des personnes qui ont témoigné ;
- le sujet sur lequel portent ces témoignages.

- Rédigez le **développement** de votre résumé en formulant en une ou deux phrases l'essentiel de chacun des témoignages que vous avez lus (aidez-vous en relisant vos réponses aux exercices 11 et 13).
- Liez ces phrases par des marqueurs de relation ou des organisateurs textuels qui marquent bien les liens logiques qui les unissent.

Présentez votre conclusion sur l'engagement politique des jeunes en vous référant à votre réponse à l'exercice 16.

Relisez maintenant votre brouillon et posez-vous les questions suivantes.

	OUI	NON
• Est-ce que mon résumé porte un titre accrocheur ?	○	○
• Est-ce que mon résumé présente le sujet du texte dès le début ?	○	○
• Est-ce qu'il présente les différents points de vue dans mes propres mots (sans reprendre les phrases des textes sources) ?	○	○
• Est-ce que mon texte est formé de phrases complètes et claires, reliées par des marqueurs de relation et des organisateurs textuels appropriés ?	○	○
• Est-ce que la ponctuation de mon texte est bien employée ?	○	○

🔴 **Avant de rédiger la version définitive de votre résumé, consultez l'outil** *La révision et la correction d'un texte* **à la page 294.**

La correction de votre résumé est terminée ? Rédigez la version définitive de votre texte sur une feuille mobile ou en utilisant un logiciel de traitement de texte.

Faites corriger votre texte par votre enseignante ou votre enseignant.

Faire le point

DURÉE
1 heure

LES PHRASES SUBORDONNÉES

29 **Remplissez le tableau ci-dessous en vous assurant de:**
- **nommer les trois sortes de subordonnées;**
- **préciser les caractéristiques de chacune d'elles (La subordonnée est-elle enchâssée [incluse] dans un groupe ou dans une phrase ? À quelle classe appartient son subordonnant ? Quelle est la fonction de la subordonnée ? etc.);**
- **donner un exemple pour chacune d'elles.**

Sorte de subordonnée	Caractéristiques	Exemples
Subordonnée relative	Est enchâssée dans un groupe à l'aide d'un subordonnant pronom relatif (*qui, que, dont, où*); complète généralement un nom ou un pronom; ne peut exister seule; est facultative.	______
______	______	______
Subordonnée complément de phrase	______	______

30 **Dites si les phrases surlignées sont des subordonnées relatives (SR) ou des subordonnées complétives (SC). Justifiez vos réponses en donnant la fonction des subordonnées.**

a) Je crois que les jeunes sont méfiants à l'égard des politiciens.

______

b) Les jeunes que j'ai rencontrés étaient pourtant intéressés.

______

c) Cette étude démontre qu'ils font souvent du bénévolat.

______

d) Les causes qu'ils défendent sont simplement différentes.

_____

e) Il était certain que vous étiez déjà inscrit.

_____

31 **Encerclez le subordonnant approprié dans la phrase suivante et expliquez votre choix.**

«Je ne peux pas croire (qui / qu'il) soit complètement désintéressé.»

_____

_____

_____

_____

LE PRÉSENT DU SUBJONCTIF

32 **Vrai ou faux ?**

Au présent du subjonctif, tous les verbes, sauf les verbes _avoir_ et _être_, se terminent par _-e, -es, -e, -ions, -iez, -ent._

_____

33 **Encerclez les verbes correctement orthographiés dans la phrase suivante.**

Je suis heureux que vous (ayez / ayiez / aviez / avez) dit la vérité et que vous vous

(soyiez / soyez / étiez / êtes) excusé; mais je crains que votre mésaventure ne vous

(a / ait / aie / aye) pas encore totalement guéri !

LA PONCTUATION

34 **Nommez quatre emplois possibles du deux-points et donnez un exemple pour chacun.**

a) Emploi : _____

Exemple : _____

b) Emploi : _____

Exemple : _____

c) Emploi : _____

Exemple : _____

d) Emploi : _____

Exemple : _____

Faites corriger vos exemples par votre enseignante ou votre enseignant.

Activité d'intégration

Famille, santé, éducation, environnement, lutte contre la pauvreté, soutien aux aînés, économie, emploi, transport… Pas toujours facile de **faire des choix** de société et… de plaire à tout le monde !

Voici les principales idées de trois partis politiques provinciaux au sujet des thèmes qui préoccupent généralement le plus la population en période de campagne électorale.

Lisez les extraits des programmes de ces trois partis et expliquez ensuite dans un court texte de 15 à 20 lignes quel serait le parti le plus susceptible de répondre à vos idées ou à vos valeurs.

FAMILLE	Parti 1	Parti 2	Parti 3
	• Allocation familiale significative pour chaque enfant d'âge préscolaire ne fréquentant pas le réseau de garderies subventionnées • Allocation de 5 000 $ pour la naissance ou l'adoption du 3e enfant	• Mêmes dispositions de congé parental aux parents adoptant et aux parents biologiques • Programme d'accès à la propriété pour les jeunes familles	• Allocation parentale universelle • Mesures d'intégration en emploi pour le retour au travail • Reconnaissance économique et sociale du travail des aidants naturels

SANTÉ	Parti 1	Parti 2	Parti 3
	• Instauration d'un véritable système de santé mixte (public, privé, coopérative) • Permission aux médecins d'exercer à la fois dans le secteur privé et dans le secteur public	• Augmentation des groupes de médecine familiale (GMF) pour l'ensemble du Québec • Révision du mode de gestion des listes d'attente	• Arrêt de toute forme de privatisation dans le système de santé et de services sociaux • Financement adéquat du système public et augmentation des ressources humaines

ÉDUCATION	Parti 1	Parti 2	Parti 3
	• Augmentation du nombre d'écoles à vocation particulière au secondaire • Enseignement intensif de l'anglais aux élèves de 5ᵉ et 6ᵉ année du primaire	• Accès aux écoles de 8 heures à 17 heures, pour inclure davantage d'aide aux devoirs, de sport et d'activités parascolaires • Création d'un Fonds national de réussite scolaire	• Gratuité scolaire complète du primaire à l'université • Ajout de ressources complémentaires pour fournir les services aux élèves en difficulté

ENVIRONNEMENT	Parti 1	Parti 2	Parti 3
	• Développement de notre potentiel hydroélectrique • Mise en chantier des projets de grands barrages du Nord du Québec	• Intensification du développement des transports collectifs • Protection de la ressource «eau» du Québec	• Nationalisation de l'énergie éolienne • Fondation de la société d'État Éole-Québec, responsable du développement harmonieux de la production d'énergie éolienne au Québec

ATTENTION !

▷ Justifiez votre point de vue par des extraits ou des exemples pertinents.

▷ Portez une attention particulière au choix des subordonnants (pronom relatif ou conjonction).

▷ Choisissez le bon mode des verbes dans les subordonnées.

▷ Portez une attention particulière à la ponctuation. ■

● **Avant de rédiger la version définitive de votre texte, consultez l'outil** *La révision et la correction d'un texte* **à la page 294.**

Rédaction de la version définitive

Rédigez maintenant la version définitive de votre texte.

_____

_____

_____

_____

_____

_____

_____

_____

_____

_____

_____

_____

_____

_____

_____

_____

_____

_____

_____

_____

Faites corriger votre texte par votre enseignante ou votre enseignant.

Bilan de mes apprentissages

1 = TRÈS FACILEMENT	2 = PLUTÔT FACILEMENT	3 = DIFFICILEMENT

Actions	Exercices	Échelle

1. DÉGAGER LES ÉLÉMENTS D'INFORMATION EXPLICITES ET IMPLICITES DU MESSAGE

• Je peux relever les principales idées d'un texte, qu'elles soient clairement exprimées ou sous-entendues.	11 à 15	1. ❏ 2. ❏ 3. ❏

2. SAISIR LE SENS GLOBAL DES MESSAGES

• Je m'appuie sur mes connaissances du lexique (synonymes, antonymes, dérivation lexicale, etc.) pour mieux saisir le sens du texte.	3 à 10	1. ❏ 2. ❏ 3. ❏
• Après avoir lu plusieurs messages, je peux dire ce qui en ressort globalement.	16	1. ❏ 2. ❏ 3. ❏

3. UTILISER LES RESSOURCES DE LA LANGUE

• Je reconnais les subordonnées complétives et leur fonction.	17, 18 et 31	1. ❏ 2. ❏ 3. ❏
• Je distingue la subordonnée complétive de la subordonnée relative	19 et 30	1. ❏ 2. ❏ 3. ❏
• Je choisis le mode approprié dans la subordonnée complétive	24	1. ❏ 2. ❏ 3. ❏

4. TRANSMETTRE UNE INFORMATION JUSTE ET EXPRIMER UN POINT DE VUE ÉCLAIRÉ

• Mon résumé reprend avec justesse l'essentiel des textes lus.	Tâche 2	1. ❏ 2. ❏ 3. ❏
• Ma conclusion présente un point de vue cohérent au regard des textes lus.		1. ❏ 2. ❏ 3. ❏

5. RESPECTER LES RÈGLES APPRISES DE LA GRAMMAIRE DE LA PHRASE

• Je conjugue correctement les verbes.	Activité d'intégration	1. ❏ 2. ❏ 3. ❏
• Je respecte les règles de la concordance des temps.		1. ❏ 2. ❏ 3. ❏
• Je ponctue correctement mes phrases.		1. ❏ 2. ❏ 3. ❏

Progrès réalisés	Points à améliorer

EXERCICES COMPLÉMENTAIRES

DURÉE
1 heure

Le complément de phrase (C de P)

Au besoin, consultez la rubrique *Savoir essentiel* à la page 157.

1 Complétez les phrases ci-dessous en y insérant le complément de phrase (C de P) demandé. N'oubliez pas d'employer la virgule de façon appropriée !

EXEMPLE :

La consommation occupe une place démesurée.
C de P : un groupe adverbial indiquant le temps
Aujourd'hui, la consommation occupe une place démesurée.

a) La publicité envahit tous les médias.
C de P : un groupe prépositionnel indiquant le temps

____

b) On gagnerait du temps à se consacrer à autre chose.
C de P : subordonnée indiquant la condition

____

c) Évitons de gaspiller l'eau.
C de P : subordonnée indiquant la cause

____

Faites corriger vos réponses par votre enseignante ou votre enseignant.

La conjugaison du présent du subjonctif

Au besoin, consultez un ouvrage de référence en conjugaison.

2 Conjuguez les verbes *faire, prendre, voir* et *venir* au présent du subjonctif.

Faire	Prendre	Voir	Venir
Que je	Que je	Que je	Que je
Que tu	Que tu	Que tu	Que tu
Qu'il / elle / on	Qu'il / elle / on	Qu'il / elle / on	Qu'il / elle / on
Que nous	Que nous	Que nous	Que nous
Que vous	Que vous	Que vous	Que vous
Qu'ils / elles	Qu'ils / elles	Qu'ils / elles	Qu'ils / elles

3 Les verbes en gras sont-ils bien conjugués ? Corrigez-les s'il y a lieu.

	OUI	NON	CORRECTION
a) Il faut que j'y **alle**.	❏	❏	_____
b) Je doute qu'ils **peuvent** y arriver.	❏	❏	_____
c) Il est important que vous **sachez** la vérité.	❏	❏	_____
d) Que vous le **vouliez** ou non, nous vous accompagnerons !	❏	❏	_____
e) L'important n'est pas que je **veuille**,	❏	❏	_____
mais plutôt que je **peuve** !	❏	❏	_____
f) Il faut absolument que tu **vois** son nouvel appartement.	❏	❏	_____

Les phrases subordonnées

Au besoin, consultez les rubriques *Savoir essentiel* aux pages 159 et 178.

4 Dans les phrases ci-dessous :
- encerclez le subordonnant et surlignez la subordonnée;
- encadrez, **s'il y a lieu**, le groupe dont fait partie la subordonnée et identifiez ce groupe.

EXEMPLE : Je | me réjouis (que) vous soyez des nôtres |.
                          GV

a) Je suppose que nous avons fait le meilleur choix .

b) Il était convaincu que ce candidat gagnerait .

c) Dès que vous serez arrivés , nous partirons .

d) Je ne me rendais pas compte qu' ils me regardaient .

e) C' est un discours qui a soulevé les passions .

5 Surlignez la subordonnée et indiquez s'il s'agit d'une:
- **subordonnée complétive (SC);**
- **d'une subordonnée relative (SR);**
- **d'une subordonnée complément de phrase (SCP).**

Justifiez votre réponse en précisant la fonction de la subordonnée.

EXEMPLE:

> Je crois que vous n'y arriverez pas.
> SC complément direct du verbe *croire*.

a) Comme il faisait beau, je suis allé travailler en vélo.

_____

b) Les jeunes doutent que les politiciens soient honnêtes.

_____

c) Le député que nous avons élu a fait ses preuves.

_____

d) Ces documents, ce sont ceux que nous avons consultés.

_____

e) Ils étaient déjà partis lorsque nous sommes arrivés.

_____

f) Nous sommes persuadés que vous avez tort.

_____

g) Ils vous ont aidé afin que vous puissiez y arriver.

_____

h) Comme elle est compétente et intègre, elle a été élue.

_____

i) Nous souhaitons que vous réussissiez.

_____

6 **Quel lien logique (ou rapport sémantique) exprime le subordonnant dans les phrases a, e, g et h de l'exercice 5 ?**

Phrase a : _____   Phrase e : _____

Phrase g : _____   Phrase h : _____

Le mode du verbe dans les subordonnées

● **Au besoin, consultez les rubriques** *Savoir essentiel* **aux pages 161 et 180.**

7 **Voici des paires de phrases. Sans changer l'ordre des phrases, unissez-les à l'aide d'un subordonnant exprimant le sens donné entre parenthèses.**

ATTENTION !

▷ Assurez-vous que le verbe de la subordonnée est conjugué au mode qui convient.

▷ N'oubliez pas de détacher la subordonnée par une virgule si elle est placée au début de la phrase. ■

a) Vous arriverez. Ils pourront partir. (temps)

_____

b) Ne dépassez pas le cercle. Votre vote est valide. (but)

_____

c) Dépêche-toi de terminer. Le patron revient. (temps : *avant que*)

_____

d) Il n'entend pas bien. Il ne peut pas répondre à la question. (cause)

_____

8 **Conjuguez les verbes entre parenthèses au mode qui convient. Utilisez au besoin la stratégie proposée à la page 182.**

a) Ils nous ont aidés afin que nous **(pouvoir)** _____ réussir.

b) Elle est partie avant minuit de peur qu'il n'y **(avoir)** _____ plus

de train plus tard.

c) Il insiste pour qu'on le **(croire)** _____ sur parole.

d) Il pense qu'on ne le **(croire)** _____ pas.

e) Les voyageurs redoutent que l'autobus ne les

(avoir) _____ pas attendus.

f) J'espère qu'il **(voir)** _____

tout le travail que nous avons accompli.

g) Il est important que tu **(savoir)**

_____

la vérité.

SITUATION D'APPRENTISSAGE 1

Des gestes qui ont du poids

(PAGES 146 À 167)

1 Vrai.
Vrai.
Vrai.
Vrai.
Vrai.
Faux.

2 Il fait référence aux principes de base d'une conduite écologique et économique.

3 Il signifie que ces trajets consomment beaucoup d'essence.

4 Combattre ou lutter contre quelque chose.

5 C'est une forme de pollution de l'air : un mélange nocif de gaz et de particules.

6 Sur l'autoroute :
Trucs : Diminuer sa vitesse.
Avantages : Économie d'essence (20 %). Moins de CO_2 dans l'atmosphère.

En ville :
Trucs : Freinages, démarrages et accélérations en douceur.
Avantages : Réduction de consommation d'essence (40 %). Diminution des pulsations cardiaques.

Avantages :
• 1 km à pied ne prend que 10 minutes environ.
• Le vélo est plus rapide que l'auto pour les trajets de moins de 8 km.
• On bouge.
• C'est économique.
• Le stress diminue.
• Le smog et la pollution diminuent.

7 Oui. Elles ont été diffusées sur les ondes de Télé-Québec, une chaîne reconnue pour la qualité de son information.

8 c

9
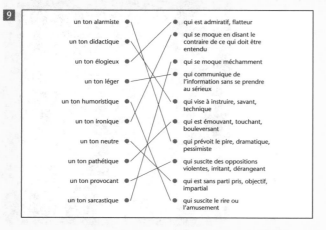

10 d. Même si le sujet est sérieux, les chroniqueurs ont choisi de livrer leur message sur un ton léger, agréable, facile à comprendre.

11 Réponse personnelle*.

12 L'amour de la nature ou le respect de l'environnement.

13 **a)** Une forêt.
b) Il rejoint le sujet de la chronique et la valeur véhiculée dans cette chronique (l'amour de la nature ou le respect de l'environnement).

14 Réponse personnelle.

15 **a)** À la classe des verbes.
b) La terminaison *ant*.
c) Invariables.

16 Le recyclage est une façon de traiter les déchets <u>provenant</u> des industries et des ordures ménagères. Il permet de réutiliser les matériaux <u>composant</u> différents produits. La fabrication de bouteilles neuves avec le verre de bouteilles usagées est sans doute l'exemple <u>illustrant</u> le mieux ce procédé. En <u>permettant</u> de réduire la quantité de déchets et de préserver les ressources naturelles, le recyclage protège notre environnement. De plus, il constitue une activité économique importante en <u>créant</u> des emplois.

17 L'économie d'énergie.

18 Individuel.

19 **a)** Le préfixe *in*.
b) Qui n'est pas épuisable.

20 **a)** Qui se nourrit.
b) Qui se nourrit d'énergie, qui utilise beaucoup d'énergie.
c) Carnivore, frugivore, herbivore, insectivore, etc.

21 **a)** L'auteur veut inciter les Québécois à diminuer leur consommation d'énergie.
b) Il mentionne que les ressources sont limitées. Il donne les avantages personnels de réduire sa consommation. Il dit que « chacun doit participer à l'effort collectif ». Il écrit aussi que c'est facile, économique et sans douleur.

22 Il dit que les Québécois pensent sans doute que l'impact de leurs gestes personnels est négligeable.

---

*Au besoin, faites corriger votre réponse personnelle par votre enseignante ou votre enseignant.

23 Idées principales :

2e paragr. : Pourquoi devrait-on économiser l'énergie ?

3e paragr. : Comment peut-on contrôler la température de la maison ?

4e paragr. : Il est nécessaire d'utiliser les appareils électroménagers de façon raisonnée.

5e paragr. : Il faut gérer la consommation d'énergie des appareils électroniques et informatiques.

Idées secondaires :

2e paragr. :
• Les ressources sont limitées.
• La consommation affecte l'environnement.
• La consommation affecte le portefeuille.

3e paragr. :
• Régler le thermostat pour le jour et pour la nuit.
• Utiliser un ventilateur de plafond.

4e paragr. :
• Éviter de chauffer le four inutilement.
• Laver à l'eau froide.

5e paragr. :
• Débrancher : même en mode veille, ils consomment de l'énergie.

24 **a)** • Groupe adverbial (GAdv).

• Groupe prépositionnel (GPrép).

b) Oui.

25 **a)** Oui.

b) Complément de phrase.

26

GN

a) Tous les ans , l'Agence internationale de l'énergie publie un rapport.

GPrép

b) Le matériel informatique a pris, depuis l'avènement d'Internet , une place importante dans les foyers.

Sub.

c) Lorsqu'on utilise un four , il faut éviter de le préchauffer.

d) Le secteur du transport est la première source de

GPrép

pollution au Québec .

GAdv

e) Aujourd'hui , on estime que la demande mondiale

GPrép

d'énergie pourrait augmenter de 60 % d'ici l'an 2030 .

f) Les changements dans l'environnement nous

GPrép

préoccupent de plus en plus .

g) La production d'éthanol à partir de maïs est critiquée

Sub.

parce qu'elle provoque une augmentation du prix des aliments .

GPrép

h) Sur le plan énergétique , ces appareils présentent un inconvénient de taille.

27 Si tous les Québécois adoptaient de bonnes habitudes, les émissions de gaz à effet de serre diminueraient sensiblement.
si ; Condition.

Lorsque vous quittez votre logement, vous pouvez baisser le thermostat.
lorsque ; Temps.

On doit économiser l'énergie puisque les ressources sont limitées.
puisque ; Cause.

Il faut penser globalement et agir localement afin que les générations futures héritent d'un monde habitable.
afin que ; But.

28 Le gaz naturel est moins dommageable pour

l'environnement puisqu' il produit moins de dioxyde

de carbone .

Cause ; Indicatif.

Dès qu' on consomme de l'énergie , on engendre de la pollution .

Temps ; Indicatif.

L'être humain doit réagir avant qu' il ne soit trop tard .

Temps ; Subjonctif

L'énergie hydroélectrique perturbe les écosystèmes

parce qu' on inonde de vastes territoires pour construire

les barrages .

Cause ; Indicatif.

Les chercheurs essaient de trouver des moyens

pour que les richesses naturelles soient protégées .

But ; Subjonctif.

29 **a)** **Lorsqu'** / **Quand** il va se coucher, il oublie parfois de baisser la température.

b) Il oublie parfois de baisser la température avant d'aller se coucher **puisqu'** / **parce qu'** il est trop endormi.

c) **Afin qu'** / **Pour qu'** il se **souvienne** de baisser la température, j'ai collé un papier sur le thermostat.

d) Termine tes exercices **avant que** je **revienne**.

30 **a)** Il apporte une précision de lieu, de temps, de cause, de but, etc.

b) Il peut être effacé. Il peut être déplacé.

31 **a)** *ant* ; invariable

b) *ne... pas*

32 **a)** Faux. C'est un constituant facultatif.

b) Faux.

c) Vrai.

d) Faux. Il est isolé par des virgules lorsqu'il est placé au début ou à l'intérieur de la phrase.

e) Faux. Il est complément indirect. On ne peut ni l'effacer ni le déplacer.

Phrase qui contient un C de P	Construction du C de P
EXEMPLE: Pour émettre moins de gaz à effet de serre, on peut adopter une conduite défensive.	GPrép
Ici, l'utilisation de l'automobile est responsable de presque la moitié de notre empreinte écologique.	GAdv
On protège l'environnement et on se garde en forme lorsqu'on prend son vélo.	Subordonnée
On peut, grâce à l'empreinte écologique, mesurer son impact sur l'environnement.	GPrép
On a des preuves des changements climatiques toutes les semaines.	GN

34 a) Faux. Les subordonnées indiquant le temps sont généralement à l'indicatif. Les subordonnées exprimant la cause sont à l'indicatif.

b) Vrai.

35 Des milliards de piles usagées se retrouvent dans les

                                 cause

dépotoirs chaque année. C'est malheureux, puisqu'elles

                                   condition

nuisent grandement à l'environnement. Si tout le monde jetait ses piles usagées à la poubelle, on trouverait une grande quantité de métaux toxiques dans le sol et dans

                                   temps

l'eau. Que faire alors lorsque nos piles rendent l'âme? Il suffit de les apporter à différents points de collecte afin qu'on réutilise certains métaux dans la fabrication de nouvelles piles. Les autres composantes qu'on ne peut

                                   temps

réutiliser seront traitées avant qu'on les enfouisse dans

                                   but

des sites sécuritaires. Bref, pour que notre environnement reste sain, il faut s'arrêter pile!

SITUATION D'APPRENTISSAGE 2

Aux urnes, citoyens!
(PAGES 168 À 193)

1 a) Première ou premier ministre.

b) la ou le chef du parti qui a fait élire le plus de candidats.

c) Le Parti libéral du Québec, le Parti québécois, Québec solidaire, l'Action démocratique du Québec.

d) à l'Assemblée nationale.

e) Scrutin majoritaire, uninominal, à un tour. Aux élections fédérale et provinciale, l'électeur vote dans sa circonscription une seule fois (à un tour) et pour une seule personne (uninominal). La personne élue est celle qui a obtenu le plus de voix (majoritaire). Le parti qui forme le gouvernement est celui qui a fait élire le plus de candidats.

f) être député et appartenir au parti qui est au pouvoir.

g) Parlement du Canada. Situé à Ottawa.
Parlement du Québec. Situé à Québec.

2 Il nous apprend que la participation des jeunes aux élections fédérales diminue depuis 1984.

3 a) Au sens figuré.

b) Enlever l'envie, démotiver.

4 Délit, crime.

5 Ce que l'on peut gagner ou perdre sur les plans économique ou social, par exemple.

6 Se sentir dépassé ou débordé.

7 Il s'agit des trois paliers de gouvernement: municipal, provincial et fédéral.

8 Être consulté, avoir le droit d'exprimer une opinion et, s'il y a lieu, de prendre part aux décisions.

9 *Démo* (peuple) + *cratie* (pouvoir) = pouvoir du peuple.

10 Ne pas l'acheter.

11 Selon Jean-Baptiste: L'une des raisons qui expliquent la non-participation des jeunes aux élections, c'est le fait qu'ils n'ont pas le droit de vote à 16 ans: on ne les a pas habitués assez jeunes à s'intéresser à la politique.

Selon Coralie: Les jeunes ne vont pas voter parce qu'ils ne sont pas informés: ils ne connaissent rien à la politique.

Selon Geneviève: Plusieurs jeunes ne votent pas parce qu'ils ne se sentent pas concernés par le système politique et par les politiciens: ils se sentent loin de ce monde.

Selon Alexis: Les jeunes ne vont pas voter parce qu'ils se méfient des politiciens.

Selon Louis: La plupart des jeunes ne votent pas, parce qu'ils sont désenchantés et même dégoûtés de la politique et de la malhonnêteté des politiciens: ils n'ont aucune confiance dans les candidats, quels qu'ils soient. Quelques jeunes sont simplement irresponsables, immatures ou paresseux.

12 Réponse personnelle.

13 a) Il dit qu'il ne faut pas confondre l'engagement politique et le fait d'aller voter. Il dit que les jeunes ne vont pas voter, mais qu'ils participent autrement à la vie sociale et politique.

b) Il fait référence à une étude de Statistique Canada qui démontre que les jeunes s'engagent socialement de différentes façons.

14 Les gens plus âgés ne sont pas nécessairement plus politisés que les jeunes.

15 Deux raisons parmi les suivantes: l'engagement social et l'exercice du droit de vote vont de pair; les jeunes ont quelque chose à dire; les jeunes ont un rôle à jouer dans la société; voter donne du pouvoir.

16 Réponse personnelle.

17 a) Que (ou qu').

b)

Phrase	Mot complété	Classe du mot complété
1	*pensent*	verbe
2	*faut*	verbe
3	*doute*	verbe
4	*étonnant*	adjectif

c) Par *quelque chose*: *Les jeunes pensent quelque chose.*

d) Par le GPrép *de quelque chose*: *Je doute de quelque chose.*

18 a) Geneviève ne croit pas (que) les politiciens représentent bien les jeunes.

b) *Ne croit pas.*

c) Par *quelque chose.*

d) complétive; complément direct; verbe; verbal

19 a) Subordonnée relative (elle complète un nom).

b) Subordonnée complétive (elle complète un adjectif).

c) Subordonnée complétive (elle complète un verbe).

20 a) 1. Elle craint que vous <u>soyez</u> mal informé.
2. Nous sommes déçus que vous n'<u>ayez</u> pas <u>appuyé</u> notre candidat.
3. On voudrait que tous les citoyens <u>soient</u> bien représentés.
4. J'aimerais que tu <u>fasses</u> un effort.
5. Pour exercer votre droit de vote, il faut que vous <u>possédiez</u> la qualité d'électeur le jour du scrutin et que vous <u>soyez</u> inscrit sur la liste électorale de votre circonscription.

b) Le mode subjonctif.

c) Phrase 1: Un sentiment.
Phrase 2: Un sentiment.
Phrase 3: Une volonté.
Phrase 4: Un souhait.
Phrase 5: Une obligation.

21 a) Le mode indicatif.

b) Phrase 1: Une certitude.
Phrase 2: Un fait accompli.

22

Personne	1re pers. s.	2e pers. s.	3e pers. s.	1re pers. pl.	2e pers. pl.	3e pers. pl.
Terminaison	-e	-es	-e	-ions	-iez	-ent

La terminaison de tous les verbes au présent du subjonctif (sauf *avoir* et *être*)

Au singulier, il y a toujours un *e* dans la terminaison: que je coure, que tu voies, qu'elle croie.

23 a) Faire.

b) Au présent du subjonctif.

c) Le verbe *faire* a la même terminaison que tous les autres verbes au présent du subjonctif, mais son radical change: *fai* devient *fass.*

24 a) prévoies

b) fuie

c) crois

25

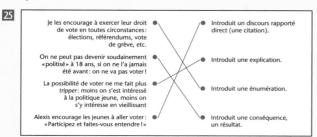

26 a) Lignes 60 à 72.

b) Lignes 113 à 115.

27 Les points de suspension à la fin de la phrase suivante: «Mais, pour obtenir le droit de vote, il faut qu'il ait 18 ans…» Si l'auteur avait complété sa pensée, il aurait probablement ajouté: «Ça n'a pas de sens, n'est-ce pas?»

28 Le gouvernement a imposé un moratoire pour les prochaines élections **:** pas question de revenir avec le vote électronique. Le flop des élections municipales de 2005**,** où on avait expérimenté à grande échelle le vote électronique**,** est encore très frais à la mémoire de tous**…** Le directeur général des élections précise **:** «On y va avec le bon vieux système à la main qui a fait ses preuves au fil des années **;** on lui fait confiance.»

29 Subordonnée relative: *L'exercice que je viens de terminer était facile.*

Subordonnée complétive: Enchâssée dans un groupe à l'aide d'un subordonnant conjonction (*que*, *qu'*); complète généralement un verbe ou un adjectif; ne peut exister seule; ne peut être supprimée.
Je crois que tu n'arriveras pas à temps.

Subordonnée complément de phrase: Enchâssée dans une phrase à l'aide d'un subordonnant conjonction (de but, de cause, de temps, de condition, etc.); complète une phrase; ne peut exister seule; est facultative.
Téléphone-moi lorsque tu arriveras.

30 a) SC complément du verbe.

b) SR complément du nom.

c) SC complément du verbe.

d) SR complément du nom.

e) SC complément de l'adjectif.

31 qu'il. La subordonnée complète le verbe *croire* (Je ne peux croire *quelque chose*? qu'il soit complètement désintéressé). Il s'agit donc d'une subordonnée complétive introduite par *que* (*qu'*). L'emploi du subordonnant *qui*, pronom relatif, est impossible ici, puisque la subordonnée relative complète toujours un nom.

32 Vrai.

33 ayez ; soyez ; ait

34 a) Emploi: Introduit une énumération.
Exemple: Réponse personnelle.

b) Emploi: Introduit une explication.
Exemple: Réponse personnelle.

c) Emploi: Introduit une conséquence.
Exemple: Réponse personnelle.

d) Emploi: Introduit un discours direct (citation).
Exemple: Réponse personnelle.

1 a) Réponse personnelle.

b) Réponse personnelle.

c) Réponse personnelle.

2 Faire: Que je fasse; Que tu fasses; Qu'il/elle/on fasse; Que nous fassions; Que vous fassiez ; Qu'ils/elles fassent.

Prendre: Que je prenne; Que tu prennes; Qu'il/elle/on prenne; Que nous prenions; Que vous preniez; Qu'ils/elles prennent.

Voir: Que je voie; Que tu voies; Qu'il/elle/on voie; Que nous voyions; Que vous voyiez; Qu'ils/elles voient.

Venir: Que je vienne; Que tu viennes; Qu'il/elle/on vienne; Que nous venions; Que vous veniez; Qu'ils/elles viennent.

3 a) Non. aille

b) Non. puisse

c) Non. sachiez

d) Oui.

e) Oui.
Non, puisse

f) Non. voies

4 a)
GV
Je | suppose (que) nous avons fait le meilleur choix |.

b) Il était
GAdj
| convaincu (que) ce candidat gagnerait |.

c) (Dès que) vous serez arrivés , nous partirons .

d) Je
GV
| ne me rendais pas compte (qu')ils me regardaient |.

e) C'est
G N
| un discours (qui) a soulevé les passions |.

5 a) Comme il faisait beau, je suis allé travailler en vélo.
SCP complément de phrase.

b) Les jeunes doutent que les politiciens soient honnêtes.
SC complément indirect du verbe *douter*.

c) Le député que nous avons élu a fait ses preuves.
SR complément du nom *député*.

d) Ces documents, ce sont ceux que nous avons consultés.
SR complément du pronom *ceux*.

e) Ils étaient déjà partis lorsque nous sommes arrivés.
SCP complément de phrase.

f) Nous sommes persuadés que vous avez tort.
SC complément de l'adjectif *persuadés*.

g) Ils vous ont aidé afin que vous puissiez y arriver.
SCP complément de phrase.

h) Comme elle est compétente et intègre, elle a été élue.
SCP complément de phrase.

i) Nous souhaitons que vous réussissiez.
SC complément direct du verbe *souhaiter*.

6 Phrase a: cause
Phrase e: temps
Phrase g: but
Phrase h: cause

7 a) **Quand / Dès que** vous arriverez, ils pourront partir.

b) Ne dépassez pas le cercle **afin que / pour que** votre vote **soit** valide.

c) Dépêche-toi de terminer **avant que** le patron **revienne**.

d) Réponses possibles: **Parce qu' / Puisqu' / Étant donné qu'**il n'entend pas bien, il ne peut pas répondre à la question.

8 a) puissions

b) ait

c) croie

d) croit

e) ait

f) voit

g) saches

Parole d'honneur !

Tous les jours, les titres de journaux font état de situations sociales préoccupantes et parfois même alarmantes. Ces situations nous touchent, bien sûr, mais que faire pour y remédier ? Il n'est pas toujours possible de changer le monde, mais on peut certainement contribuer à l'améliorer, à le faire évoluer…
pour peu qu'on prenne la parole !

Les trois premiers chapitres de ce guide vous ont permis de côtoyer des gens de cœur et d'idées. Que ce soit Les petits frères des Pauvres, les bénévoles du Club des petits déjeuners du Québec, France Labelle du Refuge des jeunes de Montréal ou les blogueurs qui se sont exprimés sur le droit de vote, tous ces gens sont animés par des valeurs citoyennes, des idées et une cause qui leur tiennent à cœur.

COMPÉTENCES POLYVALENTES
- Communiquer
- Exercer son sens critique et éthique

SAVOIRS ESSENTIELS

Grammaire du texte
- Cohérence textuelle

Lexique
- Valeur expressive ou neutre des mots

Langue orale
- Texte expressif
- Grammaire de l'oral
- Vocabulaire

DURÉE DU CHAPITRE
14 heures

■ Ce chapitre contient une situation d'apprentissage dans laquelle vous devrez exprimer oralement vos idées et vos émotions au sujet d'une cause qui vous tient à cœur.

Qu'est-ce qui, selon vous, pousse les gens à soutenir une cause ?

En toute connaissance de cause

Plusieurs personnalités publiques, souvent des artistes, soutiennent avec ferveur et ténacité une cause humanitaire, politique, sociale ou environnementale.

Vous admirez ces gens qui ont le courage de défendre leurs idées et la générosité de porter une cause à bout de bras ? L'occasion vous est maintenant donnée de faire preuve d'engagement tout en exerçant votre droit de parole…

Cette situation d'apprentissage comprend trois tâches. Vous planifierez d'abord le contenu de votre présentation orale. Vous vous attarderez ensuite à certains éléments verbaux et non verbaux qui peuvent améliorer votre présentation. Enfin, vous prendrez la parole pour exprimer vos idées et vos sentiments à l'égard de «votre» cause.

But de la situation d'apprentissage

À la fin de cette situation d'apprentissage, vous saurez sélectionner des idées pertinentes pour informer et sensibiliser vos auditeurs et exprimer vos idées et vos émotions dans une langue correcte.

COMPÉTENCES POLYVALENTES

Au cours de cette situation d'apprentissage, vous aurez l'occasion de développer et de mettre en pratique les compétences suivantes:

Communiquer
- Préciser son intention de communication
- Tenir compte du destinataire
- Dégager les éléments d'information explicites et implicites et le sens d'un message
- Produire un message clair et cohérent

Exercer son sens critique et éthique
- Comparer les renseignements de sources diverses
- Fonder sa réaction sur des extraits ou des exemples pertinents

DURÉE DE LA SITUATION D'APPRENTISSAGE

13 heures et 30 minutes

1 Associez les personnalités ou le groupe ci-dessous à la cause qu'ils défendent en les reliant à l'aide de flèches.

| Les enfants atteints de fibrose kystique | Les aidants naturels | Le commerce équitable | La langue française et l'indépendance du Québec |

Roy Dupuis   Laure Waridel   Richard Desjardins   Dan Bigras   Chloé Sainte-Marie   Loco Locass   Céline Dion

| La protection de la forêt boréale | La protection des rivières | Les jeunes sans-abri |

Et vous, quelle cause vous touche particulièrement ?

_____

_____

TÂCHE ① Lire pour s'informer, puis organiser ses idées

Même les plus grands acteurs éprouvent de l'angoisse à l'idée de monter sur scène. Ils vous diraient sans doute que la règle d'or, c'est de bien se préparer. Plus vous maîtriserez le contenu de votre présentation, plus vous vous sentirez sûr de vous et mieux vous pourrez dominer votre trac.

But de la tâche

À la fin de cette tâche, vous serez en mesure de :
- sélectionner des idées et des renseignements pertinents pour défendre la cause que vous aurez choisie ;
- regrouper et d'ordonner vos idées de façon structurée.

> **SAVOIRS ESSENTIELS**
>
> **Grammaire du texte**
> ❑ Cohérence textuelle
>
> **Langue orale**
> ❑ Texte expressif
>
> **DURÉE DE LA TÂCHE**
> 7 heures

Choisir votre cause

Pour réussir à capter l'intérêt de votre auditoire et pour que votre message passe, il importe que votre cause vous intéresse.

2 **Quel domaine vous attire particulièrement : l'environnement, l'action humanitaire, la santé, l'économie, la politique ?**

_____

3 **Dans ce domaine, quel problème en particulier vous préoccupe ? Pourquoi ?**

_____

Vous manquez d'inspiration ? Voici d'autres exemples de causes à défendre.

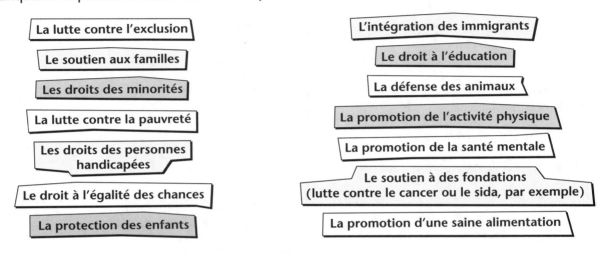

La lutte contre l'exclusion

Le soutien aux familles

Les droits des minorités

La lutte contre la pauvreté

Les droits des personnes handicapées

Le droit à l'égalité des chances

La protection des enfants

L'intégration des immigrants

Le droit à l'éducation

La défense des animaux

La promotion de l'activité physique

La promotion de la santé mentale

Le soutien à des fondations (lutte contre le cancer ou le sida, par exemple)

La promotion d'une saine alimentation

Votre **intention de communication** sera de sensibiliser votre auditoire à votre cause. Pour ce faire, vous devrez :

- **présenter** votre cause : donnez suffisamment d'information à vos auditeurs pour qu'ils puissent comprendre la situation (dites-vous que ce qui vous paraît évident ne l'est pas nécessairement pour eux) ;

- **exprimer** l'importance que cette cause a pour vous : donnez vos impressions, parlez des sentiments et des émotions qu'elle suscite en vous.

SAVOIR essentiel

⟨RAPPEL⟩ **LE TEXTE (OU MESSAGE) EXPRESSIF**

L'intention de communication de l'auteur d'un texte ou d'un message expressif est de transmettre des impressions, des sentiments, des goûts, des émotions, etc.

L'émetteur (l'auteur) exprime ce qu'il ressent face à ce qui l'entoure.

On reconnaît un texte expressif par la présence d'**éléments de subjectivité** :

- des verbes, des noms et des adjectifs qualificatifs qui expriment des sentiments : _aimer, haïr, joie, tendresse, impatient, heureux_, etc. ;

- un vocabulaire expressif ou imagé : _un cœur de pierre, un vrai diable, fragile comme du verre_, etc. ;

- des pronoms personnels et possessifs de la 1re et de la 2e pers. : _je, moi, tu, te, nous, vous, le tien, les nôtres_, etc.

Choisir les idées que vous voulez présenter

4 Maintenant que vous connaissez votre sujet et votre intention de communication, faites un remue-méninges et notez sur la fiche ci-dessous toutes les idées qui vous viennent spontanément à l'esprit. Vous orienterez ainsi votre recherche d'information.

FICHE REMUE-MÉNINGES

Ma cause : _____

Ce que je sais déjà sur la cause que j'ai choisie.

_____

_____

_____

_____

Quels renseignements devrais-je chercher pour présenter une vue d'ensemble de ma cause et intéresser mes auditeurs ?

_____

_____

_____

Pourquoi cette cause est-elle importante pour moi ?

_____

_____

_____

_____

Vous savez maintenant que vous devrez chercher de l'information pour présenter votre cause. Cependant, il existe une multitude de sources de renseignements.

5 Où avez-vous le plus de chances de trouver de l'information sur votre sujet ? Cochez les sources de renseignements que vous consulterez.

◯ Sites Web

◯ Articles de revues

◯ Documents audio-visuels

◯ Dépliants publiés par les associations et les organismes

◯ Autres (précisez) : _____

◯ Articles de journaux

◯ Publications gouvernementales

◯ Personnes-ressources

Rechercher de l'information et noter les idées pertinentes

Faites maintenant votre recherche d'information.

● **À cette étape-ci de votre préparation, il vous serait très utile de consulter l'outil** *La recherche d'information* **à la page 286.**

6 Sur la fiche ci-dessous, notez les idées pertinentes trouvées lors de votre recherche d'information.

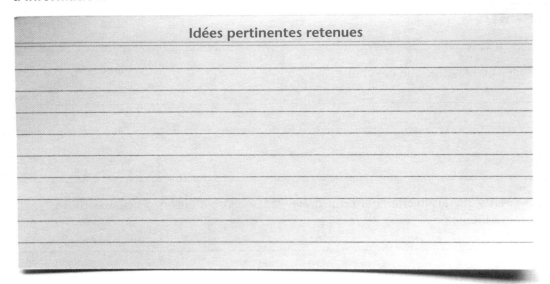

Idées pertinentes retenues

Ordonner vos idées

Afin de livrer un message que vos destinataires comprendront facilement, il est important de bien enchaîner vos idées et d'établir des relations entre elles. Pour vous assurer d'avoir une présentation cohérente, faites le plan de votre présentation en respectant les règles de la cohérence textuelle.

SAVOIR essentiel

RAPPEL ▶ LA COHÉRENCE DU MESSAGE

Un message cohérent répond aux quatre règles suivantes.

Règle	Explication
La pertinence de l'information	L'information présentée est en lien avec le sujet traité et avec l'intention de communication de l'émetteur.
L'absence de contradiction	Aucune idée ou information n'en contredit une autre. L'émetteur adopte un point de vue constant.
L'organisation et la progression de l'information	Les idées sont bien regroupées et présentées dans un ordre logique. L'enchaînement des idées est assuré de façon pertinente. Le discours n'est pas répétitif et l'information progresse régulièrement.
La reprise de l'information	Les mots substituts (pronoms, synonymes, etc.) sont appropriés : ils permettent d'éviter les répétitions, mais sans créer d'ambiguïté.

7 Établissez maintenant le plan de votre présentation.

PLAN DE LA PRÉSENTATION	
INTRODUCTION	
Amorce (comment susciter l'intérêt)	
Ma cause	
Principale raison de ce choix	

DÉVELOPPEMENT

Explication

Faire comprendre la situation aux auditeurs.

Importance de la cause

Sensibiliser les auditeurs (impressions, sentiments, émotions, opinions).

CONCLUSION	
Idée à retenir	
Rappel des points importants	

Écouter pour se donner des moyens efficaces de transmettre ses idées

Certaines personnes ont un talent de communicateur hors du commun : il suffit qu'elles ouvrent la bouche pour que tout le monde soit attentif, intéressé, convaincu ou conquis ! On ne peut évidemment pas tous avoir ce talent, mais pour peu que l'on porte attention au vocabulaire et à certains aspects prosodiques (débit, volume, intonation, etc.) ou non verbaux (mimiques, gestuelle, etc.) de notre communication orale, on peut améliorer la qualité de nos interventions et être plus convaincant !

SAVOIRS ESSENTIELS

Langue orale
❏ Grammaire de l'oral
❏ Vocabulaire

Lexique
❏ Valeur expressive ou neutre des mots

DURÉE DE LA TÂCHE

3 heures

But de la tâche

À la fin de cette tâche, vous serez en mesure de :

• **tenir compte des éléments prosodiques et non verbaux de la communication orale ;**

• **corriger les erreurs grammaticales que vous faites le plus souvent à l'oral ;**

• **transmettre un message clair et cohérent.**

Porter attention aux éléments prosodiques et non verbaux

Vous allez maintenant regarder une vidéo où une personne doit, tout comme vous, prendre la parole devant un auditoire. Connaissant l'importance de bien se préparer, elle décide de s'exercer et demande l'aide d'un de ses amis...

 **COMMUNIQUER**

Tenir compte des éléments prosodiques et non verbaux

Lors d'une communication orale, les auditeurs s'intéressent au message. Cependant, leur compréhension est aussi influencée par les aspects visuels et sonores de la présentation. Pour être bien compris et capter l'intérêt de l'auditoire, il faut porter une attention particulière à la façon de s'exprimer et de se présenter.

Élément prosodique	Bonne performance	Mauvaise performance
Débit	L'orateur parle à une vitesse modérée et il fait des pauses.	L'orateur parle trop vite ou trop lentement.
Volume	L'orateur parle assez fort ; il ajuste l'intensité de sa voix au contexte.	L'orateur ne parle pas assez fort ou parle trop fort.
Intonation	L'orateur adopte un ton qui varie selon les idées ou les émotions.	L'orateur parle toujours sur le même ton.
Prononciation	L'orateur articule bien les mots.	L'orateur n'articule pas ou articule mal.

Élément non verbal	Bonne performance	Mauvaise performance
Posture	L'orateur choisit une attitude adéquate, respectueuse de ses destinataires.	L'orateur adopte une attitude désinvolte, non respectueuse de ses destinataires.
Regard	L'orateur regarde ses destinataires et garde un contact visuel avec eux.	L'orateur ne regarde pas l'auditoire ou regarde toujours la même personne dans l'auditoire.
Gestes et mimiques	L'orateur appuie ses propos de gestes et de mimiques appropriés.	L'orateur reste immobile et inexpressif ou il gesticule trop.

 Regardez maintenant les prises 1 à 5 de la vidéo.

8 Notez, à la fin de chaque prise, le problème de communication de l'oratrice.

Prise	Principal problème de l'oratrice Il peut y avoir plus d'un problème !
Prise 1	
Prise 2	
Prise 3	
Prise 4	
Prise 5	

9 Qu'avez-vous retenu ou compris en visionnant les cinq premières prises de la vidéo ?

_____

_____

_____

_____

_____

_____

Porter attention à la qualité de la langue

Pour être bien compris et pour donner de la crédibilité à ses propos, il est essentiel, en plus de tenir compte des éléments prosodiques et non verbaux, d'utiliser un vocabulaire juste et de s'exprimer dans une langue correcte.

Regardez maintenant la prise 6 de la vidéo et portez une attention particulière à la façon de s'exprimer de l'oratrice… Concentrez-vous, vous devrez relever deux erreurs qui sautent aux… oreilles !

10 Nommez deux erreurs de langage (vocabulaire, conjugaison, accord, etc.) qui ont attiré votre attention.

_____

_____

11 Voici la transcription du texte que vous avez entendu. À l'aide du tableau de la rubrique *Savoir essentiel* de la page 213 :
- soulignez les erreurs ;
- corrigez-les au-dessus du texte.

« J'ai réfléchi longtemps avant de choisir la cause qui me tient le plus à cœur, parce que,

comme qu'y a beaucoup de problèmes socials, des « bonnes causes », y en a plusieurs

à défendre… Finalement, j'ai choisi de vous parler du commerce équitable, parce que c'est

révoltant de voir du monde pauvre qui se font exploiter !

J'vas d'abord vous expliquer en quoi consiste le commerce équitable, parce que moi-même,

y' a pas si longtemps, je savais pas trop qu'est-ce que c'était. Le commerce équitable, c'est un

partenariat économique que l'objectif est de parvenir à un équité dans le commerce mondial.

C'est vraiment *hot*, parce que ça contribue au heu… t'sais là… au heu… développement

heu… durable, en offrant de meilleures conditions commerciales et

en garantissant les droits des producteurs pis celles des travailleurs,

tout particulièrement au sud de la planète. Le commerce

équitable, c'est définitivement

une grande cause. »

GRAMMAIRE DE L'ORAL

Erreur à éviter	Exemple
Erreurs liées aux règles de la négation	≠ *J'ai pas faim.* → *Je n'ai **pas** faim.* ≠ *Il n'y a pas personne.* → *Il n'y a **personne**.*
Erreurs liées au genre et au nombre	≠ *quatre z'enfants* → *quatre enfants* ≠ *Le monde sont fins.* → *Le monde **est** fin.* ≠ *une grosse autobus* → ***un gros** autobus*
Emploi incorrect des pronoms relatifs *que* et *dont*	≠ *Le film que je vous ai parlé est récent.* → *Le film **dont** je vous ai parlé est récent.*
Barbarismes Les barbarismes sont des mots inexistants ou déformés.	≠ *Il a fait un infractus à l'aréoport.* → *Il a fait un inf**arc**tus à l'a**é**roport.*
Impropriétés Les impropriétés sont des mots employés dans un sens qu'ils n'ont pas.	≠ *Il a mis le couvert sur le bocal.* → *Il a mis le **couvercle** sur le bocal.*
Anglicismes Les anglicismes ne sont admis que lorsqu'ils n'ont pas d'équivalents en français : *baseball, soccer, steak, tennis, iceberg,* etc., sont acceptés. Il faut éviter les constructions de phrases propres à l'anglais.	≠ *J'habite au quatrième plancher (floor).* → *J'habite au quatrième **étage**.* ≠ *La fille que je sors avec est adorable.* → *La fille **avec qui** (ou **avec laquelle**) je sors est adorable.*
Erreurs dans l'interrogation directe et indirecte	≠ *Tu veux-tu ?* → *Veux-tu ?* ≠ *Il se demandait qu'est-ce que tu voulais.* → *Il se demandait **ce que** tu voulais.*
Erreurs de conjugaison	≠ *Ils sontaient* → *Ils **étaient*** ≠ *Il faut que j'y alle.* → *Il faut que j'y **aille**.* ≠ *Si j'aurais de l'argent, je voyagerais.* → *Si j'**avais** de l'argent, je voyagerais.*
Mauvais choix de l'auxiliaire	≠ *Je m'ai fait mal.* → *Je me **suis** fait mal.* ≠ *Il avait sorti sans me le dire.* → *Il **était** sorti sans me le dire.*
Erreurs propres à la langue orale Hésitations, mots de remplissage, etc.	≠ *Heu… t'sais… disons que… genre…*

12 **Faites-vous régulièrement l'une des erreurs ci-dessus ? Laquelle ?**

_____

Le simple fait d'en être conscient peut vous aider à vous améliorer. Essayez de vous corriger chaque fois que vous prenez la parole ! Écoutez maintenant la prise 7 de la vidéo.

Respecter les règles de la grammaire de l'oral

La langue orale est généralement moins stricte que la langue écrite, surtout dans un contexte familier. Cependant, lorsqu'on prend la parole dans un contexte formel, il importe de s'exprimer dans un français correct (standard) qui respecte les règles de la grammaire et de la syntaxe et qui **permet d'être bien compris** !

Choisir les mots qui toucheront vos auditeurs

Pour intéresser vos auditeurs, vous devez vous assurer qu'ils comprennent bien de quoi vous parlez : vous devez donc d'abord les informer sur la cause que vous défendez en utilisant un **vocabulaire juste et précis**. Puis, pour réussir à les toucher et à les convaincre de l'importance de votre cause, vous devez utiliser des mots qui frappent l'imagination, qui font de l'effet, qui créent une image, bref, des **mots expressifs**.

SAVOIR essentiel

LA VALEUR EXPRESSIVE OU NEUTRE DES MOTS

Certains mots sont plus expressifs que d'autres et peuvent ajouter de la force aux idées que l'on exprime. Comparez :

> un hiver froid → un hiver **glacial** ou **sibérien**
> une bonne cause → une cause **noble**
> une situation drôle → une situation **hilarante**
> un enfant choyé → un enfant **gâté pourri**

Pour rendre des propos **expressifs**, on peut également utiliser le **sens figuré** ou le **sens connoté** des mots.

Le sens figuré

Le **sens figuré** (opposé au sens propre) est expressif, car il **crée une image**.

EXEMPLE :

Il y avait beaucoup de manifestants.
*Il y avait une **mer** de manifestants.*
(Le mot *mer*, employé ici au sens figuré, crée une image : il permet de «voir» la très grande quantité de manifestants.)

Le sens neutre

Le **sens neutre** (ou **dénoté**) correspond au sens **objectif** du mot que l'on trouve dans le dictionnaire.

EXEMPLE : *Le **policier** dirigeait la circulation.*
(sens neutre : agent de police)

Le sens connoté

Le **sens connoté** est un sens qui s'ajoute parfois au sens **neutre** d'un mot. Il s'agit d'un sens subjectif dont l'interprétation dépend du contexte, de la culture, de l'intention ou des valeurs de celui qui l'emploie. Il est expressif, car il ajoute au mot une **dimension affective**, un **point de vue subjectif**.

EXEMPLE :

*Le **flic** m'a donné une contravention.*
(sens neutre : agent de police + dimension péjorative et familière)

Choisir des moyens efficaces de transmettre et d'illustrer vos idées

Évidemment, le cœur de votre exposé, c'est ce que vous dites. Cependant, la façon de transmettre et d'illustrer vos idées est aussi très importante afin d'attirer l'attention de vos auditeurs.

14 **Quels moyens utiliserez-vous pour les intéresser ? Faites preuve de créativité !**

⭕ Des images

⭕ Des graphiques

⭕ Des affiches

⭕ Des photos

⭕ Un logiciel de présentation

⭕ Autre (précisez) : _____

TÂCHE ③ Prendre la parole pour défendre une cause

Maintenant que vos idées sont ordonnées et que vous avez conscience de l'importance de porter attention à certains éléments prosodiques ou non verbaux de votre communication ainsi qu'à la qualité de la langue, vous allez préparer votre aide-mémoire. Vous prendrez ensuite la parole pendant trois à cinq minutes pour sensibiliser vos auditeurs à la cause qui vous tient à cœur.

But de la tâche

À la fin de cette tâche, vous serez en mesure de:
- **respecter votre intention de communication;**
- **transmettre un message clair et cohérent;**
- **capter l'intérêt de votre auditoire.**

> **SAVOIRS ESSENTIELS**
>
> **Grammaire du texte**
> ❑ Cohérence textuelle
>
> **Langue orale**
> ❑ Texte expressif
> ❑ Grammaire de l'oral
> ❑ Vocabulaire
>
> **Lexique**
> ❑ Valeur expressive ou neutre des mots
>
> **DURÉE DE LA TÂCHE**
>
> 3 heures

Construire votre aide-mémoire

Les notes que vous avez en main lors d'une présentation ne sont pas faites pour être lues. Elles ne doivent servir qu'à vous guider en vous rappelant le parcours à suivre. Elles sont donc à la fois un **plan** et un **aide-mémoire**.

Pour être vraiment utiles, vos notes devront être **claires**, **concises** et **faciles à utiliser**. Avoir en main un aide-mémoire facile à consulter vous procurera un sentiment de sécurité.

● **Avant de rédiger votre aide-mémoire, consultez la rubrique *Comment faire?* ci-dessous. Elle vous sera utile pour la rédaction de votre aide-mémoire.**

Comment FAIRE

COMMENT RÉDIGER UN AIDE-MÉMOIRE ?

Voici quelques principes qui devraient vous guider dans la préparation de votre aide-mémoire.

- Choisissez un support avec lequel vous êtes à l'aise (fiches ou feuilles).
- Sur chacune des fiches (ou feuilles), indiquez les grandes parties de votre présentation (**introduction**, **développement**, **conclusion**).
- Numérotez chaque fiche (ou feuille) et donnez-lui un titre.
- Notez les **idées importantes** à l'aide de courtes phrases et de mots-clés. Pensez **clarté** et **concision**.
- Écrivez lisiblement et en caractères assez gros. Pensez **clarté** et **lisibilité**.
- Adoptez une présentation aérée.
- Utilisez des titres, des traits, une numérotation, des couleurs pour vous repérer rapidement.

Dans l'exemple qui suit, la **structure de la présentation** et le **numéro des fiches** sont notés en bleu. Les notes accompagnant la présentation sont en marge et surlignées.

1		Aide aux enfants démunis Le Club des petits déjeuners

Introduction

- Raconter brièvement mon expérience
- Ma cause : le Club des petits déjeuners
- Importance d'une saine alimentation dans la réussite scolaire

2		

Développement

1. QU'EST-CE QUE LE CLUB DES PETITS DÉJEUNERS ?

Diapo.

- Organisme à but non lucratif
- Partenaires privés
- Son fondateur
- But : déjeuners + activités

2. POURQUOI ? CHOIX DE CETTE CAUSE

Graphique

- Chance égale de réussite
- Importance saine alimentation

Photo

- Enfants = avenir

3		

Conclusion

- Nécessité prendre soin enfants

Après l'exposé

- Remercier de l'attention
- Demander si questions ou commentaires

Rédigez maintenant votre aide-mémoire sur des fiches ou des feuilles mobiles. Ensuite, faites corriger votre aide-mémoire par votre enseignante ou votre enseignant.

ATTENTION ! Pour rédiger votre aide-mémoire, vous aurez besoin de vos notes de lecture (les idées pertinentes retenues) et de votre plan. ■

Faire une répétition générale

Pour communiquer efficacement lors d'une présentation orale, l'idéal est de s'exercer. Les bons communicateurs répètent d'ailleurs pour avoir l'air spontané.

Lorsque vous commencez à répéter, variez les façons de le faire:

- Répétez en solo pour bien maîtriser le contenu.
- Répétez devant un collègue ou un petit groupe; demandez-leur de ne pas intervenir durant la simulation, mais de noter ce qu'ils ont apprécié et ce qu'il faudrait améliorer.
- Répétez devant un miroir. Si vous le pouvez, filmez-vous puis regardez-vous; vous pourrez améliorer quelques points qui vous agacent.

Vous êtes maintenant prêt à présenter votre exposé.

Avant de vous adresser à vos auditeurs, rappelez-vous ceci:

- Rester simple et naturel, c'est toujours une stratégie gagnante.
- Un trou de mémoire peut arriver à tout le monde: s'accorder quelques secondes pour regarder ses notes, c'est normal.
- Une intervention critique d'un auditeur ne doit pas déstabiliser: cela permet souvent d'apporter des précisions, d'enrichir son propos.
- «Doser» son intervention (volume, débit, gestuelle, etc.), bien prononcer et s'exprimer dans une langue correcte sont des gages de succès.
- Utiliser un support à la communication (photocopies, vidéo, présentation multimédia, etc.) peut accroître l'intérêt d'une présentation, mais il faut s'assurer que les documents visuels sont bien lisibles et exempts de fautes, et que les appareils sont disponibles et qu'ils fonctionnent bien.

Personne ne vous demande l'impossible: présentez simplement votre sujet avec intérêt et expressivité!

Vous disposez maintenant de trois à cinq minutes pour sensibiliser votre auditoire à la cause qui vous tient à cœur. Bonne chance!

TIC

Un moyen efficace pour rendre votre présentation plus intéressante est de la réaliser à l'aide d'un logiciel de présentation. Il n'est pas nécessaire de bien maîtriser le logiciel, car il existe de nombreux modèles conçus pour vous faciliter la tâche. Vous les trouverez gratuitement dans Internet sur une multitude de sites. Ces derniers vous expliqueront l'utilisation du logiciel et vous permettront également de profiter de conseils afin de tirer le meilleur parti de cet outil.

Faire le point

Maintenant que votre prise de parole est terminée, il est essentiel d'y revenir : reconnaître ses bons coups ou ses progrès donne confiance en soi, et identifier ses difficultés permet de s'améliorer !

15 **Donnez deux avantages de bien se préparer pour une présentation orale.**

_____

_____

16 **Nommez deux éléments prosodiques auxquels vous avez prêté une attention particulière lors de votre prise de parole pour vous assurer d'être bien compris.**

_____

_____

17 **Nommez un élément non verbal qui vous a permis de capter l'attention de votre auditoire.**

_____

18 **Quelle erreur relative à la grammaire de l'oral avez-vous particulièrement essayé d'éviter ?**

_____

Avant de faire l'activité d'intégration, recueillez les commentaires de votre auditoire sur votre prise de parole et consignez-les dans l'encadré suivant.

Activité d'intégration

Répondez aux questions suivantes.

19 **Comment votre présentation s'est-elle déroulée ? De façon :**

○ décevante   ○ satisfaisante   ○ très satisfaisante   ○ extraordinaire

20 **Répondez aux questions suivantes afin de déterminer si votre préparation était suffisante ou non.**

	OUI	NON
a) Aviez-vous suffisamment d'idées pour faire un exposé de trois à cinq minutes sans vous répéter ?	○	○
b) Les idées retenues étaient-elles toutes pertinentes et en lien avec votre sujet ?	○	○
c) Votre aide-mémoire était-il clair, concis et facile à utiliser ?	○	○

21 **Répondez aux questions suivantes en tenant compte de la réaction de votre auditoire, des questions qui vous ont été posées ou des remarques qui vous ont été faites.**

	OUI	NON
a) Votre volume, votre débit, votre prononciation vous ont-ils permis d'être bien compris ?	○	○
b) S'il y a lieu, avez-vous répondu avec clarté aux questions qui vous ont été posées ?	○	○
c) Vos idées étaient-elles accompagnées d'explications ou d'exemples appropriés ?	○	○
d) Avez-vous évité les hésitations, les répétitions et les mots de remplissage ?	○	○
e) Avez-vous fait quelques erreurs relatives à la grammaire de l'oral ?	○	○

Si oui, lesquelles ? _____

	OUI	NON
f) De façon générale, avez-vous l'impression d'avoir capté l'intérêt de votre auditoire ?	○	○
g) Pensez-vous avoir atteint votre but, qui était de sensibiliser vos destinataires à une cause ? Si tel n'est pas le cas, pourquoi ?	○	○

_____

22 **Si vous aviez à faire une nouvelle présentation sur un autre sujet, comment vous y prendriez-vous pour planifier et réaliser votre présentation ? Notez brièvement les principales étapes.**

_____

_____

_____

_____

_____

Bilan de mes apprentissages

1 = TRÈS FACILEMENT	2 = PLUTÔT FACILEMENT	3 = DIFFICILEMENT

Actions	Exercices	Échelle
1. RESPECTER SON INTENTION DE COMMUNICATION ET TENIR COMPTE DE SON AUDITOIRE		
• Je ne perds pas de vue mon intention de sensibiliser mon auditoire à «ma» cause : je suis expressif.	4, 7, Tâche 3	1. ❑ 2. ❑ 3. ❑
• J'emploie un niveau de langue approprié à la situation et à mes destinataires.	Tâche 3	1. ❑ 2. ❑ 3. ❑
2. SÉLECTIONNER DES IDÉES PERTINENTES ET TRANSMETTRE UNE INFORMATION JUSTE		
• Je choisis des idées en lien avec mon sujet.	4, 6, 7	1. ❑ 2. ❑ 3. ❑
• Je transmets toute l'information nécessaire pour que l'auditoire comprenne bien mon message.	Tâche 3	1. ❑ 2. ❑ 3. ❑
• Je transmets l'information avec clarté et précision.	Tâche 3	1. ❑ 2. ❑ 3. ❑
• Au besoin, j'apporte des exemples ou des explications.	Tâche 3	1. ❑ 2. ❑ 3. ❑
3. ORGANISER SES IDÉES DE FAÇON STRUCTURÉE ET EN ASSURER L'ENCHAÎNEMENT		
• J'ordonne mes idées en respectant un ordre logique.	7, Tâche 3	1. ❑ 2. ❑ 3. ❑
• Je fais des liens entre mes idées en employant des marqueurs de relation appropriés.	7, Tâche 3	1. ❑ 2. ❑ 3. ❑
4. RESPECTER LES RÈGLES DE LA GRAMMAIRE DE L'ORAL		
• J'évite les erreurs de genre et de nombre.		1. ❑ 2. ❑ 3. ❑
• Je conjugue correctement les verbes.		1. ❑ 2. ❑ 3. ❑
• Je choisis le bon auxiliaire.	Tâche 3	1. ❑ 2. ❑ 3. ❑
• J'emploie le pronom relatif approprié (*que, dont*).		1. ❑ 2. ❑ 3. ❑
• J'utilise un vocabulaire juste.		1. ❑ 2. ❑ 3. ❑
• J'évite les anglicismes et les impropriétés.		1. ❑ 2. ❑ 3. ❑
5. TENIR COMPTE DES ÉLÉMENTS PROSODIQUES ET NON VERBAUX		
• Je parle assez fort, mais pas trop.		1. ❑ 2. ❑ 3. ❑
• Je ne parle ni trop vite ni trop lentement.		1. ❑ 2. ❑ 3. ❑
• Je soigne ma prononciation.	Tâche 3	1. ❑ 2. ❑ 3. ❑
• Je porte attention à mon maintien, à mes mimiques et à mes gestes.		1. ❑ 2. ❑ 3. ❑
• Je maintiens le contact visuel avec mon auditoire.		1. ❑ 2. ❑ 3. ❑

Progrès réalisés	Points à améliorer

La valeur expressive ou neutre des mots

⬤ Au besoin, consultez la rubrique *Savoir essentiel* à la page 214.

1 Dans les paires ou groupes de mots en gras, encerclez les mots les plus expressifs.

De plus en plus, les citoyens sont nombreux à savoir que dans beaucoup de plantations et d'usines des pays du Sud, les droits des personnes sont **négligés / bafoués** , leurs besoins **de base / fondamentaux** ignorés et l'environnement **oublié / menacé** . Devant l'ampleur de **cette situation / ces maux** , bon nombre de citoyens ont l'impression d'être **inutiles / impuissants** et ne savent comment agir pour changer cela.

Le développement d'échanges plus équitables entre les pays du Nord et du Sud est **important pour / essentiel à** l'amélioration des conditions de vie de millions de paysans et de travailleurs, et est une façon pour nous, consommateurs, d'agir concrètement pour développer un monde plus **uni / solidaire** . Le commerce équitable peut être défini comme étant un système d'échange économique **qui reflète un souci / respectueux** de l'environnement et des droits des travailleurs.

Source : «Le programme de commerce équitable»,
Équiterre, [en ligne]. (avril 2009)

La grammaire de l'oral

⬤ Au besoin consultez la rubrique *Savoir essentiel* à la page 213.

2 Récrivez les phrases suivantes en corrigeant les fautes lexicales, grammaticales ou syntaxiques.

a) Je pense que c'est le meilleur exposé que j'ai entendu à date.

_____

_____

b) On se demande comment qu'il fait pour être aussi dynamique.

_____

_____

c) Je pense pas avoir oublié quoi que ce soit d'important.

_____

_____

d) L'élève que je vous parle a fait un exposé presque aussi bon que le mien !

_____

_____

e) Je ne sais pas où c'est qu'ils ont entendu ça. Je leur z'ai dit de vérifier leurs sources.

_____

_____

f) Tu participes-tu au débat ?

_____

_____

g) Si j'aurais su que ça se passerait si bien, je ne me serais pas énervé autant !

_____

_____

h) Finalement, ça l'a été facile.

_____

_____

SITUATION D'APPRENTISSAGE 1

En toute connaissance de cause
(PAGES 204 À 221)

1 Roy Dupuis : La protection des rivières

Laure Waridel : Le commerce équitable

Richard Desjardins : La protection de la forêt boréale

Dan Bigras : Les jeunes sans-abri

Chloé Sainte-Marie : Les aidants naturels

Loco Locass : La langue française et l'indépendance du Québec

Céline Dion : Les enfants atteints de fibrose kystique

2 à **7** Réponses personnelles*.

8 Prise 1 : Elle ne parle pas assez fort.

Prise 2 : Elle ne met aucune intonation dans ses propos, elle n'est pas expressive et ne bouge pas.

Prise 3 : Elle parle beaucoup trop vite et n'articule pas.

Prise 4 : Elle ne regarde pas son auditoire.

Prise 5 : Sa posture est inadéquate.

9 Exemple de réponse : Pour communiquer efficacement, il faut bien «doser» : parler juste assez fort, mais pas trop ; agrémenter ses propos de mimiques et de gestes adéquats, mais sans excès ; adopter un rythme dynamique, mais sans parler trop vite, etc.

10 Deux erreurs parmi celles de l'exercice 11.

11 «J'ai réfléchi longtemps avant de choisir la cause qui me
                                 comme il
tient le plus à cœur, parce que, <u>comme qu'y a</u> beaucoup
              sociaux   il y
de problèmes <u>socials</u>, des «bonnes causes», <u>y en a</u>
plusieurs à défendre… Finalement, j'ai choisi de vous
parler du commerce équitable, parce que c'est révoltant
                                fait
de voir du monde pauvre qui se <u>font</u> exploiter !

Je vais
<u>J'vas</u> d'abord vous expliquer en quoi consiste le
                                il n'y a pas
commerce équitable, parce que moi-même, <u>y' a pas</u> si
     ne savais pas   ce que
longtemps, je <u>savais pas</u> trop <u>qu'est-ce que</u> c'était. Le
commerce équitable, c'est un partenariat économique
dont   une
<u>que</u> l'objectif est de parvenir à <u>un</u> équité dans le
                           intéressant
commerce mondial. C'est vraiment <u>*hot*</u>, parce que ça

contribue au <u>heu… t'sais là… au heu…</u> développement

durable
<u>heu… durable</u>, en offrant de meilleures conditions
commerciales et en garantissant les droits des
                          et ceux
producteurs <u>pis celles</u> des travailleurs, tout
particulièrement au sud de la planète. Le commerce
                  vraiment
équitable, c'est <u>définitivement</u> une grande cause.»

12 Réponse personnelle.

13 L'oratrice a tenu compte des éléments prosodiques et non verbaux et s'est exprimée dans une langue de qualité.

14 Réponse personnelle.

15 Exemple de réponse : Pour maîtriser le contenu de sa présentation, pour se sentir plus sûr de soi et pour dominer son trac.

16 à **22** Réponses personnelles.

EXERCICES COMPLÉMENTAIRES
(PAGES 222 ET 223)

1 De plus en plus, les citoyens sont nombreux à savoir que dans beaucoup de plantations et d'usines des pays du Sud, les droits des personnes sont négligés /(bafoués), leurs besoins de base /(fondamentaux) ignorés et l'environnement oublié /(menacé). Devant l'ampleur de cette situation /(ces maux), bon nombre de citoyens ont l'impression d'être inutiles /(impuissants) et ne savent comment agir pour changer cela.

Le développement d'échanges plus équitables entre les pays du Nord et du Sud est important pour /(essentiel à) l'amélioration des conditions de vie de millions de paysans et de travailleurs, et est une façon pour nous, consommateurs, d'agir concrètement pour développer un monde plus uni /(solidaire). Le commerce équitable peut être défini comme étant un système d'échange économique qui reflète un souci /(respectueux) de l'environnement et des droits des travailleurs.

2 **a)** Je pense que c'est le meilleur exposé que j'ai entendu jusqu'à maintenant, jusqu'à présent, à ce jour.

b) On se demande comment il fait pour être aussi dynamique.

c) Je ne pense pas avoir oublié quoi que ce soit d'important.

d) L'élève dont je vous parle a fait un exposé presque aussi bon que le mien !

e) Je ne sais pas où ils ont entendu ça. Je leur ai dit de vérifier leurs sources.

f) Participes-tu au débat ?

g) Si j'avais su que ça se passerait si bien, je ne me serais pas énervé autant !

h) Finalement, ça a été facile.

---

*Au besoin, faites corriger votre réponse personnelle par votre enseignante ou votre enseignant.

L'envers de la médaille

Comme citoyens, nous sommes souvent appelés à participer aux débats de société et à prendre position. La plupart du temps, les débats opposent deux groupes qui défendent des idées et des valeurs également acceptables. Où se situer ? Comment évaluer les implications de chacune des positions ? Rien n'est tout noir ou tout blanc ! Voilà pourquoi, avant de se forger une opinion et de l'exprimer, il importe d'examiner les enjeux de près.

■ Ce chapitre contient deux situations d'apprentissage. Dans la première, vous vous interrogerez sur un moyen de communication aux possibilités multiples : Internet. Dans la deuxième, vous réfléchirez à la question suivante : pouvons-nous développer l'économie tout en préservant l'environnement ? Vous aurez l'occasion d'analyser des points de vue différents et d'exprimer votre opinion.

Nommez un enjeu de société sur lequel il vous est difficile de prendre position.

COMPÉTENCES POLYVALENTES
- Communiquer
- Exercer son sens critique et éthique

SAVOIRS ESSENTIELS

Grammaire du texte
- Textes informatif et argumentatif
- Objectivité et subjectivité
- Reprise de l'information
- Absence de contradiction entre les idées

Grammaire de la phrase
- Proposition incise
- Groupe infinitif (GInf)
- Verbes aux temps composés de l'indicatif
- Verbes en *cer*, *ger*, *eler*, *eter*, *yer* et autres
- Déterminants interrogatifs, exclamatifs et quantitatifs
- Pronoms indéfinis et interrogatifs

DURÉE DU CHAPITRE
18 heures

Des clics ravageurs

Les technologies de l'information et de la communication (TIC) font partie de notre vie de tous les jours. Elles nous ouvrent le monde et nous permettent de communiquer rapidement et efficacement.

Cette situation d'apprentissage comprend deux tâches. Vous lirez d'abord un texte informatif qui vous sensibilisera à l'importance d'adopter un comportement éthique en ligne. Vous lirez ensuite l'opinion de blogueurs sur l'attitude à adopter à l'égard des cyberintimidateurs.

But de la situation d'apprentissage

> **À la fin de cette situation d'apprentissage, vous serez en mesure de confronter des points de vue différents et d'exprimer votre opinion de façon cohérente en vous appuyant sur de courtes justifications.**

COMPÉTENCES POLYVALENTES

Au cours de cette situation d'apprentissage, vous aurez l'occasion de développer et de mettre en pratique les compétences suivantes :

Communiquer
- Préciser son intention de communication
- Produire un message clair et cohérent
- Dégager les éléments d'information explicites et implicites et le sens du message

Exercer son sens critique et éthique
- Évaluer la crédibilité de la source de l'information
- S'appuyer sur une analyse objective pour tirer des conclusions ou prendre position
- Fonder sa réaction sur des extraits ou des exemples pertinents

DURÉE DE LA SITUATION D'APPRENTISSAGE
8 heures et 30 minutes

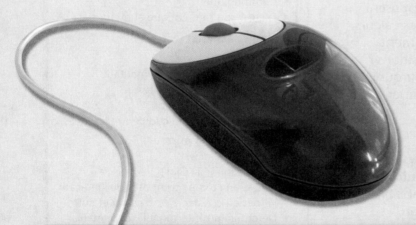

i ## Néthique et nétiquette

Comme le mot *blogue*, le mot *néthique* est un mot-valise. Il vient de la contraction des mots anglais *Net* et *Ethics* (*éthique*) et fait référence aux règles de conduite morales dans Internet. Dans le même ordre d'idées, on trouve aussi le terme *nétiquette*, qui fait référence à l'étiquette (les règles de politesse et de savoir-vivre) à respecter sur le Net.

Êtes-vous un utilisateur assidu d'Internet ? Vous considérez-vous comme un internaute «néthique» et averti ? En d'autres mots, adoptez-vous un comportement éthique et sécuritaire sur le Net ? Vous le saurez en répondant au petit questionnaire qui suit.

S A 1

1 Vrai ou faux ?

	VRAI	FAUX
a) Il n'y a aucune différence entre un clavardoir (ou salon de clavardage) et un service de messagerie instantanée.	❏	❏
b) On peut sans crainte afficher des renseignements personnels ou des photos dans les sites de réseautage personnel (*Facebook* ou *MySpace*, par exemple).	❏	❏
c) On doit lire attentivement la politique de confidentialité d'un site avant d'y communiquer des informations personnelles.	❏	❏
d) Si on trouve une information dans Internet, c'est qu'elle est vraie.	❏	❏
e) Les lois sur les droits d'auteur s'appliquent aussi dans Internet.	❏	❏

TÂCHE 1 Lire pour être averti

On dit que la technologie est neutre et que c'est l'usage qu'on en fait qui peut être qualifié de bon ou de mauvais. Sites Web, courrier électronique, messagerie instantanée, forums de discussion : même si la plupart des gens les utilisent de façon constructive et responsable, ces outils peuvent aussi constituer une arme redoutable.

Visitez-vous des sites de réseautage personnel comme *Facebook* ou *MySpace* ? Au cours de vos navigations ou de vos échanges sur la Toile, vous est-il déjà arrivé d'être témoin de menaces, de lire des rumeurs malveillantes ou même de voir des photos compromettantes ? Donnez-vous, en toute confiance, des informations très personnelles ? Dans plusieurs sites, l'information est publique et on ne mesure peut-être pas toujours l'impact de ce qu'on lance dans le cyberespace.

SAVOIRS ESSENTIELS

Grammaire de la phrase
❏ Déterminants interrogatifs, exclamatifs et quantitatifs
❏ Pronoms indéfinis
❏ Pronoms interrogatifs

DURÉE DE LA TÂCHE

3 heures

But de la tâche

À la fin de cette tâche, vous serez en mesure :
• de dégager l'intention de communication de l'auteur ;
• d'évaluer la crédibilité des sources de l'information lue ;
• de dégager les idées principales d'un texte et de les regrouper pour mettre en évidence les aspects traités.

web **AVERTI**   Vous désirez en apprendre davantage sur la sécurité dans Internet ?
Consultez le site *WebAverti*, un programme national d'information
publique créé afin que les jeunes Canadiens puissent profiter des ressources d'Internet
en toute sécurité et de façon responsable. Vous y trouverez des conseils de sécurité
sur le cyberespace et des articles sur plusieurs sujets d'intérêt, comme la protection
de l'identité et les pourriels.

Lisez le texte suivant.

Cyberintimidation

Internet a créé un univers de nouvelles formes
de communications pour les jeunes. Ils
peuvent utiliser les courriels, sites Web,
bavardoirs, messageries instantanées et messages
5 textes (SMS) pour rester en contact avec leurs
amis ou s'en faire de nouveaux.

Même si la plupart de ces interactions
sont positives, de plus en plus d'enfants et
d'adolescents s'en servent pour intimider et
10 harceler les autres, une pratique qu'on désigne
désormais sous le terme de cyberintimidation.
Un sondage mené par le Réseau Éducation-
Médias en 2005 a montré que 34 % des élèves
canadiens ont déjà été victimes d'intimidation,
15 dont 27 % sur Internet.

Les jeunes internautes ont créé leur propre
univers de communications interactives souvent
inconnu des adultes et peu supervisé. Les
adeptes du harcèlement préfèrent bien
20 évidemment opérer loin du regard des adultes,
et la Toile est l'outil idéal pour contacter
quelqu'un n'importe où et n'importe quand.
Du coup, pour beaucoup de jeunes, même
la maison n'est plus un refuge contre la cruauté
25 de certains de leurs camarades d'école.

Le caractère anonyme d'Internet[2] fait que
les jeunes s'y sentent plus libres de commettre
des actes qu'ils n'oseraient pas envisager dans
la vie réelle. L'enquête menée en 2005 par le
30 Réseau Éducation-Médias a établi que 60 % des
élèves se sont déjà fait passer pour quelqu'un
d'autre en ligne. Et, de ces derniers, 17 % l'ont
fait pour pouvoir «être méchant avec les autres
sans en subir les conséquences». Même si on

35 parvient à retracer leur identité, ils peuvent
toujours prétendre que quelqu'un a volé leur
mot de passe. Rien ne les oblige à admettre
les faits. Quand il est impossible de prouver
la culpabilité d'un individu, la peur du
40 châtiment[3] diminue de beaucoup.

Selon Nancy Willard, du *Responsible Netizen
Institute*, ce type de communications à distance
affecte également le comportement éthique
des jeunes en les empêchant d'être directement
45 témoins des conséquences de leurs actes sur
les autres. Ce qui diminue aussi de beaucoup
la compassion ou le remords. Les jeunes
écrivent en ligne des choses qu'ils ne diraient
jamais en personne parce qu'ils se sentent loin
50 de leur victime et des résultats de leurs attaques.

Il existe différentes formes de
cyberintimidation. Parfois, il s'agit d'insultes
ou de menaces directement envoyées à la
victime par courriel ou messagerie instantanée.
55 Les jeunes peuvent aussi faire circuler des
commentaires haineux visant une personne
en particulier par le biais du courriel et des
messageries instantanées, ou en les affichant
sur des sites Web. Ils le font souvent
60 sous une fausse identité en utilisant
le mot de passe de quelqu'un
d'autre. Ceux d'entre eux
qui ont une bonne
connaissance de la
65 technologie sont
même capables
de monter
un vrai site

Web, souvent protégé par un mot de passe,
70 pour cibler certains élèves ou enseignants.

Par ailleurs, de plus en plus de jeunes sont victimes d'intimidation par le biais de messages textes envoyés sur leur cellulaire. Ce type de communication échappe complètement à la
75 surveillance des adultes. Contrairement aux ordinateurs installés dans un endroit passant à la maison, à l'école ou à la bibliothèque, les cellulaires sont totalement personnels, privés, toujours connectés et accessibles. Les jeunes
80 les gardent généralement ouverts toute la journée et peuvent ainsi se faire harceler à l'école et jusque dans leur propre chambre à coucher. Certains cellulaires possèdent même des appareils photo intégrés qui ajoutent une
85 nouvelle dimension au problème. Des élèves s'en sont déjà servi pour prendre la photo d'un élève obèse dans les douches après un cours de gymnastique et, quelques minutes plus tard, la photo circulait sur toutes les
90 adresses de courriel de l'école.

Les institutions scolaires ont de la difficulté à enrayer le phénomène de la cyberintimidation, particulièrement à l'extérieur de l'école. Les enseignants peuvent généralement intervenir
95 en cas de harcèlement ou de persécution dans la vie réelle, en classe ou dans la cour de récréation, mais l'intimidation en ligne échappe au radar **4** des adultes, ce qui la rend difficile à repérer à l'intérieur de l'école et
100 impossible à contrôler à l'extérieur.

La cyberintimidation et la loi

Les jeunes devraient savoir que certaines formes de cyberintimidation tombent sous le coup de la loi. Le Code criminel du Canada
105 considère que communiquer de façon répétée avec quelqu'un de manière à lui faire craindre pour sa sécurité ou celle de ses proches est un acte criminel. Il est également criminel de publier un libelle, qui insulte quelqu'un
110 ou peut nuire à sa réputation en l'exposant à la haine, au mépris ou au ridicule.

La cyberintimidation peut aussi violer la Loi canadienne sur les droits de la personne si elle répand haine et discrimination basées sur la
115 race, l'origine nationale ou ethnique, la couleur, la religion, le sexe, l'orientation sexuelle, le statut marital ou familial et les handicaps physiques ou mentaux.

Source : Extrait de «Cyberintimidation»,
WebAverti, [en ligne]. (avril 2009)
Le Réseau Éducation-Médias. Reproduit avec permission.

Pour mieux saisir le texte

2 **Que veut dire l'auteur lorsqu'il parle du *caractère anonyme d'Internet*?**

_____

3 **Par quel autre nom pourrait-on remplacer le mot *châtiment*?**

_____

4 **Donnez, selon le contexte, un synonyme du mot *radar*.**

_____

● **Consultez le dictionnaire au besoin.**

Le contexte

5 Quelle est, selon vous, l'intention de communication de l'auteur du texte «Cyberintimidation»? Donnez au moins deux raisons pour justifier votre réponse.

_____

_____

6 À votre avis, l'information contenue dans ce texte est-elle crédible? Pourquoi?

_____

_____

_____

_____

_____

_____

Le sens du message

7 L'auteur du texte «Cyberintimidation» a défini certains termes de son texte. Dans le tableau suivant, transcrivez les passages qui définissent les termes donnés dans la colonne de gauche.

Terme défini	Passage où le terme est défini
message SMS	
cyberintimidation	
libelle	

C **COMMUNIQUER**

Tenir compte de son interlocuteur

Une des règles de la communication efficace est de tenir compte de son interlocuteur. Ainsi, il est parfois utile de définir certains termes recherchés ou spécialisés ou encore de préciser le sens d'un sigle ou d'un acronyme pour s'assurer d'être bien compris.

8 Complétez le tableau ci-dessous.

a) Dégagez les **idées principales** des paragraphes identifiés dans la 1re colonne en les reformulant dans vos propres mots.

b) Proposez ensuite un intertitre qui résume chacun des **aspects** abordés par l'auteur.

Paragraphe	Idée principale	Aspect (Intertitre proposé)
3e paragraphe (lignes 16 à 25)	Avec Internet, on peut joindre une personne n'importe où, n'importe quand.	
4e paragraphe (lignes 26 à 40)		
5e paragraphe (lignes 41 à 50)		
6e paragraphe (lignes 51 à 70)	La cyberintimidation peut se faire à l'aide d'un ordinateur.	
7e paragraphe (lignes 71 à 90)		
8e paragraphe (lignes 91 à 100)		
9e paragraphe (lignes 102 à 111)		*La cyberintimidation et la loi*
10e paragraphe (lignes 112 à 118)		

9 Dans le 5e paragraphe (lignes 41 à 50), Nancy Willard affirme que les communications à distance modifient le *comportement éthique* des jeunes.

a) Donnez un synonyme du mot *éthique* dans ce contexte.

_____

b) Donnez un exemple (tiré du texte) de comportement où le sens éthique des jeunes est affecté.

_____

_____

c) Qu'est-ce qui incite ces jeunes à agir de la sorte ? Expliquez votre réponse.

_____

_____

10 Dans le texte, l'auteur donne l'exemple d'un élève obèse dont la photo a circulé par courriel parmi tous les élèves de l'école.

Selon vous, quelle valeur fondamentale est bafouée par ce geste ?

_____

C EXERCER SON SENS ÉTHIQUE

Agir en cybercitoyen responsable

Dans une société démocratique, la liberté d'expression, c'est normal, et même essentiel. Il faut toutefois respecter certaines limites !

On exerce son sens éthique lorsqu'on :

- respecte les droits et l'intégrité des autres utilisateurs du Net ;
- réfléchit aux conséquences de ses gestes ;
- utilise un vocabulaire approprié (respectueux de ses destinataires) ;
- se questionne sur la fiabilité des sources qu'on consulte en ligne.

On agit ainsi en **cybercitoyen responsable**.

Les règles du jeu

LES DÉTERMINANTS

11 Lisez la phrase suivante.

Adultes peuvent plus facilement surveiller ordinateurs placés dans endroit passant.

a) Quels mots devrait-on ajouter pour donner du sens à la phrase ?

_____

b) À quelle classe appartiennent les mots que vous avez ajoutés ?

_____

Le déterminant est un mot qui précède un nom. Il permet à ce nom d'être utilisé dans une phrase.

Comment FAIRE ?

COMMENT SAVOIR SI UN MOT EST UN DÉTERMINANT ?

- Vérifiez si le mot que vous avez trouvé accompagne un nom (précédé ou non d'un adjectif).
- Remplacez le déterminant par un autre déterminant que vous connaissez bien (*le, la, les, mon, sa, leur, un, deux*, etc.).

EXEMPLE : **Certains** jeunes naviguent **plusieurs** heures par jour.
(Des / N — trois / N)

12 **En utilisant la stratégie proposée ci-dessus, surlignez les déterminants dans les phrases suivantes.**

a) Pour beaucoup de jeunes, même la maison n'est plus un refuge contre la cruauté de certains camarades.

b) Plusieurs cellulaires possèdent des appareils photo intégrés qui ajoutent une nouvelle dimension au problème. Des élèves s'en sont déjà servi pour prendre la photo d'un élève obèse dans les douches après un cours de gymnastique et, quelques minutes plus tard, la photo circulait parmi tous les élèves de l'école.

Avez-vous remarqué ? On peut remplacer *beaucoup de* jeunes par *les* jeunes, *quelques* minutes par *dix* minutes et *tous les* élèves par *les* élèves.

SAVOIR essentiel

RAPPEL ▶ LE DÉTERMINANT DE QUANTITÉ

Certains déterminants expriment des quantités plus ou moins précises.
Ce sont des **déterminants de quantité**.

Les principaux déterminants de quantité		
Exprimant une quantité égale à zéro	**Exprimant une quantité imprécise**	**Exprimant la totalité**
aucun, aucune *nul, nulle*	*assez de* *beaucoup de* *certains, certaines* *d'autres* *différents, différentes* *divers, diverses* *plus d'un, plus d'une* *plusieurs* *quelques* *tellement (tant) de* *trop de* *(un) peu de*	*chaque* *tout, toute* *tout le, toute la* *tous les, toutes les*

ATTENTION !

▷ Certains déterminants sont toujours (sauf quelques rares exceptions) employés au **singulier** : *aucun, aucune, nul, nulle* et *chaque*.

EXEMPLE : **Chaque** jour, des fraudes sont commises, mais **aucune** poursuite n'est intentée.

▷ Certains déterminants sont toujours employés au pluriel : *certains, certaines, d'autres, différents, différentes, divers, diverses, plusieurs, quelques.*

EXEMPLE : **Différentes** mesures seront adoptées et **plusieurs** victimes pourront enfin respirer. ■

13 **Lisez les deux phrases suivantes et répondez aux questions.**

PHRASE 1 Quelles terribles conséquences entraîne cette irresponsabilité !

PHRASE 2 Quels moyens pourrions-nous adopter pour éviter tant de malheureuses victimes ?

a) **À quelle classe de mots appartiennent les mots surlignés ? À quoi les reconnaît-on ?**

_____

b) **Quel signe de ponctuation termine la phrase 1 ?**

_____

c) **Quel signe de ponctuation termine la phrase 2 ?**

_____

SAVOIR essentiel

RAPPEL ▸ LE DÉTERMINANT INTERROGATIF ET LE DÉTERMINANT EXCLAMATIF

Le déterminant interrogatif et le déterminant exclamatif sont, comme tous les autres déterminants, placés devant le nom qu'ils accompagnent. Ils en prennent le genre et le nombre.

- Le **déterminant interrogatif** est présent dans les phrases interrogatives.

  EXEMPLE : *Quelles formes la cyberintimidation prend-elle ?*

- Le **déterminant exclamatif** est présent dans les phrases exclamatives.

  EXEMPLE : *Quelle colère j'ai ressentie en apprenant cette nouvelle !*

Les principaux déterminants interrogatifs et exclamatifs			
SINGULIER		PLURIEL	
Masculin	Féminin	Masculin	Féminin
quel	*quelle*	*quels*	*quelles*

LES PRONOMS INDÉFINIS

14 **Lisez les deux paragraphes ci-dessous. Comparez les mots surlignés de la colonne de gauche avec ceux de la colonne de droite.**

Pour rester en contact avec leurs amis, plusieurs personnes utilisent la Toile. Certains internautes en font une utilisation «éthique». D'autres usagers s'en servent à des fins malhonnêtes.

Pour rester en contact avec leurs amis, plusieurs utilisent la Toile. Certains en font une utilisation «éthique». D'autres s'en servent à des fins malhonnêtes.

Complétez maintenant les énoncés suivants.

a) Les mots de la colonne de gauche sont tous des _____ parce qu'ils

accompagnent un _____ .

b) Les mots de la colonne de droite sont tous des _____ parce qu'ils

remplacent ou représentent un groupe nominal.

RAPPEL **LE PRONOM INDÉFINI**

Le pronom **indéfini** représente une personne ou une chose qui n'est **pas définie**, c'est-à-dire quelque chose qui est vague, non précisé.

EXEMPLE : *Personne* *ne veut être victime de harcèlement; malheureusement, certains profitent de la naïveté des autres.*

Les principaux pronoms indéfinis variables	
autre → même → quelqu'un → tout → l'un →	*l'autre, un autre, une autre, les autres, d'autres* *le même, la même, les mêmes* *quelqu'une, quelques-uns* *tous, toutes* *l'une, les uns, les unes*

Singulier seulement	Pluriel seulement	Invariables	
aucun, aucune *chacun, chacune* *nul, nulle*	*certains, certaines*	*personne* *rien* *quelque chose* *quiconque*	*plusieurs* *beaucoup* *peu*

LES PRONOMS INTERROGATIFS

15 **Dans les phrases suivantes, quels mots servent à poser une question ?**

Qui d'entre nous n'a jamais navigué dans Internet ?
Que savent les adultes sur le monde virtuel dans lequel les jeunes évoluent ?

RAPPEL **LE PRONOM INTERROGATIF**

Le pronom **interrogatif** représente une personne ou une chose sur laquelle on se pose une **question**.

Les formes du pronom interrogatif	
Formes simples	**Formes complexes**
qui, que (qu'), quoi EXEMPLE : *Qui rencontrerez-vous cet après-midi ?*	*qui est-ce qui / qui est-ce que* *qu'est-ce qui / qu'est-ce que* *lequel / laquelle / lesquels / lesquelles* *auquel / auxquels / auxquelles* *duquel / desquels / desquelles* EXEMPLE : *Qu'est-ce qu'on peut faire ?*

● **Afin d'approfondir vos connaissances sur les déterminants et les pronoms, vous pouvez faire l'exercice complémentaire 1 à la page 264.**

Quelqu'un de votre entourage a-t-il déjà été victime de cyberintimidation ? Si oui, comment avez-vous réagi ? Certaines personnes sont d'avis que les lois devraient être plus sévères à l'endroit des harceleurs. D'autres croient plutôt que c'est par l'éducation qu'on développe un esprit critique et un comportement responsable.

Imaginons que vous avez créé un blogue sur le site Internet de votre centre pour permettre à chacun de donner son opinion sur divers sujets. Comme le cyberharcèlement préoccupe plusieurs de vos collègues, quelqu'un a eu l'idée de lancer le débat suivant: «L'intimidation dans Internet devrait-elle être une infraction criminelle ?» Deux personnes se sont déjà manifestées.

> **SAVOIRS ESSENTIELS**
>
> **Grammaire du texte**
> ❑ Reprise de l'information
> ❑ Absence de contradiction entre les idées
>
> **Grammaire de la phrase**
> ❑ Groupe infinitif (GInf)
>
> **DURÉE DE LA TÂCHE**
>
> 3 heures

But de la tâche

À la fin de cette tâche, vous serez en mesure de comparer différents points de vue.

Voici les réactions qu'a suscitées la question posée sur le blogue.

Le blogue

30 septembre 2009
Par: Frédéric B. – Gatineau

Le Code criminel prévoit déjà que tout acte de harcèlement est punissable par la loi. En
5 effet, il stipule qu'il est interdit d'accomplir des gestes qui feraient en sorte qu'une personne pourrait craindre pour sa sécurité ou pour celle de son entourage. De plus, la cyberintimidation est contraire à la Loi canadienne sur les droits
10 de la personne si elle répand la haine et la discrimination basées, entre autres, sur la race, la religion, le sexe, l'orientation sexuelle ou des handicaps physiques ou mentaux.

Cependant, criminaliser l'intimidation
15 psychologique en ligne soulève une question de liberté d'expression. Au Canada, il est permis de dire des choses impopulaires et même blessantes, et c'est le Code criminel qui définit la frontière à ne pas franchir. Alors pourquoi
20 devrions-nous avoir une loi qui ciblerait Internet en particulier ?

Je pense qu'il faudrait d'abord sensibiliser les gens au phénomène. C'est un travail d'éducation qu'il faut faire, en particulier
25 auprès des jeunes, puisqu'ils sont les plus grands utilisateurs de la Toile. C'est à l'école et à la maison qu'on doit les faire réfléchir sur les conséquences de leurs gestes.

2 octobre 2009
30 Par: Luc C. – Trois-Rivières

La cyberintimidation est un problème grave qui prend de l'ampleur à mesure que l'utilisation d'Internet s'accroît. Des recherches ont montré que le tiers des enfants et des adolescents seraient victimes de cyberharcèlement. Lorsqu'on pense que cette pratique a mené, dans certains cas, au suicide, je crois qu'il faut réagir avant que ça devienne un véritable fléau! Le Code criminel ne fait actuellement aucune mention des nouvelles technologies. Il serait grand temps de le moderniser et de le renforcer en y ajoutant la cyberintimidation comme l'ont déjà fait certains États américains.

Il ne faut toutefois pas brimer la liberté d'expression des jeunes. Les écoles doivent encourager la critique et non la réprimer. Souvent, les jeunes ne comprennent pas le sérieux de ce qu'ils écrivent en ligne: laissons-les vivre leurs expériences. Les parents et les enseignants doivent jouer leur rôle et suggérer aux jeunes des comportements adéquats sur le Web. En fin de compte, criminaliser la cyberintimidation ne réglerait pas le problème.

Source: Inédit.

16 **Quelle est l'opinion des deux blogueurs? Choisissez la réponse qui vous semble correcte.**

- **a)** Frédéric B. pense qu'on ne doit pas criminaliser la cyberintimidation et Luc C. pense qu'on doit criminaliser la cyberintimidation.

- **b)** Frédéric B. et Luc C. pensent tous les deux qu'on doit criminaliser la cyberintimidation.

- **c)** Frédéric B. et Luc C. pensent tous les deux qu'on ne doit pas criminaliser la cyberintimidation.

- **d)** Frédéric B. pense qu'on ne doit pas criminaliser la cyberintimidation, mais il est très difficile de déterminer l'opinion de Luc C.

SAVOIR essentiel

L'ABSENCE DE CONTRADICTION ENTRE LES IDÉES

Pour qu'un texte soit cohérent, l'auteur doit s'assurer qu'aucune idée n'en contredise une autre dans son texte.

C'est aussi une question de crédibilité: un auteur dont les idées sont contradictoires est peu crédible.

Comment FAIRE

COMMENT ÉVITER LES CONTRADICTIONS?

1. Assurez-vous que toutes vos idées vont dans le même sens lorsque vous les sélectionnez.

2. Faites le plan de votre texte: il vous permettra de voir la logique dans vos idées.

3. Rédigez un brouillon et relisez-le: vous pourrez ainsi corriger les incohérences.

17 **Dans le paragraphe suivant, on parle de cyberintimidation. Pour éviter de répéter ce mot, l'auteur a utilisé quatre mots ou groupes de mots substituts: soulignez-les.**

La **cyberintimidation** prend de l'ampleur à mesure que l'utilisation d'Internet s'accroît.

Avant qu'elle devienne un véritable fléau et qu'elle conduise à d'autres suicides, il faut réagir

et condamner cette pratique. Il serait grand temps de renforcer le Code criminel en y ajoutant

l'intimidation psychologique en ligne comme l'ont déjà fait certains États américains.

RAPPEL LA REPRISE DE L'INFORMATION

Pour éviter les répétitions et pour qu'un texte se lise bien, on emploie différents procédés de reprise de l'information.

Les principaux procédés qui permettent de reprendre l'information	
Reprise par un **pronom**	*Les cellulaires sont toujours connectés et accessibles. Les jeunes les gardent généralement ouverts toute la journée.*
Reprise par un **synonyme**	*Les adultes interviennent dans les cas de **harcèlement** dans la vie réelle, mais l'**intimidation** en ligne peut leur échapper.*
Reprise par un **déterminant**	*Des élèves ont pris **la photo** d'un camarade obèse dans les douches. Quelques minutes plus tard, **cette photo** circulait dans l'école.*
Reprise par une **périphrase** (plusieurs mots qui en remplacent un seul)	*Les courriels sont de plus en plus utilisés. **Ce type de communication à distance** permet d'envoyer des messages rapidement et efficacement.*

ATTENTION !

▷ Il faut que les mots substituts soient appropriés et que le lecteur puisse repérer facilement ce qu'ils remplacent.

▷ Chaque pronom variable doit être du même genre et du même nombre que son référent (antécédent). ■

18 Dans les phrases ci-dessous, remplacez les mots surlignés par les substituts appropriés de la liste suivante.

ce nouveau média	en ligne	eux	la Toile	leur	leurs aînés

Le Web suscite un enthousiasme réel chez les jeunes comme chez les adultes. Cependant,

c'est dans la façon des jeunes et des adultes d'utiliser le Web qu'on note une différence entre

les jeunes et les adultes. Les jeunes se branchent surtout pour jouer sur le Web, pour télécharger

de la musique ou pour clavarder. Les adultes, eux, se servent du Web pour communiquer,

notamment par courriels, pour gérer leurs comptes bancaires ou pour magasiner.

LE GROUPE INFINITIF

19 Observez les verbes surlignés dans les phrases suivantes, puis répondez aux questions.

Laissons les jeunes vivre leurs expériences.

Les lois sont dépassées : il faut les moderniser.

a) Les verbes surlignés sont-ils conjugués ? _____

b) Les verbes surlignés sont-ils variables ? _____

SAVOIR essentiel

RAPPEL ▶ LE GROUPE INFINITIF (GInf)

- Le groupe infinitif est un groupe dont le noyau est un verbe à l'infinitif.
- Le verbe à l'infinitif est toujours invariable.
- Le groupe infinitif peut être formé d'un infinitif seul ou d'un infinitif + une expansion .

Le verbe à l'infinitif et ses expansions	Exemples
Inf.	Inf. Les enseignants peuvent intervenir .
Inf. + GN	Inf. + GN On parvient à retracer leur identité .
Inf. + GAdj	Inf. + GAdj Pour être méchants , ils ont modifié leur identité.
Inf. + GPrép	Inf. + GPrép On a publié un message qui peut nuire à sa réputation .
Pron. + Inf.	Pron. + Inf. On a fait circuler la photo d'un élève pour le harceler .
Inf. + Pron.	De plus en plus d'enfants et d'adolescents se servent d'Internet pour Inf. + Pron. intimider les autres .
Inf. + Sub. compl.	Inf. + Sub. compl. Ils peuvent toujours prétendre que quelqu'un a volé leur mot de passe .

- Le GInf peut occuper, entre autres, les **fonctions** de :

→ **sujet du verbe ;**

GInf - S
EXEMPLE : Publier un libelle est criminel.

→ **complément direct du verbe.**

GInf - CD du V
EXEMPLE : La cyberintimidation peut violer la Loi canadienne sur les droits de la personne .

COMMENT RECONNAÎTRE UN GInf?

On peut toujours remplacer le | groupe infinitif (GInf) | par *faire cela.*

GInf

EXEMPLE : *On parvient à* | *retracer leur identité* | .

→ *On parvient à* | *faire cela* | .

20 **Dans les phrases suivantes :**

a) **soulignez les verbes à l'infinitif ;**

b) **surlignez les expansions des verbes soulignés et indiquez la sorte d'expansion au-dessus ;**

c) **encadrez les GInf ainsi obtenus.**

1. Internet permet aux gens de rester anonymes .

2. Quand il est impossible de prouver la culpabilité d' un individu , la peur du châtiment

diminue de beaucoup .

3. Rien ne les oblige à admettre qu' ils ont harcelé un autre élève .

4. La Toile est l' outil idéal pour contacter quelqu'un .

5. Il est important de réfléchir aux conséquences de ses gestes avant d' agir .

● **Afin d'approfondir vos connaissances sur le groupe infinitif, vous pouvez faire l'exercice complémentaire 3 à la page 265.**

Faire le point

LES PRONOMS ET LES DÉTERMINANTS

21 **Complétez l'énoncé suivant:**

Pour s'assurer d'avoir bien repéré un déterminant, on peut le remplacer par un autre

_____.

22 **Corrigez les phrases suivantes, s'il y a lieu.**

a) Nous n'avons eu aucuns problèmes à nous brancher à Internet.

_____

b) Plusieurs préfèrent le cybermagasinage.

_____

c) Il existe différent logiciel de sécurité.

_____

d) Quelle système d'exploitation utilisez-vous?

_____

LE GROUPE INFINITIF (GInf)

23 **Vrai ou faux? Si l'énoncé est faux, corrigez-le.**

	VRAI	FAUX

a) Le verbe à l'infinitif est le noyau du groupe infinitif (GInf). ❏ ❏

_____

b) On peut mettre un verbe à l'infinitif au pluriel en lui ajoutant un «s». ❏ ❏

_____

c) Le GInf ne peut être formé que d'un infinitif seul. ❏ ❏

_____

d) On peut toujours remplacer le GInf par *faire cela*. ❏ ❏

_____

e) «Les logiciels espions peuvent examiner le contenu de votre ordinateur.»
Le GInf de la phrase ci-dessus est *peuvent examiner*. ❏ ❏

_____

LA REPRISE DE L'INFORMATION

24 **Nommez trois procédés qui permettent de reprendre l'information.**

_____

_____

À votre tour de participer au blogue et de donner votre avis sur la question !

À partir du texte «Cyberintimidation» et des textes des deux blogueurs, écrivez un commentaire d'environ 150 à 200 mots qui répond à la question suivante :

Croyez-vous qu'on devrait criminaliser la cyberintimidation ?

ATTENTION !

▷ Appuyez votre opinion d'un argument solide et bien justifié.

▷ Assurez-vous de ne pas vous contredire.

▷ Utilisez au moins deux procédés différents de reprise de l'information.

▷ Utilisez au moins un déterminant de quantité ou un pronom indéfini.

▷ Portez une attention particulière aux verbes à l'infinitif. ■

Rédaction de la version définitive

Rédigez la version définitive de votre texte.

_____

_____

_____

_____

_____

_____

_____

_____

_____

_____

_____

_____

_____

_____

_____

_____

_____

_____

⟶

→ _____

Faites corriger votre texte par votre enseignante ou votre enseignant.

Bilan de mes apprentissages

1 = TRÈS FACILEMENT	2 = PLUTÔT FACILEMENT	3 = DIFFICILEMENT

Actions	Exercices	Échelle
1. APPRÉCIER LES ENJEUX ÉTHIQUES DE LA COMMUNICATION		
• J'identifie les valeurs et les comportements qui respectent le bien commun.	9, 10	1. ❑ 2. ❑ 3. ❑
• Je m'assure que les sources consultées sont fiables.	6	1. ❑ 2. ❑ 3. ❑
2. DÉGAGER LES ÉLÉMENTS D'INFORMATION EXPLICITES ET IMPLICITES, AINSI QUE LE SENS DU MESSAGE		
• Je peux relever les idées essentielles d'un texte, qu'elles soient clairement exprimées ou sous-entendues.	8, 16	1. ❑ 2. ❑ 3. ❑
3. RESPECTER SON INTENTION DE COMMUNICATION ET TENIR COMPTE DE SON DESTINATAIRE		
• Je sélectionne les idées pertinentes à la situation et au sujet abordé.	Activité d'intégration	1. ❑ 2. ❑ 3. ❑
• J'utilise un vocabulaire et un ton adaptés au destinataire.		1. ❑ 2. ❑ 3. ❑
4. EMPLOYER DES MOTS SUBSTITUTS PERTINENTS		
• J'utilise des procédés de reprise de l'information appropriés et variés.	18, Activité d'intégration	1. ❑ 2. ❑ 3. ❑
5. RESPECTER LES RÈGLES DE LA GRAMMAIRE DE LA PHRASE ET DE L'ORTHOGRAPHE LEXICALE		
• J'utilise les déterminants appropriés et je fais les accords dans le GN correctement.	11, 22, Activité d'intégration	1. ❑ 2. ❑ 3. ❑
• J'utilise les pronoms appropriés et je fais l'accord avec le référent, s'il y a lieu.	Activité d'intégration	1. ❑ 2. ❑ 3. ❑

Progrès réalisés	Points à améliorer

Question de point de vue!

Lorsqu'on a des choix personnels à faire, il n'est pas toujours facile de trancher, car chaque solution comporte ses avantages et ses inconvénients : chaque médaille a son revers. Il en va de même des décisions qui engagent toute une société et les générations futures. Les choix sont parfois difficiles à faire. Quelles doivent être nos priorités ? Pour comprendre les enjeux de société, s'informer est essentiel.

Cette situation d'apprentissage compte deux tâches. Vous écouterez d'abord une chronique qui présente un point de vue sur le projet hydroélectrique de la rivière Rupert. Vous lirez ensuite deux textes dans lesquels les auteurs adoptent une position différente à ce sujet.

But de la situation d'apprentissage

À la fin de cette situation d'apprentissage, vous serez en mesure de comparer différents points de vue afin de vous forger une opinion.

Quelles sont vos connaissances des différentes formes d'énergie ? Jugez-en en faisant le test suivant.

> **COMPÉTENCES POLYVALENTES**
>
> Au cours de cette situation d'apprentissage, vous aurez l'occasion de développer et de mettre en pratique les compétences suivantes :
>
> **Communiquer**
> - Préciser son intention de communication
> - Produire un message clair et cohérent
> - Dégager les éléments d'information explicites et implicites et le sens du message
>
> **Exercer son sens critique et éthique**
> - Évaluer la crédibilité de la source de l'information
> - Comparer des renseignements de sources diverses
> - S'appuyer sur une analyse objective pour tirer des conclusions ou prendre position
> - Fonder sa réaction sur des extraits ou des exemples pertinents
>
> **DURÉE DE LA SITUATION D'APPRENTISSAGE**
>
> 8 heures

---

1 **Vrai ou faux ?**

	VRAI	FAUX
a) Une énergie renouvelable est une énergie qui se reconstitue et qui ne s'épuise pas.	❑	❑
b) Le soleil, le vent et le gaz naturel sont des énergies renouvelables.	❑	❑
c) L'énergie éolienne est produite par la force du vent.	❑	❑
d) L'hydroélectricité est totalement écologique.	❑	❑
e) Le diesel est moins polluant que l'essence ordinaire.	❑	❑
f) Les experts croient que le potentiel du Canada en énergie éolienne peut répondre à 15 % des besoins en électricité du pays.	❑	❑
g) En une heure, le soleil produit plus d'énergie que la population de la Terre n'en consomme en un an.	❑	❑

TÂCHE 1 Écouter pour comprendre un point de vue

Aujourd'hui, on parle beaucoup de «développement durable», c'est-à-dire d'un développement qui trouve un équilibre entre l'économie, l'environnement et les besoins sociaux. Comment répondre à nos besoins actuels sans mettre en danger les générations futures ? Comment améliorer nos conditions de vie sans épuiser les ressources de la Terre ?

> ► **SAVOIRS ESSENTIELS**
> **Grammaire du texte**
> ❑ Objectivité et subjectivité
> **Grammaire de la phrase**
> ❑ Verbes en *cer*, *ger*, *eler*, *eter*, *yer* et autres
> ► **DURÉE DE LA TÂCHE**
> 3 heures

But de la tâche

À la fin de cette tâche, vous serez en mesure :

- de dégager l'intention de communication de l'auteur ;
- d'évaluer la crédibilité de la source de l'information ;
- de dégager les idées essentielles du texte entendu.

La chronique que vous allez écouter est tirée de l'émission *La vie en vert* et a été diffusée sur les ondes de Télé-Québec le 26 octobre 2006. La journaliste Pascale Tremblay y interviewe François Cardinal, reporter spécialisé en environnement au journal *La Presse* et à Radio-Canada.

Avant de regarder la chronique «Dérivation de la rivière Rupert» :

- consultez l'outil *Des techniques d'écoute* à la page 290 ;
- lisez attentivement l'encadré sur les Cris ainsi que les exercices 2 à 11 : ils vous permettront d'orienter votre écoute.

ℹ️ Les Cris

Les Cris occupaient déjà le territoire du Québec il y a des milliers d'années. Ils y pratiquaient alors la chasse et la pêche sur les côtes de la baie d'Hudson et de la baie James. Aujourd'hui, la majorité des Cris vivent en Ontario (plus de 13 000) et au Québec (plus de 12 000), mais aussi en Saskatchewan et au Manitoba. Plus de 30 % des Cris du Québec vivent toujours d'activités reliées à la chasse et à la pêche.

 Regardez maintenant la chronique «Dérivation de la rivière Rupert».

2 Que signifie le mot *décennie* ?

_____

3 Qu'est-ce qu'un *promoteur* ?

_____

_____

4 Donnez un synonyme du mot *dissident*.

_____

_____

5 a) En vous appuyant sur le sens du préfixe *im*, dites ce que signifie le mot *importation*.

_____

b) En changeant le préfixe, donnez un antonyme du mot *importation*.

_____

6 Dans la chronique, Pascale Tremblay dit qu'on est peut-être des boulimiques de l'énergie.

a) Le mot *boulimique* est-il employé ici au sens propre ou au sens figuré ?

_____

b) Dans le contexte, donnez la signification de ce mot.

_____

_____

⬤ Consultez le dictionnaire au besoin.

Le contexte

7 À votre avis, quelle est l'intention de communication des chroniqueurs ?

_____

_____

8 Peut-on affirmer que la source de cette chronique est crédible ? Pourquoi ?

_____

_____

_____

9 François Cardinal fait-il preuve d'objectivité ou de subjectivité dans la chronique que vous avez regardée ? Justifiez votre réponse.

_____

_____

RAPPEL ▶ **OBJECTIVITÉ ET SUBJECTIVITÉ**

- Un émetteur fait preuve de **subjectivité** lorsqu'il est très **présent dans son message** : il parle au *je*, il livre ses pensées ou ses émotions, il exprime ses opinions, etc.

- Un émetteur fait preuve d'**objectivité** quand il **laisse la place à l'information elle-même** : il rapporte des faits ou décrit des réalités sans émettre d'opinion personnelle. Cependant, il peut transmettre en toute neutralité l'opinion de quelqu'un d'autre.

Le sens du message

10 François Cardinal fait ressortir les avantages que voient certains écologistes au projet d'Hydro-Québec. Remplissez le tableau qui suit.

Avantages du point de vue économique
• _____
• _____
• _____
• _____

Avantages du point de vue environnemental
• _____
• _____

11 À la fin de l'entretien, Pascale Tremblay soulève une question qui fait réfléchir. Quelle est cette question ?

_____

_____

_____

Les règles du jeu

LES VERBES EN *CER*, *GER*, *YER*, *ELER*, *ETER*, ET AUTRES

Vous savez déjà que pour adoucir le *c* et le *g* devant les voyelles *a* et *o*, on doit ajouter une cédille au *c* (*ç*) et ajouter un *e* au *g* (*ge*).

EXEMPLE : *Nous commençons les travaux et exigeons l'accord des populations concernées.*

D'autres verbes en *er* demandent qu'on apporte des modifications à leur radical dans certaines conditions.

12 Avez-vous l'œil ? Regardez bien les parties en couleur dans les verbes des phrases de la 1re colonne et remplissez le tableau.

Phrase	De quel verbe s'agit-il ?	Changement par rapport à l'infinitif
Nous n'appuyons pas le projet, mais certains écologistes l'appuient.	_____	_____
Nous renouvelons notre demande, mais le gouvernement renouvelle son intention de poursuivre le projet.	_____	_____
La construction de barrages ne soulevait pas de questions il y a 20 ans, mais elle en soulève aujourd'hui.	_____	_____
Nous révélons notre stratégie et les écologistes révéleront l'impact du projet. Le ministre révèle les plans.	_____	_____

Consultez maintenant la rubrique suivante pour connaître les règles de conjugaisons de ces verbes.

SAVOIR essentiel

LES VERBES EN *CER, GER, YER, ELER, ETER,* ET AUTRES

Les verbes qui se terminent par *er* à l'infinitif ont:

• toujours les mêmes **terminaisons** quand on les conjugue;

• un **radical** qui ne change généralement pas.

EXEMPLE: *Aimer: tu* aimes, *il* aimait, *nous* aimerons, *qu'ils* aiment

Cependant, on doit apporter des modifications au radical de certains verbes.

Verbes qui se terminent par...	Modifications à apporter	Exemples
cer	c → ç devant *a* et *o*	*Il commençait.* *Nous commençons.*
ger	g → ge devant *a* et *o*	*Je changeais.* *Nous changeons.*
yer	y → *i* devant un *e* muet (qui ne se prononce pas) **ATTENTION!** Les verbes en *ayer* peuvent s'écrire avec un *i* ou avec un *y* devant un *e* muet. EXEMPLE: *Je paie ou je paye.* ■	*Il envoie.* *Il s'ennuiera.*
eler ou eter	el → *ell*, et → *ett* devant un *e* muet **ATTENTION!** Certains verbes terminés par *eler* ou *eter* s'écrivent *èle* et *ète*. EXEMPLES: *Il achète. On gèle. Je pèle.* ■	*Ils appellent.* *Ils appelleront.* *Je jette.* *Je jetterai.*
ecer, ener, ever, etc.	e → *è* devant une syllabe contenant un *e* muet	*Tu enlèves.* *Tu enlèveras.*
écer, éner, éver, etc.	é → *è* devant une syllabe **finale** contenant un *e* muet	*Il répète.* *Nous répétons.*

13 Conjuguez les verbes entre parenthèses aux temps requis. Consultez un ouvrage de référence en conjugaison au besoin.

Il y a quelques années, les grands projets hydroélectriques (soulever) _____

l'enthousiasme et (forcer) _____ l'admiration dans le monde.

On (aménager) _____ de grands complexes et on (s'interroger)

_____ peu sur leur impact environnemental.

Aujourd'hui, la construction de barrages sur les grandes rivières du Québec ne fait plus l'unanimité.

Certains (s'inquiéter) _____ de leurs conséquences sur l'environnement.

Par contre, d'autres (considérer) _____ que ces projets sont plutôt

avantageux. En effet, ils (rejeter) _____ les arguments des opposants

et (s'employer) _____ à faire valoir les retombées économiques

que de tels projets (générer) _____. Par exemple, ils (rappeler)

_____ que ces projets (amener) _____ bientôt

la création de milliers d'emplois et qu'ils (s'avérer) _____ bénéfiques

pour les régions en freinant l'exode des jeunes.

TÂCHE 2 Lire pour avoir un « autre son de cloche »

Le développement économique a toujours impliqué que nous produisions de plus en plus d'énergie. Cependant, on prend conscience que nos ressources naturelles sont limitées et qu'il faut rompre avec la croissance effrénée de notre consommation. L'économie verte serait-elle la solution ? Plusieurs le croient.

> **SAVOIRS ESSENTIELS**
>
> **Grammaire du texte**
> ❏ Textes informatif et argumentatif
>
> **Grammaire de la phrase**
> ❏ Phrase incise
> ❏ Verbes aux temps composés de l'indicatif
>
> **DURÉE DE LA TÂCHE**
>
> 3 heures

But de la tâche

À la fin de cette tâche, vous serez en mesure de :

• dégager l'intention de communication de l'auteur ;

• dégager les idées essentielles des textes lus ;

• comparer différents points de vue pour vous forger une opinion.

ℹ Roy Dupuis

Roy Dupuis est né en 1963. Il a étudié l'art dramatique et a obtenu ses premiers rôles à la télévision et au cinéma au cours des années 1980. Son personnage d'Ovila Pronovost, dans la télésérie *Les filles de Caleb*, l'élève au rang de vedette. Il a, entre autres, incarné le célèbre hockeyeur Maurice Richard.

En tant que cofondateur de la Fondation Rivières, il s'est impliqué dans la défense des rivières du Québec et s'est opposé en particulier aux projets hydroélectriques des rivières Rupert et Romaine (Côte-Nord).

En réponse à certaines critiques envers ses prises de position, Roy Dupuis a fait publier la lettre ci-dessous dans plusieurs quotidiens, dont *Le Devoir*. Il y rappelle qu'un artiste est aussi un citoyen et qu'en raison de sa notoriété, il peut servir «de porte-voix aux sans-voix».

Lisez l'opinion de Roy Dupuis.

TEXTE 1

Mes questions dérangent-elles ?

[…]

Quels sont donc les enjeux que je soulève, avec plusieurs autres intervenants, sur le développement hydroélectrique du Québec et la dérivation[14] de la Rupert ? Quelles sont les
5 questions qui semblent tant indisposer certains chroniqueurs et éditorialistes ?

La Fondation Rivières considère que les ressources naturelles du domaine de l'État, qu'il s'agisse des forêts, des forces hydrauliques
10 ou du vent, appartiennent à la collectivité. Pour que leur utilisation soit justifiée et conséquente, et pour que les bénéfices résultant de leur développement profitent à l'ensemble de la collectivité, il faut que leur exploitation et leur
15 financement relèvent d'une planification nationale et du contrôle public.

Sur ce plan, la nationalisation[15] de l'électricité a permis le développement intégré d'un parc de production hydroélectrique doté
20 de grands réservoirs (175 TWh[16]) et d'un réseau de transport à haute tension parmi les plus évolués mondialement. Cet investissement collectif dans l'hydroélectricité génère des bénéfices annuels croissants qui atteignent
25 2,5 milliards de dollars par année.

[…]

Le parti pris de la Fondation Rivières en faveur de la propriété et de l'exploitation publiques des ressources énergétiques n'est pas pour autant un chèque en blanc[17] pour
30 Hydro- Québec. Parce que la poursuite du développement hydroélectrique soulève des questions qui ne peuvent pas être contournées en ce début de XXIᵉ siècle.

Combien de rivières vierges du calibre de
35 la Rupert (560 km) restera-t-il dans le monde d'ici à 10 ans ? Combien vaut, en 2006, la conservation de l'intégrité d'une telle rivière ? S'il s'agit de la détourner pour produire de l'énergie, est-ce la meilleure des options
40 disponibles pour y parvenir, la plus profitable et la moins dommageable ? Et si cette énergie n'est développée qu'à des fins d'exportation, une goutte d'eau dans l'océan de la consommation énergétique étasunienne, devrions-nous pour
45 cela aménager toutes nos rivières, et n'importe laquelle par n'importe qui ?

Des options négligées

La Fondation Rivières constate qu'Hydro-Québec dispose de nombreuses options de
50 développement énergétique qui comportent des impacts environnementaux nettement moindres que le détournement d'un bassin hydrographique tout entier et qui offrent des

avantages économiques et sociaux égaux ou supérieurs. Or, Hydro-Québec refuse de considérer ces options. Comment expliquer notamment que la société d'État ne développe pas elle-même l'immense potentiel éolien du Québec […] ?

Pourquoi le Québec tarde-t-il tant à exploiter pleinement son potentiel d'économie d'énergie ? C'est le plus lucratif [18] de ses gisements, qui peut créer jusqu'à 12 000 emplois par milliard de dollars investis contre 9 000 environ pour de grands projets hydroélectriques. Qu'attend-on pour lancer un sérieux programme national de rénovation des bâtiments et sortir de leur spirale de pauvreté des milliers de ménages québécois pris avec des factures exorbitantes d'énergie qui fuit par les fenêtres ? Qu'attend-on pour promouvoir systématiquement, programmes de financement à l'appui, l'utilisation optimale de la géothermie [19] et du captage solaire passif pour réduire la consommation d'énergie associée au chauffage des bâtiments ?

[…] [Tout] TWh économisé peut être revendu dans les marchés extérieurs par Hydro-Québec à un prix qui atteint déjà 85 à 100 millions de dollars en 2006-2007. Bref, l'électricité que le Québec peut revendre à plus grand profit, c'est celle que nous produisons déjà, que nous consommons déjà, mais que nous pouvons éviter de consommer.

Source : Roy Dupuis, «Mes questions dérangent-elles ?», *Le Devoir*, mardi 25 avril 2006, A7.

Pour mieux saisir le texte

14 Au 6e paragraphe (lignes 48 à 59), l'auteur emploie un synonyme du mot *dérivation*. Quel est ce synonyme ?

_____

15 a) Que veut dire le mot *nationalisation* ?

_____

b) Donnez un antonyme du mot *nationalisation*.

_____

16 TWh est le symbole de térawattheure. Que signifie le préfixe *téra* ?

_____

17 Que veut dire Roy Dupuis lorsqu'il affirme : «Le parti pris […] n'est pas un **chèque en blanc** pour Hydro-Québec» ?

_____

_____

18 Donnez un synonyme du mot *lucratif*.

_____

19 Qu'est-ce que la géothermie ?

_____

● **Consultez le dictionnaire au besoin.**

20 Quelle est, selon vous, l'intention de communication de Roy Dupuis ?

_____

21 Dégagez les idées du texte « Mes idées dérangent-elles ? » en complétant le tableau suivant.

Idées principales	Idées secondaires
Paragraphe 2 (lignes 7 à 16) L'exploitation des ressources naturelles de l'État concerne toute la collectivité.	
Paragraphe 3 (lignes 17 à 25) La nationalisation de l'électricité a profité à la collectivité.	
Paragraphe 4 (lignes 26 à 33) La Fondation Rivières soulève des questions sur le développement hydroélectrique.	• L'appui de la Fondation Rivières au développement des ressources énergétiques par Hydro-Québec n'est pas inconditionnel.
Paragraphe 5 (lignes 34 à 46)	
Paragraphe 6 (lignes 48 à 59)	
Paragraphe 7 (lignes 60 à 77)	
Paragraphe 8 (lignes 78 à 85)	

22 Roy Dupuis pose plusieurs questions dans son texte. Quelle idée implicite est sous-entendue dans les questions suivantes ?

a) «Combien de rivières vierges du calibre de la Rupert (560 km) restera-t-il dans le monde d'ici à 10 ans ?»

_____

b) «S'il s'agit de la détourner pour produire de l'énergie, est-ce la meilleure des options disponibles pour y parvenir, la plus profitable et la moins dommageable ?»

_____

ⓘ Louis-Gilles Francœur

Louis-Gilles Francœur est une des grandes figures québécoises du journalisme environnemental, auquel il se consacre depuis plus de 25 ans. Il écrit au quotidien *Le Devoir* et participe régulièrement à des émissions de radio et de télévision pour commenter les grands enjeux liés à l'environnement.

TEXTE 2

Rupert : l'éolien pourrait faire le travail
Le projet d'Hydro nuirait aussi à une espèce rare de truite

Idée principale

Nature-Québec estime qu'Hydro-Québec pourrait avantageusement remplacer l'énergie et la puissance anticipées du détournement de la Rupert, à la baie James, par un projet éolien de 2 200 MW en raison des
5 vents exceptionnels dans cette région. Cette proposition avancée hier par Nature-Québec, dans le cadre des audiences fédérale-provinciales sur la Rupert, a été formulée par Réal Reid, qui fut pendant deux décennies responsable des recherches sur l'éolien chez Hydro-
10 Québec.

Pour sa part, le Sierra Club du Canada a soulevé la possibilité que la «truite de Rupert», une sous-espèce quasi cousine, mais très différente, de la truite mouchetée, puisse disparaître de cette région nordique
15 en raison du détournement de la Rupert. Cette truite, qui n'existe nulle part ailleurs, est beaucoup plus grosse que ses cousines et on vient de partout pour la pêcher à grands frais, depuis des générations. Elle se limite à une portion du lac Mistassini, où la Rupert prend naissance,
20 et elle ne se mélange pas à ses cousines. Pour le Sierra Club, il s'agit d'un patrimoine [23] mondial qu'on ne peut pas brader [24] pour quelques kilowatts de plus, qu'on peut obtenir à prix comparable par d'autres technologies, dont des économies d'énergie.

25 Le groupe écologiste nord-américain s'en est pris par
    ailleurs à la façon dont Hydro-Québec minimise, à son
    avis, la contamination au mercure engendrée par
    l'inondation de vastes territoires. Son porte-parole,
    Daniel Green, a accusé Hydro-Québec de triturer [25]
30 à son avantage les normes canadiennes sur le mercure et
    de n'avoir pas évalué l'impact de la consommation réelle
    des poissons contaminés. Hydro-Québec, a-t-il dit, pense
    qu'il suffit de dire aux Cris de ne pas manger ce poisson
    contaminé pour régler le problème. La commission doit
35 approfondir demain le dossier du mercure.

Source : Louis-Gilles Francœur, «Rupert : l'éolien pourrait faire le travail.
Le projet d'Hydro nuirait aussi à une espèce rare de truite»,
Le Devoir, 3 mai 2006, B1.

Pour mieux saisir le texte

23 **Donnez la signification du mot *patrimoine* dans le contexte.**

_____

24 **Donnez une expression synonyme du verbe *brader*.**

_____

25 **Par quel verbe pourrait-on remplacer le verbe *triturer* ?**

_____

⬤ **Consultez le dictionnaire au besoin.**

Le contexte

26 Répondez aux questions suivantes.

    a) L'auteur donne-t-il son opinion personnelle sur le projet d'Hydro-Québec? _____

    b) Quels sont les deux organismes dont il rapporte les prises de position?

    _____

    c) De quel type de texte s'agit-il? Cochez la bonne réponse.

      ◯ Argumentatif   ◯ Informatif

27 Dans la marge du texte «Rupert: l'éolien pourrait faire le travail», indiquez l'idée principale de chacun des paragraphes.

EXERCER SON SENS CRITIQUE

Comparer des renseignements de sources diverses

Pour avoir une idée juste de l'ensemble d'une problématique, il est nécessaire de consulter plusieurs sources, car toute problématique comporte plusieurs facettes. Vous avez pu, par exemple, constater que le projet hydroélectrique de la Rupert comportait à la fois des inconvénients et des avantages.

Confronter des points de vue différents permet d'analyser les avantages et les désavantages afin de se forger une opinion éclairée. Rappelez-vous: une médaille a toujours deux côtés!

28 Remplissez le tableau suivant afin de dégager les éléments essentiels des deux textes que vous avez lus.

Texte 1	Texte 2
Pourquoi refuser le projet de dérivation de la Rupert?	
• _____	• _____
_____	_____
_____	_____
• _____	• _____
• _____	_____
_____	_____
• _____	• _____
• _____	_____
_____	_____
• _____	_____
_____	

LA CONJUGAISON DES VERBES AUX TEMPS COMPOSÉS

29 **Lisez bien les phrases suivantes:**

1. Nous **avions prévu** vos objections; c'est pourquoi nous **avons préparé** des contre-propositions.

2. Nous **proposerons** une solution lorsque nous **aurons entendu** toutes les propositions.

a) **Les actions de la phrase 1 se déroulent-elles dans le présent, le passé ou le futur?**

_____

b) **Les actions de la phrase 2 se déroulent-elles dans le présent, le passé ou le futur?**

_____

c) **Remplissez maintenant le tableau suivant.**

	Dans la phrase, quelle action se déroule avant l'autre? Inscrivez le verbe correspondant.	À quel temps est ce verbe?	À quel temps est l'auxiliaire de ce verbe?
Phrase 1			
Phrase 2			

SAVOIR essentiel

RAPPEL ▶ **CONJUGAISON DES VERBES AUX TEMPS COMPOSÉS**

Le temps des verbes permet non seulement de situer des actions dans le temps (présent, passé, futur), mais aussi de situer une action par rapport à une autre.

Pour conjuguer un verbe à un temps composé :

1. On choisit l'**auxiliaire** approprié (*avoir* ou *être*).

2. On conjugue cet auxiliaire au mode, au temps et à la personne grammaticale appropriés.

3. On ajoute à cet auxiliaire le participe passé du verbe à conjuguer.

Exemples		
Temps simple		**Temps composé**
Présent *Il regarde.*	→	**Passé composé** **Auxiliaire au présent** + participe passé *Il a regardé.*
Imparfait *Il regardait.*	→	**Plus-que-parfait de l'indicatif** **Auxiliaire à l'imparfait** + participe passé *Il avait regardé.*
Futur simple *Il regardera.*	→	**Futur antérieur** **Auxiliaire au futur simple** + participe passé *Il aura regardé.*
Conditionnel présent *Il regarderait.*	→	**Conditionnel passé** **Auxiliaire au conditionnel présent** + participe passé *Il aurait regardé.*

30 **Conjuguez les verbes entre parenthèses au temps composé requis par le contexte.**

Lorsqu'on (**démontrer**) _____ la faisabilité du projet, on pourra aller de l'avant.

On pensait qu'on (**régler**) _____ le problème, mais on (**oublier**) _____ un aspect important.

Les écologistes (**préférer**) _____ qu'on développe d'autres sources d'énergie.

Quand tu (**finir**) _____ de lire le rapport, tu pourras te forger une opinion.

Aux audiences publiques, on (**entendre**) _____ tous ceux qui voulaient s'exprimer.

31 **a) Dans les phrases suivantes, soulignez les mots qui précisent qui parle et, s'il y a lieu, sur quel ton la personne parle.**

1. «Des rivières du calibre de la Rupert, il en restera peu d'ici dix ans», affirment les écologistes.

2. «On pourra, dit le chroniqueur avec enthousiasme, exporter de l'énergie propre.»

b) Quel signe de ponctuation détache ou isole les phrases incises de ces deux phrases?

SAVOIR essentiel

RAPPEL ▸ LA PHRASE INCISE

La **phrase incise** est une phrase insérée dans une autre. Elle indique un discours rapporté direct (une citation). Elle comprend un verbe de parole (*dire, s'écrier, s'exclamer, murmurer,* etc.) et elle précise *qui* parle et parfois *sur quel ton* la personne le fait.

EXEMPLES :

«*La truite de Rupert pourrait disparaître*», **dit tristement le représentant du Sierra Club.**

Ici, la phrase incise indique que les paroles ont été dites par le représentant du Sierra Club; l'adverbe *tristement* précise sur quel ton il les a énoncées.

«*Hydro-Québec,* **accuse Daniel Green,** *n'a pas fait ses devoirs.*»

Cette phrase incise indique que les paroles ont été prononcées par Daniel Green; le verbe *accuse* précise sur quel ton il les a dites.

Dans une phrase incise, le **sujet** est **toujours inversé**, c'est-à-dire qu'il est placé **après** le verbe.

EXEMPLES :

«*Trouvons une solution rapidement!*» **répondit-il.**

«*Est-ce la meilleure solution?*» **demande** Roy Dupuis.

Lorsqu'elle est **à l'intérieur** de la phrase, la phrase incise est détachée par **deux virgules**.

Si elle est **à la fin** de la phrase, la phrase incise est détachée par **une virgule** ou par **un autre signe de ponctuation.**

⬤ Afin d'approfondir vos connaissances sur la phrase incise, vous pouvez faire l'exercice complémentaire 6 à la page 266.

LES VERBES EN *CER, GER, YER, ELER, ETER*, ET AUTRES

32 Que doit-on modifier au radical des verbes de la colonne de gauche (s'il y a lieu) pour qu'ils soient écrits correctement ?

Exemple	De quel verbe s'agit-il ?	Modification à apporter
Nous voyagons.	voyager	Ajouter un *e* entre le *g* et le *o* pour adoucir le *g* : voyag**e**ons.
On possède.	posséder	Ø Le verbe est bien écrit.
Tu renouvèles.		
On gèle.		
Il envoye.		
Il rouspéte.		
Nous répéterons		
Il dénoncait.		

LA CONJUGAISON DES VERBES AUX TEMPS COMPOSÉS

33 Complétez les énoncés suivants.

a) Lorsqu'on utilise un auxiliaire à l'imparfait et qu'on lui ajoute le participe passé d'un verbe, on conjugue ce verbe au _____.

b) Dans la phrase suivante, le verbe est conjugué au _____.
« Nous aurons terminé l'exercice demain matin. »

c) On forme le conditionnel passé d'un verbe avec l'auxiliaire au _____
_____ et le _____ de ce verbe.

LA PHRASE INCISE

34 Vrai ou faux ?
Lisez la phrase suivante : « Je pense, Paul s'écria, que vous avez tort ! »

	VRAI	FAUX
a) La phrase incise est *Je pense*.	❑	❑
b) On devrait supprimer la virgule qui suit *Je pense*.	❑	❑
c) On devrait placer le sujet *Paul* après le verbe *s'écria*.	❑	❑

Activité d'intégration

DURÉE

1 heure et 30 minutes

À la fin de 2006, les gouvernements du Québec et du Canada ont autorisé la dérivation de la rivière Rupert malgré l'opposition de certaines communautés cries et de plusieurs groupes écologistes. En janvier 2007, les travaux de construction ont été officiellement lancés.

À la lumière de la chronique de l'émission *La vie en vert*, des deux textes que vous avez lus et de vos valeurs personnelles, croyez-vous que les gouvernements ont eu tort ou qu'ils ont eu raison d'aller de l'avant dans le projet de la rivière Rupert ?

Pour vous forger une opinion :

• relisez attentivement les réponses que vous avez données aux exercices 10 et 28.

Rédigez un texte de 100 à 150 mots dans lequel vous exprimerez clairement votre point de vue sur le sujet.

ATTENTION !

▷ Présentez deux arguments en appui à votre opinion.

▷ Assurez-vous d'adopter un point de vue constant.

▷ Citez les paroles d'un expert ou d'une personne crédible pour justifier un argument. N'oubliez pas de mentionner qui a prononcé ces paroles ! ■

Rédaction de la version définitive

Rédigez la version définitive de votre texte.

_____

_____

_____

_____

_____

_____

_____

_____

_____

_____

_____

_____

_____

_____

_____

_____

Faites corriger votre texte par votre enseignante ou votre enseignant.

Bilan de mes apprentissages

1 = TRÈS FACILEMENT	2 = PLUTÔT FACILEMENT	3 = DIFFICILEMENT

Actions	Exercices	Échelle
1. DÉGAGER LES ÉLÉMENTS D'INFORMATION EXPLICITES ET IMPLICITES, AINSI QUE LE SENS DU MESSAGE		
• Je m'appuie sur mes connaissances du lexique pour mieux saisir le texte et dégager le sens du message.	2 à 6, 14 à 19, 23 à 25	1. ❏ 2. ❏ 3. ❏
• Je peux relever les idées essentielles d'un message.	10, 11, 21, 27, 28	1. ❏ 2. ❏ 3. ❏
• Je peux saisir une idée, même si elle est sous-entendue.	22	1. ❏ 2. ❏ 3. ❏
2. RECONNAÎTRE LE CARACTÈRE PLUTÔT OBJECTIF OU SUBJECTIF D'UN MESSAGE		
• Je reconnais l'intention de communication de l'auteur.	7, 20	1. ❏ 2. ❏ 3. ❏
• Je distingue l'opinion de l'auteur de l'opinion rapportée.	9, 26	1. ❏ 2. ❏ 3. ❏
3. APPRÉCIER LES ENJEUX ÉTHIQUES DE LA COMMUNICATION		
• Je peux comparer différents points de vue pour me forger une opinion.	Activité d'intégration	1. ❏ 2. ❏ 3. ❏
• Je m'appuie sur mes valeurs pour prendre position.		1. ❏ 2. ❏ 3. ❏
4. EXPRIMER UN POINT DE VUE ET JUSTIFIER SA PRISE DE POSITION		
• J'exprime clairement mon opinion.	Activité d'intégration	1. ❏ 2. ❏ 3. ❏
• Je la justifie à l'aide d'arguments, d'explications ou d'exemples pertinents.		1. ❏ 2. ❏ 3. ❏
5. RESPECTER LES RÈGLES APPRISES DE LA GRAMMAIRE DE LA PHRASE ET DE L'ORTHOGRAPHE LEXICALE		
• Je modifie correctement le radical de certains verbes qui se terminent par *er*.	13, Activité d'intégration	1. ❏ 2. ❏ 3. ❏
• J'utilise correctement les temps composés du mode indicatif.	30, Activité d'intégration	1. ❏ 2. ❏ 3. ❏
• J'accorde correctement les participes passés.	Activité d'intégration	1. ❏ 2. ❏ 3. ❏

Progrès réalisés	Points à améliorer

Les déterminants et les pronoms

⬤ **Au besoin, consultez les rubriques** *Savoir essentiel* **aux pages 233 à 235.**

1 **Dictée**

🔘 **Pour vérifier votre maîtrise des différents déterminants et pronoms, faites la dictée enregistrée sur le CD.**

_____

_____

_____

_____

_____

_____

_____

_____

_____

_____

_____

_____

_____

_____

ATTENTION !

▷ Utilisez l'outil *La révision et la correction d'un texte* (encadré «Corriger son texte»)
à la page 294.

▷ Portez une attention particulière aux accords des déterminants interrogatifs et
quantitatifs, ainsi qu'aux pronoms indéfinis et interrogatifs.

▷ Assurez-vous d'avoir laissé les verbes à l'infinitif invariables. ∎

Le groupe infinitif (GInf)

⬤ **Au besoin, consultez la rubrique** *Savoir essentiel* **à la page 239.**

2 **Dans le texte de la dictée, il y a trois GInf. Encadrez-les.**

La reprise de l'information

🔴 **Au besoin, consultez la rubrique *Savoir essentiel* à la page 238.**

3 **Lisez le texte ci-dessous et remplacez les mots surlignés par les mots substituts appropriés de la liste suivante.**

ces types de surveillance	données	ils	ils	de leurs activités
de leurs comportements		de renseignements		usagers

Les internautes ignorent souvent que les internautes laissent des traces électroniques des activités

des internautes en ligne. Ainsi, sans le vouloir, les internautes donnent des informations personnelles

à des organismes ou à des personnes qui utiliseront ce genre d'informations.

Certaines compagnies recueillent des informations personnelles sur les gens qui naviguent dans

Internet pour dresser un portrait des comportements des gens qui naviguent dans Internet.

Les fichiers témoins, les pixels invisibles et les logiciels espions sont des outils employés pour suivre

les activités en ligne des utilisateurs. Les fichiers témoins, les pixels invisibles et les logiciels espions

agissent malheureusement sans le consentement des utilisateurs.

Les verbes en *cer, ger, yer, eler, eter,* et autres

🔴 **Au besoin, consultez la rubrique *Savoir essentiel* à la page 250.**

4 **Dans les phrases suivantes, plusieurs verbes sont mal orthographiés. Soulignez-les, puis corrigez-les.**

a) Il s'efforçait d'apaiser les esprits en nuancant ses propos.

b) En érigant un barrage à cet endroit, on menaçe la survie de certaines espèces aquatiques.

c) Le gouvernement considére que le développement hydroélectrique relancera notre économie.

d) Certains écologistes appuyent le projet, alors que d'autres le rejètent.

e) On a déploié beaucoup d'énergie et on a complèté les travaux à temps.

f) On rappèle aux citoyens qui préferrent d'autres solutions de présenter leurs suggestions.

La conjugaison des verbes aux temps composés

⬤ Au besoin, consultez la rubrique *Savoir essentiel* à la page 259.

5 Écrivez les verbes entre parenthèses au temps demandé.
Attention aux accords des participes passés !

a) Certains (**affirmer / passé composé**) _____ que le projet (**obtenir /**

plus-que-parfait) _____ l'accord des Cris.

b) On (**remplacer / futur antérieur**) _____ l'énergie produite à partir

du charbon d'ici quelques années.

c) Si je (**recevoir / plus-que-parfait**) _____ de nouvelles informations,

je vous les (**communiquer / conditionnel passé**) _____ immédiatement.

d) On (**réfléchir / passé composé**) _____ au problème que vous nous

(**présenter / passé composé**) _____.

e) Dès qu'ils (**terminer / futur antérieur**) _____ leur rapport, ils nous

le remettront.

La phrase incise

⬤ Au besoin, consultez la rubrique *Savoir essentiel* à la page 260.

6 Dans le tableau ci-dessous, insérez les phrases surlignées pour en faire des incises.
a) Insérez-les à la fin des paroles rapportées.
b) Insérez-les au milieu des paroles rapportées.

Attention à la ponctuation !

Phrases originales	a) fin des paroles rapportées	b) milieu des paroles rapportées
Le premier ministre a ajouté : «Nous pourrons exporter nos surplus d'électricité.»		
Madame Dubois soutient : «L'économie est importante, mais on ne se rend pas compte de l'impact environnemental.»		

Des clics ravageurs
(PAGES 226 À 244)

1 a) Faux. Dans un clavardoir, n'importe qui peut échanger avec vous, alors qu'avec la messagerie instantanée, seuls vos contacts peuvent vous écrire.

b) Faux. Ces renseignements peuvent être lus par n'importe qui.

c) Vrai. Pour s'assurer que le site ne divulguera pas ces renseignements.

d) Faux. N'importe qui peut y écrire n'importe quoi.

e) Vrai. Copier des logiciels, des textes ou de la musique constitue un vol.

2 Il veut dire que les gens qui se servent d'Internet peuvent cacher leur identité.

3 Punition, sanction.

4 Surveillance ou attention.

5 Informer le lecteur. L'auteur donne des faits, des références, des statistiques. Il ne donne pas d'opinion personnelle et utilise des pronoms de la 3e personne.

6 Oui, puisque l'information provient d'un site sérieux. L'auteur fournit des statistiques (un sondage mené en 2005) et fait référence aux propos d'une experte (Nancy Willard du Responsible Netizen Institute). Enfin, il s'appuie sur le Code criminel et sur la Loi canadienne sur les droits de la personne.

7 message SMS:
«messages textes»

cyberintimidation:
«s'en servent pour intimider et harceler les autres, une pratique qu'on désigne désormais sous le terme de cyberintimidation»

libelle:
«un libelle, qui insulte quelqu'un ou peut nuire à sa réputation en l'exposant à la haine, au mépris ou au ridicule»

8

Paragraphe	Idée principale	Aspect (Intertitre proposé)
3e paragraphe (lignes 16 à 25)	Avec Internet, on peut joindre une personne n'importe où, n'importe quand.	*Un outil redoutable* ou *Internet facilite l'intimidation*
4e paragraphe (lignes 26 à 40)	Le caractère anonyme d'Internet permet de se sentir libre.	
5e paragraphe (lignes 41 à 50)	Les communications à distance affectent le comportement éthique.	
6e paragraphe (lignes 51 à 70)	La cyberintimidation peut se faire à l'aide d'un ordinateur.	*Des formes variées d'intimidation* ou *Les différentes formes d'intimidation*
7e paragraphe (lignes 71 à 90)	La cyberintimidation peut se faire à l'aide d'un cellulaire.	
8e paragraphe (lignes 91 à 100)	La cyberintimidation est difficile à enrayer.	
9e paragraphe (lignes 102 à 111)	La cyberintimidation peut être un acte criminel selon le Code criminel du Canada.	*La cyberintimidation et la loi*
10e paragraphe (lignes 112 à 118)	La cyberintimidation peut violer la Loi canadienne sur les droits de la personne.	

9 a) Moral.

b) «Ils écrivent en ligne des choses qu'ils ne diraient jamais en personne; ils se font passer pour quelqu'un d'autre ou ils prétendent qu'on a volé leur mot de passe.»

c) L'éloignement (loin de leur victime, ils ne voient pas les conséquences de leurs gestes) et l'anonymat (ils ont l'assurance de ne pas se faire prendre).

10 Le respect d'autrui, la compassion, l'empathie, etc.

11 a) Les adultes peuvent plus facilement surveiller les ordinateurs placés dans un endroit passant.

b) À la classe des déterminants.

12 a) Pour beaucoup de jeunes, même la maison n'est plus un refuge contre la cruauté de certains camarades.

b) Plusieurs cellulaires possèdent des appareils photo intégrés qui ajoutent une nouvelle dimension au problème. Des élèves s'en sont déjà servi pour prendre la photo d'un élève obèse dans les douches après un cours de gymnastique et, quelques minutes plus tard, la photo circulait parmi tous les élèves de l'école.

13 a) Ils appartiennent à la classe des déterminants. Ils accompagnent un nom.

b) Un point d'exclamation.

c) Un point d'interrogation.

14 a) déterminants; nom

b) pronoms

15 Les mots *qui* et *que*.

16 d

17 La **cyberintimidation** prend de l'ampleur à mesure que l'utilisation d'Internet s'accroît. Avant qu'<u>elle</u> devienne un véritable fléau et qu'<u>elle</u> conduise à d'autres suicides, il faut réagir et condamner <u>cette pratique</u>. Il serait grand temps de renforcer le Code criminel en y ajoutant <u>l'intimidation psychologique en ligne</u> comme l'ont déjà fait certains États américains.

18 Le Web suscite un enthousiasme réel chez les jeunes
                                                    leur
comme chez les adultes. Cependant, c'est dans la façon
                              ce nouveau média (ou la Toile)
des jeunes et des adultes d'utiliser le Web qu'on note
                                        eux
une différence entre les jeunes et les adultes. Les jeunes
                              en ligne
se branchent surtout pour jouer sur le Web, pour
                                          Leurs aînés
télécharger de la musique ou pour clavarder. Les adultes,
 de la Toile (ou de ce nouveau média)
eux, se servent du Web pour communiquer, notamment par courriels, pour gérer leurs comptes bancaires ou pour magasiner.

19 **a)** Non.

b) Non.

20

GInf
GAdj
1. Internet permet aux gens de | rester anonymes |.

GInf
G N
2. Quand il est impossible de | prouver la culpabilité d'un

individu |, la peur du châtiment diminue de beaucoup.

GInf
Sub. compl.
3. Rien ne les oblige à | admettre qu'ils ont harcelé un

autre élève |.

GInf
Pron.
4. La Toile est l'outil idéal pour | contacter quelqu'un |.

GInf
GPrép
5. Il est important de | réfléchir aux conséquences de ses

GInf
gestes | avant d' | agir |.

21 déterminant

22 **a)** Nous n'avons eu aucun problème à nous brancher à Internet.

b) ∅

c) Il existe différents logiciels de sécurité.

d) Quel système d'exploitation utilisez-vous ?

23 **a)** Vrai.

b) Faux. Le verbe à l'infinitif est toujours invariable.

c) Faux. Il peut être formé d'un infinitif seul ou d'un infinitif + une expansion.

d) Vrai.

e) Faux. Le GInf est *examiner le contenu de votre ordinateur.*

24 Trois parmi les suivants: la reprise par un pronom, par un synonyme, par un déterminant, par une périphrase. Il existe d'autres procédés. Dans le doute, consultez votre enseignant.

SITUATION D' **A**PPRENTISSAGE **2**

Question de point de vue !
(PAGES 245 À 263)

1 **a)** Vrai.

b) Faux.

c) Vrai.

d) Faux.

e) Faux.

f) Vrai.

g) Vrai.

2 Une décennie est une période de dix ans.

3 Une femme ou un homme d'affaires ou une société qui finance et dirige un projet.

4 Opposant, adversaire, contestataire.

5 **a)** Action de faire entrer dans un pays des produits qui viennent de l'étranger.

b) Exportation.

6 **a)** Au sens figuré.

b) Il signifie que nous sommes de grands consommateurs d'énergie.

7 Informer les auditeurs sur le point de vue de certains écologistes sur le projet hydroélectrique de la rivière Rupert.

8 Oui. L'émission a été diffusée sur les ondes de Télé-Québec, une chaîne reconnue pour la qualité de son information. De plus, l'animatrice a interviewé un journaliste spécialisé dans le domaine de l'environnement.

9 Il fait preuve d'objectivité. Il donne le point de vue de certains écologistes, et non son opinion personnelle.

10 Avantages du point de vue économique:
• Hydro-Québec augmentera sa production d'électricité.
• Les Cris recevront beaucoup d'argent pour créer le projet.
• Beaucoup d'emplois seront créés pour les Cris.
• Hydro-Québec augmentera son exportation d'énergie.

Avantages du point de vue environnemental:
- Hydro-Québec diminuera son importation d'énergie sale (créée à partir de charbon et d'hydrocarbures).
- On diminuera les émissions de gaz à effet de serre dans le nord-est de l'Amérique.

11 Elle se demande si on ne devrait pas commencer par réduire le gaspillage et la surconsommation d'énergie.

12

Phrases	De quel verbe s'agit-il?	Changement par rapport à l'infinitif
Nous n'appuyons pas le projet, mais certains écologistes l'appuient.	Appuyer.	Le *y* devient *i*.
Nous renouvelons notre demande, mais le gouvernement renouvelle son intention de poursuivre le projet.	Renouveler.	Le *l* est doublé.
La construction de barrages ne soulevait pas de questions il y a 20 ans, mais elle en soulève aujourd'hui.	Soulever.	Le *e* devient *è*.
Nous révélons notre stratégie et les écologistes révéleront l'impact du projet. Le ministre révèle les plans.	Révéler.	Le *é* devient *è*.

13 soulevaient; forçaient; aménageait; s'interrogeait; s'inquiètent; considèrent; rejettent; s'emploient; génèrent rappellent; amèneront; s'avéreront.

14 Détournement.

15 **a)** Action de transférer à l'État la propriété d'un bien qui appartient à une entreprise privée.
b) Privatisation.

16 Ce préfixe multiplie par un million de millions (10^{12}).

17 Cela signifie que même si la Fondation Rivières appuie Hydro-Québec dans le développement des ressources énergétiques, ce n'est pas à n'importe quelle condition.

18 Payant, rentable.

19 C'est une forme d'énergie utilisant la chaleur de la Terre.

20 Son intention est d'exprimer son point de vue sur le projet hydroélectrique de la rivière Rupert.

21 Paragraphe 2:
Idées secondaires:
- Les ressources naturelles appartiennent à la collectivité.
- Les bénéfices doivent profiter à la collectivité.

Paragraphe 3:
Idées secondaires:
- Elle a permis le développement d'un réseau parmi les meilleurs au monde.
- Elle génère des bénéfices annuels croissants.

Paragraphe 4:
Idées secondaires:
- La poursuite du développement hydroélectrique soulève des questions.

Paragraphe 5:
Idées principales:
Il faut protéger nos rivières et ne pas les aménager n'importe comment.

Idées secondaires:
- Le nombre de rivières vierges comme la Rupert diminuera si on continue à les aménager.

- Détourner la Rupert n'est pas la meilleure option.
- Pour exporter l'énergie aux États-Unis, faudra-t-il aménager toutes nos rivières?

Paragraphe 6:
Idées principales:
Il existe d'autres options.

Idées secondaires:
- D'autres options présentent moins d'impacts environnementaux et offrent des avantages économiques et sociaux égaux ou supérieurs.
- Hydro-Québec refuse ces options, l'éolien entre autres.

Paragraphe 7:
Idées principales:
Il serait plus avantageux d'économiser l'énergie.

Idées secondaires:
- Un programme de rénovation ferait baisser les factures d'énergie.
- L'utilisation de l'énergie géothermique et solaire réduirait la consommation d'énergie.
- Cela créerait plus d'emplois que les grands projets.

Paragraphe 8:
Idées principales:
On pourrait exporter l'énergie économisée.

Idées secondaires:
- «[Tout] TWh économisé peut être revendu dans les marchés extérieurs.»
- «L'électricité que le Québec peut revendre à plus grand profit, c'est celle […] que nous pouvons éviter de consommer.»

22 **a)** On peut déduire qu'il pense qu'il ne restera plus beaucoup de rivières comme la Rupert dans le monde.
b) Il laisse sous-entendre que le détournement de la rivière n'est pas la meilleure solution.

23 L'ensemble des richesses d'une collectivité, l'héritage commun d'une société.

24 Vendre à rabais, à bon marché.

25 Manipuler, utiliser.

26 **a)** Non.
b) Nature-Québec et le Sierra Club.
b) Informatif.

27 Idée principale
1. Nature-Québec propose de remplacer le projet hydroélectrique de la Rupert par un projet éolien.
2. Le Sierra Club du Canada craint la disparition de la truite de Rupert, une espèce unique.
3. Selon le Sierra Club, Hydro-Québec a minimisé la contamination au mercure et l'impact réel de la consommation du poisson contaminé.

L'envers de la médaille ■

28 Texte 1:
- D'autres options offrent des avantages économiques égaux ou supérieurs (énergie éolienne, géothermique ou solaire).
- Économiser l'énergie créerait plus d'emplois.
- Des programmes de rénovation feraient baisser les factures d'énergie.
- L'énergie économisée pourrait être exportée à profit.
- Le nombre de rivières vierges diminuera si on continue à les aménager.
- D'autres options présentent moins d'impacts environnementaux.

Texte 2:
- Un projet éolien remplacerait avantageusement le détournement de la Rupert.
- Certaines espèces uniques (truite de Rupert) risquent de disparaître.
- Il y a possibilité de contamination au mercure et donc, des risques pour la santé.

29 **a)** Dans le passé.

b) Dans le futur.

c)

	Dans la phrase, quelle action se déroule avant l'autre ? Inscrivez le verbe correspondant	À quel temps est ce verbe	À quel temps est l'auxiliaire de ce verbe ?
Phrase 1	avions prévu	plus-que-parfait	imparfait
Phrase 2	aurons entendu	futur antérieur	futur simple

30 aura démontré;

avait réglé; avait oublié (ou a oublié);

auraient préféré;

auras fini;

a entendu.

31 **a)** 1. affirment les écologistes
2. dit le chroniqueur avec enthousiasme

b) La virgule.

32 *Nous voyagons*: voyager; Ajouter un *e* entre le *g* et le *o* pour adoucir le *g*: voyageons.

On possède: posséder; Ø Le verbe est bien écrit.

Tu renouvèles: renouveler; Doubler le *l* devant le *e* muet: renouvelles.

On gèle: geler; Ø Le verbe est bien écrit.

Il envoye: envoyer; Remplacer y par *i* devant un *e* muet: envoie.

Il rouspète: rouspéter; Remplacer *é* par *è* devant une syllabe finale contenant un *e* muet: rouspète.

Nous répéterons   : répéter; Ø Le verbe est bien écrit.

Il dénonçait: dénoncer; Ajouter une cédille au *c* pour l'adoucir: dénonçait.

33 **a)** plus-que-parfait

b) futur antérieur

c) conditionnel présent; participe passé

34 **a)** Faux.   **b)** Faux.   **c)** Vrai.

(PAGES 264 À 266)

1 «Il y a quelques années, on ne pouvait consulter que certaines sources d'information comme les journaux, les revues ou les livres sérieux. Aujourd'hui, la Toile propose des millions de pages et d'autres s'y ajoutent chaque jour. Elle offre beaucoup de renseignements dans tous les domaines, mais lesquels peuvent être considérés comme crédibles? Plusieurs sites très attirants peuvent ne présenter aucun intérêt sur le plan de la validité des informations qu'on y recueille. C'est pourquoi il convient de se poser différentes questions. Par exemple, qui est l'auteur du site? À quel organisme appartient-il? À quelle date le site a-t-il été créé? Le texte consulté est-il écrit en bon français?»

2 Voir le corrigé de l'exercice 1.

3 les internautes: ils

des activités des internautes: de leurs activités

les internautes: ils

d'informations: de renseignements

informations: données

des comportements des gens qui naviguent dans Internet: de leurs comportements

Les fichiers témoins, les pixels invisibles et les logiciels espions: Ces types de surveillance

utilisateurs: usagers

4 **a)** nuancant: nuançant

b) érigant: érigeant; menace: menace

c) considére: considère

d) appuyent: appuient; rejètent: rejettent

e) déploié: déployé; complèté: complété

f) rappèle: rappelle; préferrent: préfèrent

5 **a)** ont affirmé; avait obtenu.

b) aura remplacé

c) avais reçu; aurais communiquées

d) a réfléchi; avez présenté

e) auront terminé

6

Exemple	De quel verbe s'agit-il ?	Modification à apporter
Le premier ministre a ajouté: «Nous pourrons exporter nos surplus d'électricité.»	«Nous pourrons exporter nos surplus d'électricité», a ajouté le premier ministre.	«Nous pourrons, a ajouté le premier ministre, exporter nos surplus d'électricité.»
Madame Dubois soutient: «L'économie est importante, mais on ne se rend pas compte de l'impact environnemental.»	«L'économie est importante, mais on ne se rend pas compte de l'impact environne-mental», soutient madame Dubois.	«L'économie est importante, soutient madame Dubois, mais on ne se rend pas compte de l'impact environnemental.»

Moi, je pose ma candidature !

Le conseil d'établissement de votre centre de formation procédera bientôt à une élection partielle. Ce conseil réunit une représentante ou un représentant de la direction, des professionnels de l'établissement, des enseignants, des membres de la communauté, des représentants d'entreprises et **deux élèves** dont les postes doivent être comblés. Comme vous pensez avoir toutes les qualités requises pour bien représenter les adultes de votre centre de formation, vous souhaitez faire partie de ce conseil.

Dans cette situation de synthèse et d'évaluation, vous franchirez toutes les étapes nécessaires pour poser votre candidature au conseil d'établissement (CE). Pour ce faire, vous devrez :

- écouter un message du directeur de votre centre (tâche 1);
- lire un texte intitulé «À propos des conseils d'établissement» (tâche 2);
- écrire une lettre aux membres du CE (tâche 3);
- prendre la parole devant vos pairs (tâche 4).

But de la situation de synthèse et d'évaluation

Cette situation de synthèse et d'évaluation vous permettra de faire un retour sur vos apprentissages et de vous préparer à l'épreuve de fin de cours.

ATTENTION !

Pour connaître les éléments sur lesquels on vous évaluera, il est important de consulter au début et à la fin de chaque tâche la grille de coévaluation à la page 278. ■

Pour en savoir davantage sur le conseil d'établissement et pour connaître la procédure à suivre pour poser votre candidature, vous devez écouter le message du directeur de votre centre de formation.

CONSIGNES

▷ Pendant l'écoute, prenez des notes sur une feuille mobile ou une fiche.
  ATTENTION ! Vous devez écouter le message trois fois. ■

▷ Après l'écoute, apportez au besoin quelques précisions à vos notes et remplissez la fiche *Collecte d'information* ci-dessous.

▷ Vous disposez de 1 heure pour réaliser cette tâche.

Lisez d'abord attentivement les énoncés de la tâche 1 de la grille de coévaluation à la page 278.

🔘 **Écoutez le message du directeur.**

Collecte d'information

TÂCHE 1 Écouter pour s'informer

1 **Les deux intentions de communication de l'émetteur.**

_____

_____

2 **La raison qui justifie la tenue d'une élection au CE.**

_____

3 **Trois points sur lesquels porte l'essentiel de l'information transmise.**

_____

_____

_____

4 **Une des qualités requises pour être membre du CE.**

_____

5 **Trois éléments de la formation sur le CE.**

_____

_____

_____

6 **Le principal but du CE.**

_____

Afin de bien vous préparer à votre futur rôle de représentante ou de représentant des élèves au CE, vous devez lire le texte «À propos des conseils d'établissement».

CONSIGNES

▷ Pendant votre lecture, vous devez annoter le texte de façon à en dégager les principales idées. Pour orienter votre lecture, consultez la fiche *Collecte d'information* à la page 275.

▷ Après la lecture, vous devez remplir la fiche *Collecte d'information* en vous appuyant sur le texte lu.

▷ Vous disposez de 1 heure et 15 minutes pour réaliser cette tâche.

• **Lisez attentivement les énoncés de la tâche 2 de la grille de coévaluation à la page 278.**

• **Lisez maintenant le texte «À propos des conseils d'établissement».**

À propos des conseils d'établissement

La réforme de l'éducation au Québec a pour objectif ultime la réussite du plus grand nombre d'élèves, jeunes ou adultes. L'un des moyens retenus pour atteindre cet objectif est de donner plus d'autonomie à l'école. Pour ce faire, la Loi sur l'instruction publique a été modifiée, ce qui a permis la création d'un conseil d'établissement (CE) au sein de chaque école ou centre de formation.

Le CE est un organisme décisionnel. Il donne à l'école, au centre de formation professionnelle (CFP) ou au centre d'éducation des adultes (CEA) les outils nécessaires pour répondre aux besoins éducatifs de tous les élèves. Il réalise ce mandat grâce à l'étroite collaboration qu'il permet d'établir entre les divers intervenants du milieu scolaire et de la communauté.

La composition d'un CE

Le CE est composé de dix à vingt membres, sauf pour les écoles de moins de soixante élèves. Le conseil d'établissement d'un CEA est formé:

- de deux élèves du centre;
- d'au moins quatre membres du personnel, dont:
  – au moins deux enseignants,
  – un professionnel non enseignant (une conseillère en orientation, par exemple),
  – un membre du personnel de soutien (une secrétaire ou un concierge, par exemple);
- d'au moins deux personnes choisies après avoir consulté des groupes sociaux du territoire desservi par le centre;
- d'au moins deux personnes choisies au sein des entreprises de la région.

La composition du conseil d'établissement favorise la prise de décision en collaboration avec tous les intervenants, dans le respect de leurs compétences et de leurs droits de sorte que leurs actions soient orientées vers un objectif commun: la réussite des élèves.

Le fonctionnement d'un CE

Le CE doit tenir au moins cinq séances par année et ses séances sont publiques. La présidence du CE doit être assumée par une représentante ou un représentant des groupes sociaux ou des entreprises. Au cours des délibérations, les décisions sont prises à la majorité des voix exprimées par les membres présents. En cas d'égalité, c'est la présidente ou le président qui doit trancher. Toute décision du CE doit être prise dans le meilleur intérêt des élèves.

Le CE adopte son budget annuel de fonctionnement, voit à son administration et en rend compte à la commission scolaire (CS). Les procès-verbaux (ou comptes rendus) des séances sont consignés dans un registre tenu par la directrice ou le directeur du centre ou la personne désignée par lui ou par elle.

Les fonctions et les pouvoirs du CE

Selon les sujets traités, le CE est soit consulté, soit appelé à prendre ou à approuver des décisions. Par exemple, le CE détermine les orientations et les objectifs du centre pour améliorer la réussite des élèves, informe la communauté des services offerts par le centre et rend compte de leur qualité. Il approuve le plan de réussite du centre, ainsi que sa mise à jour s'il y a lieu, et il le rend public. Le CE approuve aussi les règles de fonctionnement du centre, les modalités d'application du régime pédagogique et la mise en œuvre des programmes.

Le CE est consulté sur les critères de sélection de la directrice ou du directeur du centre et il donne son avis à la commission scolaire sur les questions relatives au bon fonctionnement du centre ou à une meilleure organisation des services dispensés par la CS. Il est informé du choix des manuels scolaires ainsi que des normes et modalités d'évaluation.

L'engagement des membres du CE

Chaque membre du CE s'engage à assister aux réunions et à participer aux travaux de manière à faire avancer les dossiers. De plus, à l'intérieur des discussions, chacun s'engage à être respectueux de l'opinion de l'autre et à rechercher le compromis, s'il y a lieu, pour favoriser la poursuite de l'objectif commun: la réussite de l'élève.

Source: Inédit inspiré du site web du ministère de l'Éducation, du Loisir et du Sport.

■ SITUATION DE SYNTHÈSE ET D'ÉVALUATION

Collecte d'information

7 La mission du CE.

_____

_____

_____

_____

8 Un élément qui permet au CE de réaliser sa mission.

_____

_____

9 Un exemple de diversité dans la composition du CE.

_____

_____

10 Ce qui motive toutes les décisions du CE.

_____

_____

11 Trois éléments au sujet desquels le CE est consulté.

_____

_____

_____

12 Trois éléments pour lesquels le CE doit prendre des décisions ou donner son approbation.

_____

_____

_____

13 Les valeurs mises de l'avant au CE.

_____

_____

14 Un critère qui permet d'évaluer la crédibilité de l'information.

_____

Après avoir écouté le message de votre directeur et avoir obtenu tous les renseignements nécessaires au sujet du conseil d'établissement, vous posez officiellement votre candidature. Vous écrivez donc une lettre aux membres du conseil d'établissement pour exprimer votre désir de vous joindre à eux et pour expliquer les raisons qui vous motivent à poser votre candidature.

CONSIGNES

▷ Vous devez rédiger une lettre de présentation de 150 à 200 mots (environ une page). Si cette lettre contient moins de 130 mots, elle ne sera pas corrigée.

▷ Vous avez droit à un dictionnaire, à une grammaire et à un ouvrage de référence en conjugaison.

▷ Vous disposez de 2 heures pour réaliser cette tâche.

Lisez d'abord attentivement les énoncés de la tâche 3 de la grille de coévaluation à la page 278. Rédigez maintenant votre lettre de présentation.

Lettre de présentation

TÂCHE ④ **Prendre** la parole pour convaincre

DURÉE
45 minutes

Vous êtes maintenant à la dernière étape de votre mise en candidature : le discours électoral. Dans votre discours, vous devez :

- expliquer brièvement en quoi consiste un conseil d'établissement (rôle, composition, fonctionnement, pouvoirs, etc.);

- préciser les qualités, les connaissances ou les expériences qui font de vous une bonne candidate ou un bon candidat pour représenter les élèves au conseil d'établissement.

CONSIGNES

▷ Vous devez prendre la parole pendant 3 à 5 minutes.

▷ Vous devez rédiger un aide-mémoire d'une demi-page en vous inspirant des fiches *Collecte d'information* des pages 272 et 275.

▷ Une fois votre discours terminé, vous devez remettre votre aide-mémoire à votre enseignante ou enseignant.

▷ Vous disposez de 45 minutes pour préparer votre discours électoral.

Lisez attentivement les énoncés de la tâche 4 de la grille de coévaluation à la page 278.

Grille de coévaluation

Une fois que vous avez terminé la situation de synthèse et d'évaluation, remplissez la grille de coévaluation ci-dessous.

Évaluez chaque énoncé selon l'échelle d'appréciation suivante :

1 = TRÈS FACILEMENT	2 = FACILEMENT	3 = PLUTÔT FACILEMENT	4 = DIFFICILEMENT	5 = TRÈS DIFFICILEMENT

Grille de coévaluation	Élève	Enseignante ou enseignant
TÂCHE 1 ÉCOUTER POUR S'INFORMER		
Interprétation juste et rigoureuse d'un message oral (10 %)		
• Je reconnais l'intention de l'émetteur.		
• Je dégage les éléments d'information explicites et implicites du message.		
• Je respecte les règles apprises de la grammaire et de l'orthographe.		
TÂCHE 2 LIRE POUR S'INFORMER		
Interprétation juste et rigoureuse d'un message écrit (40 %)		
• J'évalue la crédibilité de la source de l'information lue.		
• Je dégage les éléments d'information explicites du message.		
• Je reconnais les valeurs en cause dans la communication (enjeux éthiques).		
• Je respecte les règles apprises de la grammaire et de l'orthographe.		
TÂCHE 3 ÉCRIRE POUR EXPRIMER SON INTÉRÊT ET SA MOTIVATION		
Expression adéquate d'un message écrit, clair et cohérent (40 %)		
• Je respecte mon intention de communication.		
• Je tiens compte de mes destinataires.		
• Je sélectionne des idées en lien avec la situation et le sujet abordé.		
• Je regroupe adéquatement mes idées.		
• J'utilise des marqueurs de relation et des organisateurs textuels appropriés.		
• J'emploie des mots substituts pertinents.		
• J'utilise un vocabulaire juste et varié.		
• Je respecte les règles apprises de la grammaire de la phrase et de l'orthographe lexicale.		
TÂCHE 4 PRENDRE LA PAROLE POUR CONVAINCRE		
Expression adéquate d'un message oral clair, structuré et cohérent (10 %)		
• Je respecte mon intention de communication.		
• Je tiens compte de mes interlocuteurs ou de mon auditoire.		
• Je sélectionne des idées en lien avec la situation et le sujet abordé.		
• Je transmets une information juste et précise.		
• J'exprime un point de vue fondé sur de courtes justifications.		
• J'organise mes idées de façon structurée.		
• Je respecte les règles de la grammaire de l'oral.		
• Je tiens compte des éléments prosodiques et non verbaux.		

Outils

1 La consultation d'un ouvrage de référence

Le dictionnaire usuel

Qu'est-ce qu'un dictionnaire usuel ?

Un dictionnaire usuel (ou dictionnaire de langue) est un ouvrage de référence qui définit, dans l'ordre alphabétique, les mots d'une langue.

Le dictionnaire usuel renseigne sur l'orthographe d'un mot, sur sa classe (sa nature), sur sa prononciation, sur ses différents emplois au sens propre et au sens figuré, s'il y a lieu. De plus, le dictionnaire «raconte» l'histoire du mot en présentant son étymologie et en donnant, le cas échéant, les préfixes ou les suffixes avec lesquels il est composé.

Pour bien comprendre la structure d'un article de dictionnaire, consultez les exemples ci-dessous et ce qui suit.

La présentation matérielle d'un dictionnaire usuel

- Les **mots d'entrée**, présentés par ordre alphabétique, sont en caractères gras. Ils sont suivis de la transcription de leur prononciation, notée en alphabet phonétique international entre crochets. Viennent ensuite la classe (nom, adjectif, verbe, etc.) et le genre du mot (féminin, masculin). L'origine du mot (l'étymologie) est également souvent donnée.

- Les mots comportent souvent plusieurs **sens**. Les différents sens sont généralement numérotés.

  - Les définitions des mots sont complétées par des **exemples** qui précisent l'usage des mots. Ces exemples, tout comme les locutions, les proverbes et les expressions, sont en italique.

  - Les **niveaux de langue** sont indiqués par des abréviations : populaire (pop.), familier (fam.), réservé à l'usage des spécialistes (didact.), littéraire (littér.), etc.

  - Si un mot ou un groupe de mots est traité à un autre endroit dans le dictionnaire, il est généralement signalé par un **astérisque** (*).

Transcription
phonétique
(prononciation)

Classe et genre
du mot

Mot d'entrée
en caractères gras

Origine du mot
(étymologie)

Renvoi signalé
par un astérisque

1er sens du mot

DICTIONNAIRE [diksjɔnɛʀ] n.m. – v. 1501 «dictionnaire
bilingue»; lat. médiéval *dictionarium*, de *dictio* «action de
dire*» (voir l'encadré) **1.** Recueil d'unités signifiantes de la
langue (mots, termes, éléments…) rangées dans un ordre
convenu, qui donne des définitions, des informations sur
les signes. ABRÉV. FAM. (1885) **DICO** [diko]. *Des dicos.*
Dictionnaire alphabétique; dictionnaire conceptuel, diction-
naire des caractères chinois par clés. Consulter un dictionnaire.
«il faut se figurer les usages nombreux et ordinaires du diction-
naire. On y cherche les sens des mots, la génération des mots,
l'étymologie des mots» BAUDELAIRE. *Chercher un mot dans le*
dictionnaire. Ce n'est pas dans le dictionnaire. Entrer dans le
dictionnaire. – Liste des mots d'un dictionnaire. > **nomen-**
clature. […] **2.** *Le dictionnaire d'une époque, d'une personne,*
la somme des mots qu'elle emploie. > vocabulaire. **3.** FIG.
Personne qui sait tout. C'est un vrai dictionnaire, un
dictionnaire vivant ! > **bibliothèque**, **encyclopédie**.

Citation d'auteur

2e sens du mot

Usage familier
(FAM.)

Terme apparenté
(renvoi analogique)

3e sens du mot
(sens figuré)

Source : Extrait de la définition du mot *dictionnaire,*
Le Nouveau Petit Robert de la langue française, 2011.

Classe et genre
du mot

Origine du mot
(étymologie)

Mot d'entrée
en caractères gras

Usage du mot

DICTIONNAIRE n. m. (du lat. *dictio*, mot). Recueil de mots
rangés par ordre alphabétique et suivis de leur définition ou
de leur traduction dans une autre langue. · *Dictionnaire*
encyclopédique, qui, outre les informations sur les mots eux-
mêmes, contient des développements relatifs aux réalités
(historiques, scientifiques, littéraires, etc.) que désignent ces
mots. *Dictionnaire de langue*, qui donne des informations
sur la nature et le genre grammatical des mots, leurs formes
graphiques et phonétiques, leurs sens, leurs emplois, leurs
niveaux de langue, etc. Abrév. (*fam.*): dico.

Définition du mot

Usage du mot

Usage familier
(*fam.*)

Source : La définition du mot *dictionnaire, Le Petit Larousse illustré*, 2009.

L'ouvrage de référence en grammaire

Qu'est-ce qu'une grammaire ?

Une grammaire est un ouvrage de référence où sont présentées, à l'aide d'explications et d'exemples, les règles du fonctionnement d'une langue, qui permettent de la parler et de l'écrire correctement.

Chaque grammaire possède sa propre démarche. On y trouve cependant toujours les notions de base suivantes :

- l'étude des mots : mots variables et invariables ;
- la nature (ou classe) des mots : nom, adjectif, pronom, verbe, etc. ;
- le genre et le nombre des mots : règles de formation du féminin et du pluriel des noms et des adjectifs ;
- l'étude des groupes de mots : groupe nominal, groupe adjectival, groupe verbal, etc. ;
- les règles d'accord : accord de l'adjectif, accord du verbe avec son ou ses sujets, accord du participe passé, etc. ;
- l'étude de la phrase : phrase de base, phrase transformée, types et formes de phrases, constituants obligatoires et factultatifs de la phrase, etc. ;
- la conjugaison des verbes ;
- l'étude de la syntaxe : fonctions des groupes syntaxiques (sujet de P, complément de P, prédicat de P, etc.) ;
- la ponctuation ;
- les homophones ;
- le lexique : formation des mots, préfixes, suffixes, racines, familles de mots, polysémie, synonymie, sens propre et sens figuré, etc.

Comment consulter une grammaire ?

Pour consulter efficacement une grammaire ou un livre de référence, il faut utiliser la table des matières ou l'index.

La **table des matières** se trouve habituellement au début d'une grammaire. Elle présente la liste des chapitres ou des questions qui y sont traitées.

L'**index** se trouve à la fin de la grammaire. Il présente la liste alphabétique des notions traitées, accompagnées des numéros de pages où ces notions sont abordées.

L'ouvrage de référence sur la conjugaison

Qu'est-ce qu'un ouvrage de référence sur la conjugaison ?

Un ouvrage de référence sur la conjugaison présente, à l'aide de tableaux, toutes les formes d'un verbe, suivant le mode, le temps, la personne et le nombre de ce verbe. Généralement, un ouvrage sur la conjugaison contient aussi une vue d'ensemble des principales notions grammaticales concernant les verbes (radical et terminaison, groupes de verbes, accords des participes passés, etc.).

Les ouvrages sur la conjugaison sont des sources précieuses de renseignements et d'explications. Prenez la bonne habitude de les consulter ! Vous pouvez également trouver des sites dédiés à la conjugaison dans Internet.

2 La lecture en survol

Qu'est-ce qu'une lecture en survol?

Une lecture en survol est une lecture en diagonale. Cette lecture vous permet, grâce à la **présentation graphique** d'un texte, de vous faire une **idée générale** de son contenu avant de le lire.

Comment faire une lecture en survol?

Pour vous donner une idée d'ensemble d'un texte, parcourez-le à la recherche de points de repère qu'on appelle aussi **marques d'organisation du texte** ou **indices graphiques**. Voici les plus importants.

Le titre

Le titre annonce le sujet du texte et donne une idée de son contenu. Il est généralement mis en évidence par le caractère gras ou les majuscules; il vise à attirer l'attention du lecteur.

Le sous-titre

Le sous-titre est un titre secondaire, placé sous ou après le titre principal. Il est habituellement écrit en caractères plus petits que le titre principal. Il apporte de l'information supplémentaire sur le contenu du texte en précisant le sujet annoncé par le titre.

Les intertitres

Les intertitres sont des titres placés à l'intérieur du texte pour mettre en évidence ce qui sera traité dans les paragraphes qui suivent.

Les paragraphes

Le texte est divisé en paragraphes dans lesquels les phrases portent sur une même idée. Chaque paragraphe indique le développement d'une nouvelle idée.

Le surtitre

Le surtitre est placé au-dessus du titre. Il est surtout utilisé dans les textes informatifs (une nouvelle journalistique, par exemple).

LA FÊTE VIRE AU CAUCHEMAR
UN TAUREAU S'EN PREND À DES SPECTATEURS
Devant des milliers de témoins, l'animal fauche trois personnes en s'échappant de l'arène.

Une scène d'horreur

Les victimes hors de danger

La corrida, une fête traditionnelle

Le taureau a dû être abattu par la police.

Des militants contre la corrida et pour la défense des taureaux

Les photos et les illustrations

Les photos et les illustrations donnent une idée du contenu d'un texte. Elles attirent l'attention du lecteur. Le plus souvent, les photos ou les illustrations sont accompagnées d'une légende, c'est-à-dire un court texte qui les explique.

Les tableaux et les encadrés

Les tableaux regroupent l'information et en facilitent la compréhension. Les encadrés attirent l'attention sur certaines informations.

Une fois ce survol effectué, vous devriez pouvoir répondre à la question:
De quoi est-il question dans ce texte?

3 La lecture attentive

Qu'est-ce qu'une lecture attentive ?

La lecture attentive est la lecture **complète et intégrale** d'un texte.

Contrairement à la lecture en survol, qui a pour but de se faire une idée générale d'un texte avant de le lire, la lecture attentive permet de mieux comprendre le contenu d'un texte, de faire des liens entre les idées et, s'il y a lieu, de découvrir la pensée d'un auteur.

Comment faire une lecture attentive ?

Utilisez les stratégies suivantes pour faciliter votre compréhension.

- ❑ Accordez une attention particulière à l'**introduction** du texte : elle révèle souvent le sujet du texte et ses principaux aspects.
- ❑ Encerclez les **organisateurs textuels** : ils vous permettront de comprendre la logique du texte.
- ❑ Surlignez les passages qui vous semblent **particulièrement importants**. **ATTENTION !** Il ne faut pas tout surligner, sinon cette étape devient inutile ! ■
- ❑ Marquez les **mots nouveaux** d'un point d'interrogation et essayez d'en déduire le sens d'après le contexte. Si vous n'y arrivez pas, consultez le dictionnaire.
- ❑ Si un passage ne vous semble **pas clair**, relisez-le lentement et assurez-vous d'avoir bien compris l'information avant de poursuivre.
- ❑ Au besoin, annotez le texte. Vous pouvez, par exemple, résumer l'**idée principale** de chaque paragraphe et l'inscrire dans la marge ou réagir à une idée en notant un bref commentaire.

Comment faire une lecture attentive de plusieurs textes ou d'un livre ?

Les stratégies présentées ci-dessus conviennent également si vous devez lire plusieurs textes (lors d'une recherche d'information, par exemple) ou un livre complet (dans le but de le résumer ou d'en faire une appréciation, notamment). Cependant, il vous faut alors prendre des notes. Pour ce faire, consultez l'outil *La prise de notes*.

4 La recherche d'information

Que vous vouliez écrire un texte, faire un exposé oral ou simplement participer à une discussion, il est essentiel de délimiter votre sujet et de bien vous documenter.

1 Cernez votre sujet.

Vous avez choisi un sujet ou un thème général. Il vous faut cependant le préciser.

- ❑ Rédigez quelques questions que vous pourriez aborder.
- ❑ Sélectionnez-en une qui vous intéresse particulièrement et à laquelle vous aimeriez répondre.
- ❑ Surlignez les mots-clés de votre question afin d'effectuer efficacement votre recherche d'information.

2 Trouvez des sources variées et fiables.

Vos sources peuvent être des encyclopédies, des dictionnaires, des revues, des journaux, des publications gouvernementales, des organismes, des sites Web, etc.

- ❑ Privilégiez les ouvrages récents.
- ❑ Consultez plusieurs documents afin d'avoir le plus de renseignements possible et surtout des points de vue différents.

3 Choisissez vos documents.

- ❑ Avant de vous lancer dans votre lecture, faites un survol des documents afin d'éliminer ceux qui ne sont pas pertinents.

4 Notez l'information.

- ❑ Notez la référence dès que vous consultez un document afin de mentionner la source de votre information correctement.
- ❑ Prenez des notes pendant votre lecture, sans toutefois copier les propos de l'auteur.

5 Sélectionnez et évaluez l'information.

- ❑ Relisez vos notes et éliminez l'information qui n'est pas en lien avec votre sujet. (Ne jetez rien : certains renseignements pourraient vous êtres utiles plus tard.)
- ❑ Regroupez l'information trouvée par aspects ou par idées principales.
- ❑ Assurez-vous d'avoir suffisamment de renseignements. Consultez d'autres sources au besoin.

5 La recherche dans Internet

Afin de faire une recherche efficace, respectez les étapes suivantes.

① Définissez les mots-clés.

Une recherche efficace commence par le choix de mots-clés pertinents.

- ❏ Retenez les **mots importants** de votre question de recherche : laissez tomber tous les mots non essentiels (déterminants, prépositions, conjonctions, etc.).
- ❏ Soyez le plus précis possible pour limiter le nombre de résultats.
- ❏ Utilisez deux mots-clés ou plus.
- ❏ Vérifiez l'orthographe des mots que vous avez retenus.

  EXEMPLE : Vous voulez vous informer sur l'anorexie chez les adolescentes. Quels mots-clés retiendrez-vous ? *Anorexie adolescentes.*

② Faites votre recherche.

- ❏ Choisissez le moteur de recherche avec lequel vous êtes le plus à l'aise.
- ❏ Entrez vos mots-clés en minuscules dans la fenêtre de recherche, puis cliquez sur *Recherchez.* Par exemple, si vous faites une recherche sur l'alimentation chez les athlètes, vous entrerez *alimentation athlètes.* Votre recherche donnera seulement les pages comportant ces deux mots. Si vous écrivez entre guillemets «*l'alimentation chez les athlètes*», vous obtiendrez les pages où figure l'expression exacte et donc, moins de résultats.
- ❏ Regardez la liste obtenue et lisez la description qui accompagne les premiers sites. Limitez-vous aux 10 ou 20 premiers résultats : généralement, les outils de recherche classent les résultats par pertinence.
- ❏ Sélectionnez les sites qui vous intéressent et consultez-les. Notez les références.

③ Évaluez la crédibilité des sources d'information.

Comme le Net n'est pas toujours une source fiable, voici quelques questions à se poser :

- ❏ Est-ce un organisme sérieux, reconnu dans son domaine ? Vérifiez l'adresse du site : elle contient généralement le nom de l'organisme qui l'héberge.
- ❏ L'information sur l'auteur ou l'organisme est-elle clairement donnée ?
- ❏ L'information repose-t-elle sur des études sérieuses ou des arguments solides ?
- ❏ L'information est-elle donnée de façon cohérente et rédigée en bon français ?
- ❏ Existe-t-il des liens vers d'autres sites intéressants ?
- ❏ Pouvez-vous vérifier l'information en consultant d'autres sources ?
- ❏ L'information transmise est-elle à jour ?

6 La prise de notes

Comment se préparer à prendre des notes ?

1. Prenez le temps de préciser, selon votre intention de communication, ce que vous cherchez exactement. Vous noterez ainsi ce qui vous sera vraiment utile.

2. Prévoyez une façon de noter (abréviations et signes conventionnels ou système personnel d'abréviations), mais assurez-vous de pouvoir vous relire !

3. Choisissez un support avec lequel vous êtes à l'aise (fiches ou feuilles) et n'écrivez que d'un seul côté.

Comment prendre des notes ?

Pendant la lecture

❑ Notez d'abord la référence complète de l'œuvre lue.

❑ Si le texte est court, lisez-le avant de prendre des notes. S'il fait plus de trois pages, lisez-en une partie (d'un intertitre à l'autre, par exemple), puis prenez des notes avant de poursuivre la lecture.

❑ Donnez un titre à chaque fiche (selon l'aspect ou le sujet traité).

❑ Notez (dans vos mots) uniquement l'essentiel : les idées ou les exemples dont vous avez besoin selon ce que vous avez l'intention de faire.

❑ Mettez les citations entre guillemets et notez-en la source exacte (auteur, œuvre et page).

❑ Si vous résumez un passage, assurez-vous de bien le comprendre. Pour ce faire, dégagez-en l'idée principale en vous posant la question suivante : « Que dit-on de plus important dans ce passage ? »

❑ Notez, sur une fiche *Commentaires*, les réactions et les questions qui vous viennent spontanément à l'esprit.

Pendant l'écoute

❑ Ne notez que les mots-clés qui résument les idées.

❑ Ne notez pas les mots non essentiels (déterminants, prépositions, conjonctions, etc.), sauf les marqueurs de relation qui peuvent être utiles pour faire des liens entre les idées.

❑ Utilisez le plus d'abréviations et de signes possible.

EXEMPLES :

± = plus ou moins

p.c.q. = parce que

qd = quand

qq. = quelque

qqn = quelqu'un

qqch. = quelque chose

svt = souvent

ts = tous

pr = pour

↑ = augmentation

↓ = diminution

ATTENTION !
Il faut être sélectif quand on prend des notes pour ne pas se retrouver enseveli sous des tonnes de papier… et ne plus s'y retrouver ! ∎

7 La rédaction de références bibliographiques

Pourquoi citer ses sources ?

La **bibliographie** est la liste des documents que vous avez consultés pour faire un travail. Même si vous ne faites pas de citations, il est essentiel de fournir cette liste pour deux raisons :

- par souci d'honnêteté intellectuelle ;
- pour permettre à celles et ceux qui aimeraient en savoir plus de trouver l'information.

La bibliographie est constituée de l'ensemble des notices bibliographiques.

La **notice bibliographique** est l'ensemble des informations concernant un ouvrage.

Il existe plusieurs façons de rédiger les notices bibliographiques. Voici les trois principaux modèles. Notez bien la ponctuation et les caractères typographiques !

① Notice bibliographique d'un livre

> Dans un document manuscrit, l'italique peut être remplacé par le souligné.

> NOM DE L'AUTEUR, Prénom. *Titre*, Ville, Maison d'édition, coll. «Nom de la collection» (s'il y a lieu), année d'édition, nombre de pages.
>
> SÉNÉCAL, Patrick. *Aliss*, Beauport, Alire, coll. «Roman», 2000, 521 p.

② Notice bibliographique d'un article de revue ou de journal

> NOM DE L'AUTEUR, Prénom. «Titre de l'article», *Nom de la revue ou du journal*, volume (s'il s'agit d'une revue), numéro (s'il s'agit d'une revue), date, pages de l'article.
>
> CHRÉTIEN, Daniel. «Les emplois payants qui ont de l'avenir», *L'Actualité*, vol. 34, n° 9, 1er juin 2009, p. 22 à 27.

③ Notice bibliographique d'un site Web

> NOM DE L'AUTEUR, Prénom (s'il y a lieu). «Titre de l'article», *Nom du site*, [en ligne]. [adresse du site] (date de consultation)
>
> LACHAPELLE, Judith. «Adolescents téméraires, chauffeurs dangereux», *La Presse*, [en ligne]. [http://www.cyberpresse.ca] (7 septembre 2008)

La note de bas de page

La note de bas de page est presque identique à la notice bibliographique, sauf que :

- le prénom de l'auteur est placé devant le nom et n'est pas séparé par une virgule ;
- le nom est en minuscules et est suivi d'une virgule ;
- le numéro de la page de la citation remplace le nombre de pages.

> Patrick Sénécal, *Aliss*, Beauport, Alire, coll. «Roman», 2000, p. 34.

8 Des techniques d'écoute

Dans la vie quotidienne, écouter se fait tout naturellement : il suffit de prêter une oreille attentive et le message passe. Par contre, dans un contexte scolaire ou professionnel, il faut souvent dégager les éléments d'information d'un message et les analyser. Pour ce faire, il importe d'adopter des techniques d'écoute efficaces.

Préparer son écoute

(1) Avant l'écoute, prenez connaissance du sujet de la communication et de ce que l'on attend de vous. Demandez-vous ce que vous savez déjà sur le sujet en question.

(2) Dans le cas d'un document enregistré, il est souhaitable d'écouter le message au moins **trois fois**. Préparez une fiche d'écoute pour ces trois étapes.

Réaliser l'activité d'écoute

Tout au long de l'activité d'écoute, prêtez attention aux éléments suivants :

- le ton de l'émetteur, qui indique si l'émetteur veut informer, convaincre ou donner son opinion ;
- les répétitions et les insistances, qui indiquent ce que l'émetteur veut faire ressortir ;
- les pauses, qui indiquent que l'émetteur passe d'un aspect, d'une idée ou d'un élément à l'autre.

Ces indices mettent des éléments en évidence et facilitent la compréhension.

(1) Pendant la **première écoute**, ne prenez pas de notes. Écoutez attentivement le message et faites-vous confiance : vous retiendrez les éléments d'information les plus importants pour vous. Après l'écoute, prenez le temps de noter ces éléments. À cette étape, vous devriez avoir identifié le **sujet** du message, **ce qu'on en dit de plus important** et l'**intention de communication** de l'émetteur.

(2) Pendant la **deuxième écoute**, vous devez identifier les **idées principales** du message. Pour ce faire, portez une attention particulière à certains indices :

- les éléments de l'introduction, qui annoncent le sujet et ce qui sera traité ;
- les répétitions, qui indiquent ce que l'émetteur veut faire ressortir ;
- les exemples, qui aident à comprendre le propos de l'émetteur.

Notez ces indices et toute autre information qui vous semble essentielle à la compréhension du message.

(3) Pendant la **troisième écoute**, complétez vos notes en ajoutant, s'il y a lieu, des **renseignements pertinents** qui vous auraient échappé précédemment.

Prendre des notes, c'est retenir l'essentiel d'un message. Il est cependant plus difficile de le faire en écoutant qu'en lisant, car vous devez noter l'information au rythme où l'émetteur la transmet. Pour vous aider, consultez l'outil *La prise de notes*.

9 Réagir à une lecture ou à une écoute

On se fait souvent demander si on a aimé une chanson, un livre ou un film. Pas toujours facile de formuler une appréciation ! Voici quelques pistes qui vous aideront à réagir à la lecture d'un texte ou à l'écoute d'une œuvre.

1. **Prêtez attention aux émotions ou aux sentiments que vous avez éprouvés.**
   - Avez-vous trouvé cette œuvre touchante, bouleversante, choquante, étonnante, révoltante, amusante ? Pourquoi ?
   - Vous êtes-vous reconnu dans cette œuvre ?
   - De quel personnage vous êtes-vous senti le plus près ? Pourquoi ?
   - Jugez-vous cette œuvre triste ou pleine d'espoir ?

2. **Attardez-vous à votre compréhension et à votre interprétation de l'œuvre.**
   - Cette œuvre vous a-t-elle apporté de nouvelles connaissances ? Qu'avez-vous appris ?
   - Vous a-t-elle permis de mieux comprendre le sujet, de vous y intéresser davantage ou de l'aborder sous un autre angle ?
   - A-t-elle suscité chez vous des réflexions ? Lesquelles ?
   - Y a-t-il des passages dont vous n'êtes pas certain d'avoir bien saisi le sens ? Lesquels ?

3. **Interrogez-vous sur les valeurs véhiculées dans l'œuvre.**
   - Partagez-vous les valeurs véhiculées dans cette œuvre ? Si oui, lesquelles ?
   - Les valeurs socioculturelles véhiculées dans l'œuvre rejoignent-elles celles de la société dans laquelle vous vivez ?
   - L'un des personnages vous rejoint-il dans sa façon de penser ou de se comporter ?

4. **Relevez des passages qui correspondent à vos goûts, à vos champs d'intérêt ou à vos opinions.**

   Qu'est-ce qui vous a plu exactement dans tel ou tel passage ? Les émotions qu'il transmet ? Il est bien écrit ? Il rejoint votre façon de penser ? Il vous a fait rire ou sourire ? Il illustre bien le propos de l'auteur ? Il s'agit d'un dialogue tendre, vivant ou explosif ?

5. **Comparez vos réactions.**

   Discutez de l'œuvre lue ou entendue avec d'autres personnes : vous enrichirez ainsi votre vision de l'œuvre et vous découvrirez d'autres façons de réagir !

10 L'analyse d'une situation d'écriture

Lorsque vous vous apprêtez à écrire un texte, posez-vous les questions ci-dessous. Elles orienteront vos propos et votre façon de les présenter.

À QUI s'adressera votre texte ?

Qui seront vos **destinataires** ?

- Une ou des personnes de votre âge ? plus jeunes ? plus vieilles ?
- Des personnes que vous connaissez bien ou que vous ne connaissez pas du tout ?
- Des personnes qui ont déjà des connaissances sur le sujet ou non ?

Tenir compte de vos destinataires vous permet de répondre à leurs besoins et à leurs attentes et de choisir le **ton** et le **niveau de langue** qui conviennent à la situation.

DE QUOI parlerez-vous dans votre texte ?

Quel sera le **sujet** de votre texte ? Quels **aspects** du sujet allez-vous aborder ?

Faites l'inventaire de vos connaissances ou de vos expériences sur le sujet en vous posant la question suivante :

- Qu'est-ce que je connais de ce sujet ?

Vous vérifierez ainsi si vous détenez suffisamment de renseignements et d'idées ou si vous devez faire une **recherche d'information**. Si c'est le cas, posez-vous les questions suivantes :

- Quel est le but de ma recherche ? Quelle information dois-je trouver ?

POURQUOI écrirez-vous ce texte ?

Écrivez-vous pour informer, exprimer des sentiments, raconter une histoire, exprimer un point de vue, convaincre ?

- Quelle est votre intention de communication ?
- Quel type de texte écrirez-vous ?
- Connaissez-vous le plan de ce type de texte ?

COMMENT procéderez-vous ?

Afin de vous assurer de bien répondre aux consignes d'une tâche d'écriture, posez-vous les questions suivantes :

- Devez-vous choisir le sujet ou vous est-il imposé ?
- Devez-vous respecter des consignes précises quant à la longueur du texte ou à sa présentation ?
- Avez-vous une limite de temps pour rédiger le texte ?
- Devez-vous rédiger à l'aide d'un traitement de texte ?

Une fois que vous avez répondu à toutes ces questions, sortez vos ouvrages de référence : vous êtes prêt !

11 La rédaction d'un résumé

Qu'est-ce qu'un résumé ?

Le résumé est un texte

- **concis** : il présente l'**essentiel** d'un message lu ou entendu. On laisse de côté les détails, les explications, les exemples. Il doit donc dire beaucoup en peu de mots ! Le résumé représente habituellement environ un dixième du texte original.
- **fidèle** aux idées de l'auteur : on n'ajoute pas d'idées et on ne donne pas de commentaires personnels.
- **original** : le résumé ne reprend pas textuellement les phrases du texte original. Vous devez reformuler les idées importantes du message dans **vos propres mots**.
- **cohérent** : les idées s'enchaînent de façon **logique**.

Comment faire un résumé ?

(1) Faites une **lecture en survol**.

(2) Faites une **lecture attentive** du texte en surlignant les passages importants.

(3) Refaites une lecture du texte, puis résumez dans vos mots l'**idée principale** de chaque paragraphe et inscrivez-la dans la marge.

(4) Rédigez le **résumé** en prenant soin de le diviser de manière logique.
- L'introduction présente la source de votre texte, le sujet du texte et ce qu'on en dit de plus important.
- Le développement comprend les idées principales du texte formulées dans vos mots et liées de façon logique.
- La conclusion reprend la conclusion de l'auteur du texte.

Le résumé se rédige de préférence à la 3e personne.

(5) Relisez votre texte et assurez-vous qu'il respecte les caractéristiques d'un bon résumé.

Dans le cas d'un texte narratif, reprenez les étapes 1 et 2, puis enchaînez avec les trois étapes suivantes.

(3) Refaites une lecture du texte, puis relevez les **principaux éléments du schéma narratif** (situation initiale, élément déclencheur, principales actions, dénouement) et formulez-les dans vos propres mots.

(4) Rédigez le **résumé** en prenant soin de le diviser de manière logique.
- L'introduction présente le titre et la source du texte que vous résumez.
- Le développement reprend les éléments importants du schéma narratif liés de façon logique.
- La conclusion présente la situation finale s'il y a lieu.

(5) Relisez votre texte et assurez-vous qu'il respecte les caractéristiques d'un bon résumé.

12 La révision et la correction d'un texte

Quand réviser ?

La meilleure façon de réviser un texte est de le faire **au fur et à mesure** qu'on écrit. Habituez-vous à vous relire constamment quand vous écrivez. Évidemment, après avoir rédigé le brouillon de votre texte, faites-en une révision en profondeur.

Quoi réviser ?

Chaque fois que vous relisez une partie de votre texte, examinez :

- le **contenu** : les idées, la qualité de l'information ;
- l'**organisation** : les liens entre les idées, les organisateurs textuels, la division en paragraphes ;
- la **qualité de la langue** : l'orthographe, la construction des phrases, le vocabulaire, la ponctuation.

Comment réviser ?

Si le contexte s'y prête, **lisez à voix haute** ou **demandez** à quelqu'un de vous lire votre texte : entendre votre texte vous permettra de déceler les points à améliorer ou à corriger.

Pour réviser votre texte, allez-y étape par étape. Examinez les points suivants.

① Le contenu de votre texte

- ❑ L'information est liée au sujet : tout ce qui ne concerne pas directement le sujet doit être mis de côté.
- ❑ L'information donnée est juste, pertinente et vérifiable.
- ❑ Le vocabulaire et le ton sont adaptés au destinataire.

② L'organisation de votre texte

- ❑ Le texte est divisé en trois grandes parties : une introduction, un développement et une conclusion.
- ❑ Le développement est divisé en paragraphes présentant chacun une idée principale.

- Les liens entre les idées sont établis à l'aide d'organisateurs textuels et de marqueurs de relation appropriés.
- Les mots substituts (pronoms, synonymes, etc.) sont appropriés et bien accordés, s'il y a lieu.

③ La qualité de la langue

- Les mots utilisés sont corrects et bien orthographiés.
- Les phrases sont bien construites.
    - Les phrases contiennent un groupe sujet et un groupe verbal (un prédicat).
    - Les phrases négatives et interrogatives sont bien construites.
    - Les subordonnées ne sont jamais utilisées seules.
- Les signes de ponctuation nécessaires sont présents et bien utilisés.
- Les accords entre les donneurs et les receveurs sont bien faits.

Corriger son texte

Pour corriger votre texte, voici quelques stratégies :

① L'orthographe des mots

- À l'aide du dictionnaire, vérifiez l'orthographe des mots dont vous doutez.

② Les accords

- Reliez, dans chaque groupe nominal, les noms (donneurs) aux déterminants et aux adjectifs (receveurs).
- Encerclez les pronoms et inscrivez en dessous leurs référents (antécédents).
- Soulignez les verbes conjugués, qu'ils soient simples ou composés, et surlignez leurs sujets.
- Vérifiez l'accord de chaque verbe et l'accord des participes passés. Lorsque le participe passé est employé avec *avoir*, faites un astérisque au-dessus du complément direct et accordez le participe passé, s'il y a lieu.

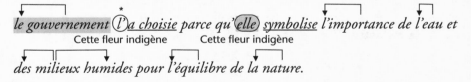

L'iris versicolore est notre emblème floral. Cette fleur indigène du Québec,

le gouvernement l'a choisie parce qu'elle symbolise l'importance de l'eau et
Cette fleur indigène   Cette fleur indigène

des milieux humides pour l'équilibre de la nature.

③ Portez une attention particulière aux homophones lexicaux et grammaticaux.

Après la rédaction de la version définitive, relisez encore une fois votre texte. Vous y corrigerez les coquilles : un point ou un *s* oublié, un mauvais accent… Ce sont de petites erreurs qu'on fait lorsqu'on copie un texte au propre.

ATTENTION !

Il est recommandé d'avoir sous la main un dictionnaire, une grammaire et un ouvrage de référence en conjugaison. ■

13 La cohérence textuelle

Qu'est-ce qu'un texte cohérent ?

De façon générale, on peut dire qu'un texte est cohérent s'il est facile d'en **identifier le sujet**, d'en **repérer les principales idées** et d'en **suivre le fil**. Un texte cohérent transmet un message qui a du sens.

Pour ce faire, il doit respecter quatre règles fondamentales :

- la pertinence de l'information ;
- l'organisation et la progression de l'information ;
- l'absence de contradiction entre les éléments du texte ;
- la reprise de l'information.

Comment respecter les règles de cohérence d'un texte ?

Il faut vérifier certains éléments du texte à chacune des étapes de sa production.

À l'étape de la planification

① La règle de la pertinence de l'information

Afin de respecter cette règle, assurez-vous que :

- ❑ l'information est liée au sujet ;
- ❑ l'information est juste et vérifiable (consultez des sources crédibles et notez-les) ;
- ❑ le vocabulaire est accessible aux destinataires ;
- ❑ le ton retenu convient à votre intention de communication (informer, convaincre, etc.).

À l'étape de la rédaction

② L'absence de contradiction

Afin de respecter cette règle, assurez-vous que :

- ❑ toutes les idées vont dans le même sens : les idées ne se contredisent pas ;
- ❑ vous adoptez un point de vue constant, objectif ou subjectif, selon votre intention de communication ;
- ❑ vous utilisez toujours la 1re **ou** la 3e personne ;
- ❑ vous vous adressez à votre destinataire en utilisant le *tu* ou le *vous* et non les deux ;
- ❑ les indices de temps, notamment les temps verbaux, sont judicieux.

③ La règle de l'organisation et de la progression de l'information

Afin de respecter cette règle, assurez-vous :

- ❑ de présenter une idée principale par paragraphe ;
- ❑ de présenter vos idées dans un ordre logique ;
- ❑ d'apporter une information nouvelle dans chaque phrase ;
- ❑ d'utiliser des marqueurs de relation et des organisateurs textuels appropriés, c'est-à-dire qui assurent adéquatement les liens entre les idées.

ATTENTION !

Le *tu* s'emploie avec des amis ou avec des proches, mais il ne s'emploie pas dans une situation formelle. ■

À l'étape de la révision

④ La règle de la reprise de l'information

Afin de respecter cette règle, assurez-vous que :

- ❑ le choix des mots substituts (pronoms, synonymes, etc.) est approprié ;
- ❑ le lecteur puisse repérer facilement le mot ou le groupe de mots que le substitut remplace ;
- ❑ les pronoms variables sont du même genre et du même nombre que leur référent (antécédent).

14 Les organisateurs textuels et les marqueurs de relation

Les **organisateurs textuels** et les **marqueurs de relation** assurent la **cohérence du texte**, car ils permettent au lecteur de suivre le fil des idées et de bien comprendre le message.

Les organisateurs textuels

Les **organisateurs textuels**, tel que l'indique leur nom, organisent un texte. Ce sont des mots, des groupes de mots ou des phrases qui font les liens entre les différentes parties d'un texte. Souvent placés au début d'un paragraphe, ils assurent les transitions en indiquant le temps, le lieu, la succession, etc.

■ Temps: Situer un événement dans le temps.
cette année, le mois dernier, hier, pendant ce temps, quand, la semaine prochaine, ensuite, etc.

> EXEMPLE: **En 1997**, *on a aboli les cours de conduite obligatoires.*

■ Lieu: Situer un événement dans l'espace.
plus au sud, à droite, au loin, derrière, sur le fleuve, ici, là-bas, etc.

> EXEMPLE: **Au Canada**, *le Code criminel ne fait aucune mention des nouvelles technologies.*

■ Ordre, succession*: Ajouter une idée à une autre. Ordonner ses idées les unes par rapport aux autres. Organiser les différents aspects d'un sujet.
premièrement, deuxièmement, etc.; *d'abord, ensuite, enfin; d'une part… d'autre part, de plus, en outre*, etc.

> EXEMPLE: *Internet est un moyen de communication efficace.* **Premièrement**, *Internet permet de communiquer rapidement.* **Deuxièmement**, *etc.* **Enfin**, *etc.*

■ Concession, opposition: Formuler une réserve ou nuancer une idée. Admettre un autre point de vue. Introduire une idée contraire à la précédente.
pourtant, cependant, néanmoins, toutefois, au contraire, par contre, bien que, bien sûr, par ailleurs, etc.

> EXEMPLE: *L'environnement est un enjeu majeur.* **Pourtant**, *on se préoccupe peu de diminuer la consommation d'énergie.*

■ Conclusion: Annoncer la fin d'un raisonnement ou la conclusion d'un texte.
en terminant, pour conclure, en somme, donc, finalement, en résumé, enfin, bref, en fin de compte, etc.

> EXEMPLE: **En somme**, *il est urgent de trouver des solutions pour diminuer le décrochage scolaire.*

***ATTENTION!**

Respectez les suites logiques!

Premièrement sera suivi de **deuxièmement**.

D'abord sera suivi de **ensuite… de plus… enfin**.

D'une part sera suivi de **d'autre part**. ■

Les marqueurs de relation

Les **marqueurs de relation** indiquent des rapports de sens (rapports sémantiques) entre des mots, des groupes de mots ou entre des phrases. Ce sont généralement des mots invariables (prépositions, coordonnants ou subordonnants) ou des expressions. Pour choisir le bon marqueur de relation, il importe donc de bien connaître le rapport qu'on désire établir entre les éléments.

■ **Addition:** Pour ajouter un nouvel élément, une autre idée à celle déjà émise.
ainsi que, aussi, de même que, de plus, également, en outre, et, ni, etc.

> EXEMPLE: *La marche est une activité simple **et** peu coûteuse. **De plus**, elle permet de réfléchir.*

■ **But:** Pour préciser un objectif à atteindre (ou à éviter).
afin de, afin que, dans le but de, pour, pour que, etc.

> EXEMPLE: *On s'informe **pour** mieux agir **afin de** faire respecter ses droits.*

■ **Cause:** Pour préciser la raison, le «pourquoi» d'un événement, d'une action.
à cause de, car, comme, en effet, étant donné, parce que, puisque, etc.

> EXEMPLE: *Il ne jouera pas, **car** il est blessé. **Comme** sa blessure est grave, sa saison est terminée.*

■ **Choix:** Pour indiquer un choix entre deux ou plusieurs éléments.
ou, ou bien, soit… soit, etc.

> EXEMPLE: *Quelle est votre priorité ? L'économie **ou** l'environnement ?*

■ **Comparaison:** Pour exprimer des ressemblances ou des différences entre des éléments.
autant que, aussi que, comme, de même que, moins que, plus que, tel que, etc.

> EXEMPLE: *Ce roman est **aussi** bon que le précédent: il se vend **comme** des petits pains chauds.*

■ **Condition:** Pour exprimer qu'une situation dépend d'une autre.
à condition de, à condition que, au cas où, si, etc.

> EXEMPLE: *L'activité aura lieu s'il fait beau. **Au cas où** il pleuvrait, elle sera reportée.*

■ **Conséquence:** Pour exprimer une suite logique à une action, à un fait.
ainsi, alors, donc, en conséquence, par conséquent, etc.

> EXEMPLE: *Cet athlète a pris des stéroïdes, **alors** il a été disqualifié.*

■ **Explication:** Pour préciser, faire comprendre ou illustrer une idée.
ainsi, autrement dit, c'est-à-dire, en d'autres termes, par exemple, etc.

> EXEMPLE: *À sa majorité, **c'est-à-dire** à 18 ans, il fera son devoir de citoyen.*

■ **Opposition:** Pour énoncer une idée contraire à la précédente ou nuancer une idée.
alors que, cependant, mais, néanmoins, par contre, tandis que, toutefois, etc.

> EXEMPLE: *Internet nous facilite la vie, **mais** c'est aussi une arme.*

■ **Ordre, succession:** Pour indiquer une série d'actions, d'idées ou de faits.
d'abord, enfin, ensuite, puis, etc.

> EXEMPLE: *Exprimez **d'abord** votre opinion, **puis** justifiez-la.*

■ **Temps:** Pour indiquer le moment où ont lieu des événements ou situer un fait par rapport à un autre.
après, avant de, depuis que, dès que, lorsque, maintenant, plus tôt, etc.

> EXEMPLE: ***Quand** il a subi un échec, il ne s'est pas découragé. **Maintenant**, il se sent plus fort.*

15 Les homophones

Les homophones sont des mots qui se prononcent de la même façon, mais dont l'orthographe est souvent différente.

Les homophones lexicaux

Les homophones lexicaux ne posent pas vraiment de problème, car le contexte permet d'en saisir le sens et de les différencier. Dans le doute, consultez le dictionnaire.

EXEMPLE : *maire, mère, mer.*

Les homophones grammaticaux

Les homophones grammaticaux, par contre, sont souvent sources d'erreurs, car il faut s'appuyer sur des connaissances grammaticales pour bien les écrire.

EXEMPLE : *C'est triste, car il s'est blessé en tombant et ses jambes le font terriblement souffrir.*

Dans cette phrase, pourquoi les trois [sɛ] s'écrivent-ils de façon différente ? Pour le comprendre, il faut s'arrêter au **sens**, à la **classe** et à la **fonction** des mots.

Homophone	Sens	Classe	Fonction
C'est triste	*Cela* est triste	*C'* = pronom démonstratif	**Sujet** du verbe
il *s'est* blessé	Il a blessé qui ? *soi* ou *lui-même*	*s'* = *se* = pronom personnel du verbe *se blesser*	**Complément** du verbe
ses jambes	ses jambes *à lui*	*ses* = déterminant possessif	**Déterminant** du nom

Comme vous le voyez, choisir le bon homophone n'est pas une affaire de mémorisation, mais bien de compréhension du sens et de la fonction du mot dans la phrase.

Voici trois moyens qui vous aideront à distinguer les homophones.

Moyens		Exemples
Tenir compte du **sens** des homophones.	*mes* *mais*	*Mes souliers* (sens : à moi) *sont neufs, mais* (sens : cependant) *ils sont déjà abîmés.*
Tenter de **remplacer** l'homophone par un autre mot.	*a*	On peut remplacer par *avait* : *Elle a (avait) une auto.*
	à	On ne peut pas remplacer par *avait* : *Elle va à (~~avait~~) l'école.*
	son	On peut remplacer par *mon* : *Il met son (mon) manteau.*
	sont	On peut remplacer par *étaient* : *Ils sont (étaient) beaux.*
Identifier la **classe du mot**.	*ont*	*Ils ont une nouvelle maison.* (verbe *avoir*, 3e pers. pl.)
	on	*On a une nouvelle maison.* (pronom, 3e pers. s.)

Index